PHILLIP ROTHWELL
Universidade de Oxford

Leituras de Mia Couto

Aspetos de um pós-modernismo moçambicano

Tradução e Introdução: Margarida Calafate Ribeiro
Revisão: Hélia Santos

ALMEDINA
ces

LEITURAS DE MIA COUTO:
ASPETOS DE UM PÓS-MODERNISMO MOÇAMBICANO

AUTOR
Phillip Rothwell

TRADUÇÃO E INTRODUÇÃO
Margarida Calafate Ribeiro

REVISÃO
Hélia Santos

EDITOR
EDIÇÕES ALMEDINA, S.A.
Rua Fernandes Tomás, n.os 76, 78 e 80 – 3000-167 Coimbra
Tel.: 239 851 904 · Fax: 239 851 901
www.almedina.net · editora@almedina.net
DESIGN DE CAPA
FBA.
IMPRESSÃO E ACABAMENTO
PENTAEDRO, LDA.
Janeiro, 2015
DEPÓSITO LEGAL
386324/15

ALMEDINA | GRUPOALMEDINA

BIBLIOTECA NACIONAL DE PORTUGAL – CATALOGAÇÃO NA PUBLICAÇÃO

ROTHWELL, Phillip, 1972-

Leituras de Mia Couto: aspetos de um pós-modernismo moçambicano. – (CES)
ISBN 978-972-40-5769-9

CDU 821.134.3(679)Couto, Mia.09

ÍNDICE

ABREVIATURAS

C	*Cronicando* (1991)
CDNT	*Contos do Nascer da Terra* (1997)
CHER	*Cada Homem É uma Raça* (1990)
CL	*A Confissão da Leoa* (2012)
EA	*Estórias Abensonhadas* (1994)
ICD	*Idades Cidades Divindades* (2007)
I	*E se Obama Fosse Africano? E Outros Interinvenções* (2009)
J	*Jesusalém* (2009)
MMQ	*Mar Me Quer* (2000)
NBNE	*Na Berma de Nenhuma Estrada* (2001)
P	*Pensatempos: Textos de Opinião* (2005)
PEA	*Palavras em Asas* (2009)
TS	*Terra Sonâmbula* (1992)
URCT	*Um Rio Chamado Tempo, Uma Casa Chamada Terra* (2002)
UVF	*O Último Voo do Flamingo* (2000)
V	*A Varanda do Frangipani* (1996)
VA	*Vozes Anoitecidas* (1986)
VZ	*Vinte e Zinco* (1999)

LENDO MIA COUTO COM PHILLIP ROTHWELL

Margarida Calafate Ribeiro

A abrir

Mia Couto é hoje mundialmente reconhecido como um dos grandes escritores de língua portuguesa. É o que podemos definir como um autor consagrado pelas instâncias de legitimação, apreciado por leitores em todo o mundo, ora em língua portuguesa, ora em tradução para variadas línguas, criticamente lido por um vasto número de académicos ligados a diferentes tradições críticas e premiado em Moçambique, mas sobretudo no estrangeiro, destacando-se o prémio União Latina (2007), prémio Eduardo Lourenço (2011), prémio Camões (2013) e o mais recente Neustadt International Prize of Literature (2014).

A sua obra traça, de diversas formas e em várias expressões literárias, os mapas múltiplos de Moçambique: mapas geográficos, étnicos, religiosos, históricos, linguísticos. E é a partir deste lugar que o autor coloca questões universais: questões ligadas à identidade de um povo, ou melhor, de múltiplos povos integrados numa nação-a-ser. Este pronunciamento – que a obra de Mia Couto regista – continua, mas sobretudo amplia, a intrínseca relação entre política e literatura que enformou o espaço literário africano, ora ainda no tempo da colónia, através do projeto político e cultural que foi a literatura colonial, ora através da literatura que a desafiou, inscrevendo na sua essência a diferença cultural que, a prazo, iria demandar a independência e que está na origem do que normalmente designamos por literatura da luta anti-colonial. Sem dúvida que a expressão mais visível das narrativas opostas à que era oferecida pelos colonizadores foi a da grande narrativa gerada pela luta anti-colonial, centrada na denúncia do colonialismo, com os seus temas próprios, e na elaboração sonhadora de um projeto de futuro e de liberdade para os povos ainda subjugados pela ordem colonial.

Essa vontade de libertação do território vai fortalecer a ideia de unidade e conduzir a um discurso hegemónico feito na base de uma unidade nacional forjada pela necessidade do sucesso da luta contra o colonialismo e, mais tarde, contra os seus restos e outras formas de opressão. A literatura vai ter aqui – como em muitos outros processos – um papel crucial de construção e de sedimentação de uma identidade cultural e política com vista à criação de um estado-nação moderno, contribuindo, apoiando e mesmo elaborando um discurso de esperança de onde emergia a ideia de um Moçambique para os moçambicanos. Em circunstâncias diferentes, com motivações diversas, mas com resultados semelhantes, no período pós-independência, o apelo à igualdade, levado ao extremo pela política do partido único e das revoluções de pendor socialista, constituía-se como a única voz da nação, o que provocou, de forma dramática, o apagamento das diferenças que formavam as texturas sociais e culturais de Moçambique, gerando contradições, sinónimo muitas vezes de continuidades de mecanismos imperiais que impunham a sua ação, ainda que não fosse tão óbvio, no enebriamento do momento revolucionário tão cultivado pela literatura de combate.

Mas, como perguntam alguns escritores moçambicanos e alguns críticos das literaturas africanas de língua portuguesa, e da obra de Mia Couto em particular, como situar a ideia de nação, veiculada pela luta anticolonial, em relação às outras grandes narrativas, como a etnicidade, a raça, as religiões, o género? Em que lugar é que elas se situam frente à "nova" hegemonia discursiva ligada a um projeto nacional? Estas questões foram fundamentais para recentrar o olhar dos críticos sobre estas literaturas. Os cursos realizados no Centro de Estudos Sociais da Universidade de Coimbra, que estiveram na origem de quatro volumes de ensaios críticos sobre as literaturas africanas de língua portuguesa – *Lendo Angola*, *Moçambique – das palavras escritas*, *Literaturas da Guiné-Bissau – cantando os escritos da história*, *Literaturas Insulares – leituras e escritas de Cabo Verde e S. Tomé e Príncipe* –, procuraram responder às questões levantadas a partir de diversos olhares epistemológicos e de várias geografias. Assim, ao mesmo tempo que a literatura e outras artes iam alimentando o projeto nacional, outros percursos e outras perspetivas lançavam também alternativas ao projeto político e cultural nacional aparentemente hegemónico e procuravam outras narrativas de "identificação" de um país. Em resumo, são estas as propostas que vão emendando ou colocando sob suspeita a hegemonia do projeto nacional, questionando o seu valor enquanto representativo da nação ou das nações que se pronunciam como Moçambique. Daí que alguns artistas e escritores tenham procurado nas suas obras dar sentido à violência e à destruição que se vivia nos seus países sacudidos pela imensidão das múltiplas guerras. Só assim é possível compreender o ódio e a repulsa expressos em *Babalaze das Hienas* de José Craveirinha, o sentimento poético trágico de Rui Knopfli, o primeiro romance de Mia Couto, *Terra Sonâmbula*, tão problematicamente recebido no início em Moçambique e, numa outra dimensão, *Ualalapi*, de Ungulani Ba Ka Khosa ou *As Duas Sombras do Rio*, de João Paulo Borges Coelho. Mas era o livro de Mia Couto, *Terra Sonâmbula*, que, sem dúvida, inaugurava o aparecimento de uma geração mais jovem que construía novas propostas literárias nos trilhos da literatura consagrada como moçambicana. Refiro-me, para além dos já citados, a Luís Carlos Patraquim, Lilia Momplé, Eduardo White, Paulina Chiziane, Nelson Saúte, Suleiman Cassamo ou Guita Júnior, entre vários outros, que vão desafiando, em diferentes perspetivas, tons e intensidades, a macronarrativa saída da independência, conferindo-lhe uma plurivocalidade que requestiona as rígidas fronteiras dos territórios geográficos, étnicos, linguísticos ou de género, a que muitos pareciam querer confinar a imaginação literária da nação. No fundo, encenavam novas perspetivas da nação, mas também novas formas de densificar a questão: o que é a literatura moçambicana? Quem são os seus escritores? Para que serve a literatura moçambicana? O que é que pode a literatura? Questões só aparentemente simples, pois elas tocam no âmago, na essência, de facto, das grandes questões políticas e culturais da África moderna. Como diz Patrick Chabal, "dar-lhes resposta é analiticamente complexo e também – o que é crucial – politicamente consequente." (1994: 15) Para mim, esta frase resume a ligação crítica que uniu Phillip Rothwell à obra de Mia Couto, um escritor politicamente consequente em todas as suas intervenções, sendo Phillip Rothwell o ensaísta que, na sua leitura de Mia Couto, mostra como literatura e política mantêm uma relação de mútuo questionamento.

O ensaísta britânico não precisou de recorrer às excelentes traduções para a língua inglesa de Mia Couto realizadas por David Brookshaw. Phillip Rothwell é um dos professores de Estudos Portugueses mais inovadores da sua geração, tendo recentemente recebido a nomeação para a Cátedra D. João II, na Universidade de Oxford. A sua reflexão continuada sobre a literatura portuguesa – com obras tão importantes como *A Canon of Empty Fathers: Paternity in Portuguese Narrative* – e sobre as literaturas africanas de língua portuguesa – *Sexual/Textual Empires: Gender and Marginality in Lusophone African Literature* (com Hilary Owen) e os mais instigantes artigos sobre a obra de Pepetela – ocupa hoje um lugar de destaque nas mais prestigiadas publicações internacionais e é merecedora da nossa reflexão.

Em 2001, Phillip Rothwell era um recente doutor da Universidade de Cambridge com uma das teses mais originais alguma vez escritas sobre um autor moçambicano. Passados poucos anos, em 2004, surge *A Postmodern Nationalist: Truth, Orality and Gender in the Work of Mia Couto*, que constituía uma absoluta novidade na leitura de Mia Couto e das literaturas africanas em geral, normalmente ainda lidas de forma descritiva, sem grande aparato teórico e até interpretativo. O furor crítico gerado em torno da sua leitura, a sua abundante referência em artigos e teses consagraram-no como um dos grandes ensaios sobre a escrita de Mia Couto não só no mundo de língua inglesa, mas também no mundo de língua portuguesa. Na época, foi de facto um livro surpreendente pelas leituras que avançava e sobretudo pelo modo como o fazia. Hoje, é uma obra fundamental pela leitura que faz de um dos mais celebrados autores de língua portuguesa.

O livro que hoje Phillip Rothwell oferece aos leitores de língua portuguesa vai muito além da mera tradução do seu livro *A Postmodern Nationalist: Truth, Orality and Gender in the Work of Mia Couto* para português. Na verdade, a reflexão crítica sobre a obra de Mia Couto continuou a ser um dos elementos de referência da investigação levada a cabo por este professor de literatura ao longo dos seus anos na Universidade de Rutgers. Hoje Professor Catedrático da Universidade de Oxford, Phillip Rothwell oferece-nos o que eu poderia chamar um novo livro, um livro que contém em tradução a versão inglesa de *A Postmodern Nationalist: Truth, Orality and Gender in the Work of Mia Couto* e uma nova parte composta por esta extensa reflexão que referi e que representa para os dois, escritor e crítico literário, um trabalho crucial de amadurecimento de temas e leituras, requinte de escrita e compromisso social, cultural e político. Livros tão fundamentais na obra de Mia Couto hoje, como os romances *Jesusalém* e *A Confissão da Leoa*, e o conjunto de ensaios políticos, reunidos em livro sob o título de *Pensatempos*, deram origem a novas leituras e novos tópicos de abordagem de Mia Couto, que Phillip Rothwell promove inspirado por diversas teorias feministas, políticas e psicanalíticas que iluminam o texto do autor e complexificam a leitura da sociedade moçambicana, da condição humana e, em particular, da condição das mulheres.

Lendo Mia Couto, com Phillip Rothwell

Na sua leitura da obra de Mia Couto, Phillip Rothwell aposta na ruptura, ou seja, naquilo que ela ensaia ao colocar sob suspeita as tradicionais fronteiras entre homem e mulher, entre verdade, mentira ou falsidade, entre tradição e modernidade, entre escrito e falado ou dito e, a partir daí, procura caminhar para a "identificação" de um país de múltiplas culturas. Assim visto, e dado o contexto global favorável a uma leitura pós-moderna das obras literárias, por um lado, e, por outro lado, o contexto local de Moçambique pós-independência e o empenhamento do escritor na construção da nação, a leitura de Mia Couto como um nacionalista pós-moderno apresentada por Phillip Rothwell revela-se emimentemente política no sentido mais nobre da palavra.

Mostrando a forma como Mia Couto usa na sua escrita as técnicas do pós-modernismo, Phillip Rothwell mostra simultaneamente como um escritor moçambicano, apoiando-se nos tropos literários designados como tipicamente europeus, os consome, os transforma e os regurgita de forma a produzir o que poderia ser africano hoje, ou "autenticamente" africano para os europeus, e que é certamente uma "identificação" do país em diferença.

Na leitura de Phillip Rothwell, Mia Couto é um dos primeiros autores moçambicanos que mostram pelo seu trabalho que, na África de língua oficial portuguesa, os nacionalismos culturais, tradicionalmente trituradores de toda a diferença pela necessidade de homogeneização, têm de encontrar um acordo negociável com toda a diversidade que os constitui e que inclui o legado colonial, assumindo-o como parte da sua identidade, lembrando assim a linha e a metáfora da antropofagia do modernismo brasileiro. No contexto especificamente africano, e moçambicano em particular, esta metáfora mediadora é também adotada em diferença em relação ao seu referente brasileiro. Não se trata de uma expressão cultural adotada em complexo regime neocolonial, pois a raiz da sua atitude identitária constitutiva está a sul e não, na Europa. Trata-se sim de ensaiar uma resposta possível, entre outras, à questão elaborada por Stuart Hall, no seu célebre e instigante texto "Whose heritage?", que, tal como a antropofagia do modernismo brasileiro e a partir de outro lugar – o Reino Unido e as suas especificidades identitárias –, antecipa os estudos de tradução cultural que hoje se tornaram uma forma de interpretar o mundo pós-colonial.

Assim, na leitura de Phillip Rothwell, Mia Couto é um escritor moçambicano, que mostra que a génese dos nacionalismos culturais na África de língua portuguesa tem de negociar com o legado colonial, assumindo-o como seu, como aliás recentemente e de outra forma aponta o último livro de um outro escritor moçambicano, João Paulo Borges Coelho, *Rainhas da Noite*. No caso de Mia Couto, e como bem demonstra o estudo de Phillip Rothwell, esta atitude política no contexto específico da libertação e dos primeiros anos da independência, em que se procurou fazer coincidir o projeto da nação e o projeto político da FRELIMO, confortavelmente herdeiro da luta de libertação, contém os seus riscos e requer instrumentos literários que exprimam e, no limite, denunciem, o paradoxo que a procura desta coincidência produz pelo muito que deixa de fora.

Daí que um outro eixo de leitura lançado por Phillip Rothwell nesta obra seja a identificação e a interpretação dos paradoxos que estruturam a obra de Mia Couto, que são no fundo uma forma de denunciar uma realidade absolutamente complexa e impossível de assimilar e compreender no espartilho das dicotomias. Assim e logo em jeito de apresentação, convém assinalar, como refere Phillip Rothwell, que Mia Couto é um escritor branco que representa Moçambique, não só como figura internacional, mas como aquele que literariamente cartografou o país e o reescreveu na sua complexidade; é também um homem com um nome de mulher, Mia. Todavia, e na perspetiva do ensaísta, o paradoxo fundamental não é este, obviamente, mas antes o de formar uma literatura nacional rica em cultura também portuguesa. De acordo com Rothwell, no trabalho de Mia Couto as referências à oralidade devem mais a Fernando Pessoa do que à oralidade do camponês moçambicano, miticamente idealizado pela crítica. É precisamente esta capacidade de assumir e conjugar o europeu com o africano que lhe permite comunicar, ao longo de sua carreira literária, uma perspetiva sobre a realidade moçambicana para um público leitor internacional, não lhe oferecendo os esperados estereótipos sobre África, a tradição, a modernidade e tantos outros tópicos convencionais, mas requestionando-os a partir de Moçambique e elegendo o paradoxo como uma figura possível para o entendimento do violento mundo de que somos herdeiros e em que hoje vivemos.

Por último, um outro tópico essencial da leitura de Phillip Rothwell é a questão do género no sentido mais amplo do termo e de forma absolutamente inovadora. A forma mais inesperada e curiosa reside na interpretação que a leitura de Phillip Rothwell nos oferece sobre as camadas de leituras religiosas, culturais, políticas que nos impedem de ver a ambiguidade da humanidade a partir da sua complexidade íntima, nomeadamente a partir da sua sexualidade. A mais esperada liga-se à leitura de *A Confissão da Leoa*, um livro que denuncia a violência da tradição sobre as mulheres.

A fechar

O livro de Phillip Rothwell, escrito com grande elegância e sofisticação ensaística, e erigido a partir de sólidas, instigantes e inovadoras bases teóricas, parece perguntar-nos constantemente: até onde podemos ir? Até onde pode ir a literatura? A resposta é necessariamente fragmentária, mas leva-nos ao melhor que podemos esperar de um ensaio – mostrar um pensamento que se procura e a partir do qual nós, como leitores, podemos pensar.

Bibliografia

Rothwell, Phillip. *A Canon of Empty Fathers: Paternity in Portuguese Narrative*. Lewisburg: Bucknell University Press, 2007.

— Rothwell, Phillip. *A Postmodern Nationalist: Truth, Orality and Gender in the Work of Mia Couto*. Lewisburg: Bucknell University Press, 2004.

— *Sexual/Textual Empires: Gender and Marginality in Lusophone African Literature*. Bristol: HIPLA Series, 2004 (org. com Hilary Owen).

Chabal, Patrick. *Vozes Moçambicanas – Literatura e Nacionalidade*. Lisboa: Vega, 1994.

— *The Postcolonial Literature of Lusophone Africa*. Londres: Hurst & Company (com Moema Parente Augel, David Brookshaw, Ana Mafalda Leite, Caroline Shaw), 1996.

Ribeiro, Margarida Calafate e Meneses, Maria Paula (org.). *Moçambique: Das Palavras Escritas*. Porto: Afrontamento, 2008.

Ribeiro, Margarida Calafate e Padilha, Laura Cavalcante (org.). *Lendo Angola*, Porto: Afrontamento, 2008.

Ribeiro, Margarida Calafate e Jorge, Sílvio Renato, (org.). *Literaturas Insulares – Leituras e Escritas de Cabo Verde e S. Tomé e Príncipe*. Porto: Afrontamento, 2011.

Ribeiro, Margarida Calafate e Semedo, Odete Costa, (org.). *Literaturas da Guiné-Bissau – Cantando os Escritos da História*. Porto: Afrontamento, 2011.

1.

INTRODUÇÃO: UM ESCRITOR MOÇAMBICANO

Num mundo onde os gestores, os executivos das empresas multinacionais e os funcionários das agências de cooperação têm maior influência sobre Estados supostamente soberanos do que ministros desse mesmo Estado, o nacionalismo e a afirmação de uma identidade nacional tornam-se o recurso possível, porém débil, para os que desejam opor-se ao crescimento inexorável da globalização, protagonizada por esses mesmos executivos e gestores. Todavia, numa época de clara rejeição da experiência socialista e de crescimento dos fundamentalismos religiosos, o nacionalismo permanece como um dos principais contrapesos ao capitalismo neoliberal sem regras. Para o bem e para o mal, o nacionalismo constrói as barreiras que distinguem o grupo nacional do estrangeiro, e transforma-se assim na ideologia perfeita de oposição à globalização, para a qual a luta de classes estava excluída devido ao seu desejo primordial de promover o mercado livre transnacional de capitais. Visto desta forma, a globalização, independentemente de erguer novas fronteiras, parece portanto dissolver fronteiras, o que, segundo vários críticos, a alia culturalmente ao projeto pós-moderno, sendo que o pós-modernismo não reconhece qualquer fronteira e rejeita o primado das demarcações dicotómicas.

"Pós-Modernismo" foi o termo inicialmente encontrado para descrever a dimensão cultural do neoliberalismo desenvolvida por artistas e críticos de Nova Iorque nos anos 60. Uma década depois, críticos europeus começaram a teorizar o conceito como sendo um ataque ao modelo dialéctico da evolução inerente às filosofias da modernidade. Em grande medida, o pós-modernismo enquanto teoria, tal como o pós-estruturalismo, surgiu do afastamento ou mesmo da dissidência de intelectuais de esquerda na sequência da desilusão com os protestos de Maio de 1968. O fracasso dos movimentos dos estudantes e trabalhadores em fazer ruir as estruturas estatais levou a que antigos pensadores de tendência marxista, como Jean-François Lyotard, celebrassem entusiasticamente uma cultura apolítica consumista, a qual, ironicamente, iria provocar o profundo declínio das estruturas e da soberania de estados-nação individuais, substituindo-os pela soberania transnacional do mercado global.

Assim, enquanto teoria política, o Pós-Modernismo opõe-se não só à crença marxista no progresso histórico, como também à necessidade de fronteiras impostas pelo nacionalismo. No seu ensaio de 1979, *La Condition Postmoderne*, Lyotard chama a atenção para o facto de o sistema económico produtor das práticas cultural e epistemológica pós-modernas estar "a colocar em perigo a estabilidade do Estado através de novas formas de circulação de capitais" (Lyotard, 1984: 5). Em *Moralités Postmodernes*, de 1993, afirma já que "a política pós-moderna é constituída por estratégias administrativas" concebidas não "para deslegitimar o adversário, mas sim para o direcionar, de acordo com as regras, na negociação da sua integração no sistema" (Lyotard, 1997: 200). Neste novo sistema todo-poderoso e assimilacionista, "as fronteiras nacionais são meras abstrações" (Lyotard, 1997: 200).

Gerry Smyth revela preocupação com a "dissolução da fronteira" enquanto prática discursiva corrente do que denomina de "o triunvirato do *pós*", atualmente dominante no cenário académico e intelectual", referindo-se portanto ao pós-estruturalismo, ao pós-colonialismo e ao pós-modernismo (Smyth, 2000: 43-44). Gerry Smyth problematiza criticamente a tendência de os três movimentos se afirmarem como espaços de resistência às grandes narrativas por defenderem o hibridismo e rejeitarem fronteiras, uma vez que, na verdade, esta afirmação apenas os alia mais à grande narrativa dominante da atualidade, que Michael Hardt e António Negri denominaram de "Império". Para Negri e Hardt, o "Império" descreve o momento atual do nosso mundo crescentemente globalizado, caracterizado pela ausência de fronteiras, pela redução de poder do Estado-nação, pelo crescimento da influência de capital anónimo e pela sobreposição pós-moderna da economia, política e cultura.

Nesta conjuntura, o ataque pós-moderno às fronteiras dialécticas de raça e género, enquanto parte das lutas de emancipação, tem portanto que ser entendido como parte deste novo "Império". De facto, Hardt e Negri afirmam corretamente que "os teóricos pós-modernos e pós-coloniais que defendem a política da diferença, da fluidez e do hibridismo como desafios às dicotomias da modernidade dominante foram superados pelas estratégias do poder" (Hardt e Negri, 2000: 138). É que todos são bem-vindos dentro das fronteiras do Império, "independentemente da raça, da crença, da cor, do sexo, da orientação sexual" (198). Porém, este anular da diferença resulta na "eliminação do potencial das várias subjetividades que o compõem" e constitui, efetivamente, uma estratégia de imposição de ignorância para subjugar o indivíduo fazendo-o aceitar a necessidade do consumismo global (198). Assim, tornamo-nos todos sujeitos globais, que celebram uma amálgama indistinta de diversidades e diferenças, atravessando fronteiras, e consumindo.

Perante a aparente oposição entre a necessidade de uma fronteira para o nacionalismo e a dissolução pós-moderna de todas as fronteiras, será possível que, no campo cultural, exista um nacionalista pós-moderno? Como pretendo desenvolver nesta obra, a trajetória literária de Mia Couto demonstra claramente que sim. Essa é uma das contradições centrais que abarcam a sua ampla personalidade literária e, em parte, explicam o extraordinário sucesso da sua obra.

António Emílio Leite Couto – conhecido por Mia Couto – nasceu em 1955 na Beira, a principal cidade da província moçambicana de Sofala. De acordo com declarações suas, era considerado o mais incapaz dos seus irmãos: o menos promissor. Atualmente, é o escritor contemporâneo moçambicano mais famoso e internacionalmente premiado, cuja obra foi traduzida para várias línguas europeias, tornando-se no representante de uma cultura nacional africana incipiente para um público predominantemente ocidental. Nas palavras de David Brookshaw, em 2002, Mia Couto transformou-se no "tradutor" da sua nação "para o mundo exterior" (Brookshaw, 2002: 28). Este estatuto levanta claramente muitos problemas, sendo talvez o principal a redução de uma cultura complexa e extremamente diversa à voz de um único homem. Situações semelhantes foram protagonizadas por Sembene Ousmane, do Senegal, ou Ngugi wa Thiong'o, do Quénia, levando alguns críticos das suas obras a utilizar os seus nomes como sinónimos da produção literária dos respectivos países, eliminando assim, na consciência de um público leitor global, outros escritores nacionais. No caso de Mia Couto, a sua origem racial torna a questão mais complexa, pois trata-se de um escritor branco em espaço negro. A sua herança está inquestionavelmente ligada ao poder colonial e a galeria de fantasmas dos grandes escritores portugueses assombram a sua educação literária. Adicionalmente, o seu potencial público leitor é predominantemente exterior a Moçambique.

Os pais de Mia Couto chegaram a Moçambique em 1953. O seu pai trabalhava nas linhas de caminhos-de-ferro, mas rapidamente se afirmou como poeta e jornalista na antiga colónia portuguesa. Durante as duas primeiras décadas de vida do jovem Mia Couto, Moçambique foi governado pelo regime ditatorial de Lisboa, conhecido como Estado Novo, que oprimia o seu povo e as suas colónias. Em 1971, Mia Couto foi viver para a capital de Moçambique, a então Lourenço

Marques – na independência renomeada como Maputo. Aí, iniciou o curso de medicina, que abandonou em 1974 para se tornar editor de um jornal.

Desde cedo, Mia Couto estava consciente do sistema político profundamente desigual em que vivia. Não era apenas anti-fascista, como muitos dos portugueses liberais que viviam na colónia, mas era ativamente anti-colonialista, apoiante do movimento pela independência FRELIMO, que lutava contra o regime colonial. Isto explica a facilidade com que adoptou a nova nacionalidade logo após a independência de Moçambique. Enquanto muitos membros da comunidade portuguesa abandonaram o país depois de 1975, o ano da independência, por vários motivos, entre os quais se destaca a falta de segurança, Mia Couto escolheu a nacionalidade moçambicana. Em 1978, tornou-se diretor da Agência Noticiosa Moçambicana. Em 1985, voltou à universidade, mas desta vez para completar uma licenciatura em biologia, área em que construiu uma reputação nacional, devida, em particular, à sua investigação na área da ecologia. Internacionalmente, a sua reputação tem sido estabelecida como um escritor formidável, lido frequentemente como a voz da sua jovem nação moçambicana.

Neste momento, Mia Couto é, sem dúvida, o escritor mais prolífico do Moçambique contemporâneo. Em 2013, ganhou o Prémio Camões, o maior galardão em língua portuguesa, que reconhece o conjunto da obra do escritor e, em 2014, o Prémio Neustadt, nos Estados Unidos. Os seus livros entram invariavelmente nas listas de *best sellers* do mundo editorial de língua portuguesa. Como muitas vezes acontece, é de crer que o seu sucesso global se deva em parte a um golpe de sorte no início da sua carreira literária, quando o seu primeiro livro de contos foi publicado por uma das principais editoras em Portugal, a Caminho. Na verdade, o seu primeiro livro publicado foi uma antologia de poesia intitulada *Raiz de Orvalho*, em 1983, que se centrava na estruturação e na explicação das subjetividades individuais. Não explorava a grande questão da identidade nacional e, como Fernanda Angius referiu, há ainda nesta obra poucos indícios dos jogos lexicais que viriam a tornar-se a marca do seu trabalho posterior (Angius, 1998: 20).

Ainda seguindo a sua veia poética, Mia Couto republicaria, em 1999, pela Caminho, uma edição revista e aumentada do seu primeiro livro, *Raiz de Orvalho*, e, em 2007, uma nova antologia de poesia, *Idades Cidades Divindades*. Segue-se, em 2011, um outro volume de poesia, *Tradutor de Chuvas*. Apesar desta considerável publicação em poesia, que sucessivamente e de diferentes modos vai colocando sob suspeita as fronteiras entre os géneros literários, é, sem dúvida, como um escritor de prosa que Mia Couto fez o seu nome e conquistou notoriedade.

Em 1986, publicou *Vozes Anoitecidas*, lançado pela Caminho no ano seguinte em Lisboa, e que gozou da importante tradução para inglês de David Brookshaw, em 1990. A antologia ganhou o Prémio Nacional de Ficção da Associação de Escritores Moçambicanos e rapidamente estabeleceu Mia Couto como o escritor que joga com os limites da língua portuguesa. O tom da maioria das histórias na antologia é bastante pessimista e reflete a situação política desastrosa com a qual a jovem nação independente moçambicana se defrontava. Como demonstrarei adiante, o projeto de Mia Couto na altura era dissolver a fronteira que separava os espaços do inconsciente e do consciente, e que a guerra civil havia bloqueado.

As segunda e terceira antologias de contos de Mia Couto, *Cada Homem É Uma Raça* e *Cronicando*, confirmaram a sua reputação como um escritor que poeticamente remodelava a língua portuguesa, ao colori-la com tons de Moçambique, um exemplo perfeito, em língua portuguesa, do que Salman Rushdie descreve como o império respondendo e assombrando o centro numa espécie de esperada vingança (Rushdie, 1982: 8), ou o que, em diferentes termos, Homi Bhabha discute como a ameaça de mimese (Bhabha, 1985: 144-65). Críticos da obra de Mia Couto alegaram de forma radical o seu estatuto de primeiro renovador da língua portuguesa (da Silva, 1994: 14-16; Saúte, 1990: 8; Saúte, 1993[c]: 75-76). A sua preocupação central parece ser a de estabelecer Mia Couto como o realizador do que Fernando Pessoa famosamente denominou "língua pátria". Como discutirei adiante, existem vários problemas associados à política moçambicana para a língua portuguesa sem que, ao mesmo tempo, haja qualquer vontade da parte de Moçambique de reclamar outra língua oficial que não a portuguesa.

É importante referir dentro deste debate que a suposta tarefa de Mia Couto como agente do "português como língua pátria" aponta sempre para a emergência do conceito de Hardt e Negri de "Império", por muito que os críticos o identifiquem como pós-colonial. Efetivamente, Pessoa idealizou a substituição do colonialismo político e económico direto por um império cultural. Ao forçar uma identidade lusófona transnacional e ao afirmar que Mia Couto transpõe as fronteiras da língua portuguesa enriquecendo essa identidade global, os críticos estão a transformar o autor num produto pós-moderno que parece desprezar as fronteiras. Este processo permite-lhes destacar a importância dos seus próprios discursos críticos e desvia a atenção do papel de Mia Couto enquanto construtor de uma identidade moçambicana distinta. Paradoxalmente, Mia Couto é transformado, desta forma, num fetiche enquanto mediador entre a cultura do seu país e o "mundo exterior".

De facto, ao concentrarem-se demasiadamente na análise vocabular, morfológica e sintática da escrita de Mia Couto e no seu papel de renovador linguístico, muitos críticos da obra de Mia Couto não parecem ter percebido ainda, ou não estar sequer interessados em observar, como o autor brinca com os conceitos subjacentes ao pós-modernismo, principalmente o da dissolução de fronteiras dicotómicas e crítica aos vários sistemas políticos que têm sido impostos à sua nação a partir do exterior. Como demonstrarei com a minha interpretação do seu primeiro romance, *Terra Sonâmbula*, Mia Couto questiona profundamente a distinção entre oralidade e escrita e, desta forma, desestabiliza ambas as tradições da tradição ocidental, a platónica e a hegeliana. Além disso, irei sugerir também que Mia Couto reforça a importância da carta como um exemplo óbvio, ainda que subvalorizado, de oralidade, penetrando no que Michel de Certeau denomina "economia de escrita" (de Certeau, 1984: 131-53). Ao diluir a distinção entre oralidade e escrita, Mia Couto estabelece uma aliança estratégica com a marca do pós-estruturalismo de Derrida, mas fá-lo em termos muito próprios. Como as minhas interpretações de Mia Couto pretenderão demonstrar, o seu projeto literário desmente a natureza apolítica do pós-estruturalismo e leva as suas personagens a sonhar realidades alternativas.

A coleção de contos de Mia Couto de 1996, *Estórias Abensonhadas,* é o livro do autor que mais violentamente ataca a fronteira de género. O título é, ele próprio, um trocadilho que funde as palavras portuguesas "sonhadas" e "abençoadas" como um epíteto para "histórias". Ao evidenciar o que Judith Butler demonstrou ser a qualidade performativa do género, Mia Couto desestabiliza o modelo patriarcal do colonialismo e questiona a prática do socialismo científico que afectou a sociedade moçambicana em diferentes períodos da sua história. O jogo que Mia Couto faz com o género e a maneira como o trabalha não se reduzem a uma celebração da diversidade; ele associa e compara, por aproximação ou justaposição, essa desordem da normatividade de género a um colapso paralelo ao das bases do racismo ou a momentos de profunda mudança na consciência da nação.

Ainda em 1996, Mia Couto publicou o seu segundo romance, *A Varanda do Frangipani.* Esta obra torna claro o desafio que Mia Couto lança ao conceito de verdade única. Rompendo com a premissa central de todas as ideologias que se baseiam na procura de uma verdade localizada, excetuando a pós-moderna, o autor compõe ou, melhor dizendo, contratualiza uma identidade sincrética da sua nação que, ao mesmo tempo que depende de um retorno aos valores ancestrais, também é capaz de a eles renunciar.

As posteriores coleções de contos, *Contos do Nascer da Terra* (1997), *Na Berma de Nenhuma Estrada* (2001) e *O Fio das Missangas* (2004), bem como o seu romance-novela, publicado em 1998, como parte da Expo 98 em Lisboa, *Mar Me Quer* (cujo título é um trocadilho que discutirei adiante), retomam e refinam muitas das suas inquietações iniciais em torno do primado das fronteiras que herdamos, e procuram restaurar o direito que a sua nação tem de sonhar. Ao longo da sua obra, Mia Couto sentiu a necessidade de afirmar a sua identidade como "um ser de fronteira", uma condição que atribui à complicada situação de ser um branco nascido em África, que apenas pode descrever a sua Africanidade em paralelo com, e através de, "linhas europeias" (Couto, 1997a: 59). Ao mesmo tempo, a sua complexa identidade é extensível à nação que escolheu como sua, no final do período colonial, até pela forma como o escritor Mia Couto é interpretado fora de Moçambique, ou seja, como um "tradutor" dessa identidade nacional.

O poderoso romance de 1999, *Vinte e Zinco*, (cujo título forma, de novo, um trocadilho, que discutirei igualmente adiante) ataca quer os pressupostos do colonialismo quer aqueles que o substituiriam invertendo a ordem maniqueísta. Este romance constitui uma ilustração das técnicas desenvolvidas pelo pós-modernismo no que Hardt e Negri denominam estratégia "libertadora". Os autores propõem que, enquanto técnica, o pós-modernismo só é eficiente "num contexto em que o poder entende as hierarquias exclusivamente através de identidades essenciais, divisões binárias e oposições estáveis", e acrescentam: "as estruturas e lógicas do poder no mundo contemporâneo são totalmente imunes às armas 'libertadoras' da política pós-moderna da diferença" (Hardt e Negri, 2000: 142). Esta afirmação de Hardt e Negri é válida, tal como é válida a utilização que Mia Couto propõe entre as técnicas pós-modernas de oposição ao colonialismo e ao socialismo científico. Contudo, pode-se observar no seu romance de 2000, *O Último Voo do Flamingo*, uma mudança radical na análise. Esta obra constitui uma crítica devastadora aos principais agentes do "Império" atualmente presentes em Moçambique, nomeadamente as Nações Unidas e a superabundância de ONGs, que criaram uma cultura de dependência e asseguraram a neo-colonização da jovem nação. Este quarto romance do autor representa um afastamento significativo do seu trabalho prévio, uma vez que agora a sua atenção se centra na recente perda de soberania de Moçambique à medida que vai sendo integrado nas estruturas de poder do capitalismo global. Até aqui, Mia Couto havia utilizado as estratégias pós-modernas para criticar os paradigmas do colonialismo e do Marxismo impostos a Moçambique a partir do exterior. Após a adopção de políticas de mercado-livre por parte do governo FRELIMO e da ocupação efetiva do país pelas forças das Nações Unidas – o que ainda discutirei –, Mia Couto identificou os aliados políticos do projeto pós-moderno, as forças do "Império", como os principais agentes que afastam a sua nação dos seus valores culturais e da sua identidade independente. O Pós-Modernismo tornou-se, assim, a única grande narrativa que era relevante criticar.

Em 2002, Mia Couto publicou o seu quinto romance, *Um Rio Chamado Tempo, Uma Casa Chamada Terra,* em que se verifica um reajuste entre a crítica sucessivamente lançada à influência externa e uma crítica mais dolorosa relativa à decepção e à desilusão com as promessas perdidas e não cumpridas da revolução moçambicana. Um discurso sobre privatização e propriedade individual invade o espaço anteriormente ocupado pela crença utópica num futuro melhor. O romance assenta numa dinâmica familiar distorcida, manifestada logo numa primeira cena em que o narrador julga falar com quem seria o seu avô e a sua tia, mas rapidamente se compreende que estamos perante uma cena freudiana em que as personagens de facto se revelam como o seu verdadeiro pai e a sua verdadeira mãe. Assim, e gradualmente ao longo do romance, novas verdades são reveladas dentro de um mundo alicerçado em mentiras.

Entre 2001 e 2008, Mia Couto configurou um outro objetivo para os seus textos, dedicando três livros ao público infantil. Da colaboração com a ilustradora Danuta Wojciechowska surgiram *O Gato e O Escuro* (2001), *A Chuva Pasmada* (2004) e *O Beijo da Palavrinha* (2008). *A Chuva Pasmada* é talvez a obra de caráter mais expressivamente ambientalista na ficção de Mia Couto, ainda que a vertente do ambientalismo atravesse grande parte da sua produção literária e que a questão ambiental constitua uma das suas principais preocupações.

Como é sabido, tem havido várias propostas de leitura dos últimos romances de Mia Couto utilizando a teoria ecocrítica (Sudmeyer 2013) e analisando, em particular, o papel dos animais nos seus livros. Como noutras obras do autor, também em *A Chuva Pasmada* é fundamental o papel da água. No volume, é trazido para primeiro plano o papel da indústria selvagem, sem regulação e cujo funcionamento acaba por provocar catástrofes ambientais, como se uma fábrica fizesse parar a chuva de cair. Nos seus livros para crianças, as preocupações com a água, a escrita e o papel do sonho ganham lugar de primeiro plano, embora, em conformidade com as expectativas do seu público-alvo, o seu tratamento tenda a ser mais leve e mais positivo do que nos romances.

Em 2005, Mia Couto publicou uma coletânea de textos de acentuado pendor político, *Pensatempos*. Trata-se de um conjunto de textos de opinião, formato ao qual o autor volta em 2009, com a importante coletânea *E se Obama Fosse Africano? E Outras Interinvenções*, constituída essencialmente por conferências e outras alocuções públicas. São várias as ideias levantadas nestes textos, destacando-se a questão mais abrangente do papel da verdade em política, bem como o papel do pensamento crítico, particularmente na política de "uma nação em flagrante invenção de si e da sua língua de identidade" (I: 196).

Uma das realidades do Moçambique moderno tem sido a da falta de igualdade de oportunidades para as mulheres e a da violência exercida sobre elas em nome da tradição. A conspiração de silêncio que se gera em torno de questões de violência doméstica – de forma mais aguda, em áreas rurais onde o acesso das mulheres à educação tem sido historicamente mais limitado – tem vindo a ser um dos principais tópicos de indignação presente nos escritos mais recentes de Mia Couto. *O Outro Pé da Sereia* (2006), *Venenos de Deus, Remédios do Diabo* (2008), *Jesusalém* (2009) e *A Confissão da Leoa* (2012) denunciam os limites impostos pela sociedade patriarcal às aspirações das mulheres moçambicanas e lidam, em alguns casos, com a violência que sobre elas é exercida. David Brookshaw (2008) e Luís Madureira (2008), em diferentes tons, oferecem excelentes leituras de *O Outro Pé da Sereia* como um subtil texto pós-colonial. No meu estudo, vou concentrar-me nas leituras de *Jesusalém* e *A Confissão da Leoa* como espaços narrativos em que, pelo poder da escrita, algumas mulheres desafiam, como irei demonstrar, os protocolos de uma paternidade esvaziada. Aqui reside um espaço alternativo ao fatal "destino da mulher", que Mia Couto identifica, no poema de 2005, "Mulher", como um ser a "esquecer-se de ser" (CID : 97) .

No centro do tratamento das mulheres na obra de Mia Couto está sempre a presença e a valorização da sua atividade como cruciais não só para a sua própria realização, como para a sociedade moçambicana a que pertencem e da qual são muitas vezes excluídas. Recusando-se a aceitar os papéis designados pelas "tradições inventadas" (Hobsbawm e Ranger, 1983), na obra de Mia Couto, as mulheres são o grupo mais habilitado e capaz de atravessar fronteiras: por isso, nelas, nas mulheres e nas suas ações, reside o melhor para o futuro da nação.

Mia Couto escreve ficção, mas iniciou-se como poeta. A sua sensibilidade poética para a linguagem nunca se perdeu e a qualidade da inovação da sua escrita representa um prazer constante para o leitor. Contudo, é tempo de ampliar o debate sobre a sua obra para além das questões da linguagem. Como demonstrarei com este livro, os tópicos suscitados pelo seu trabalho são demasiado radicais para poderem ser ignorados por análises repetitivas sobre o seu estilo. No próximo capítulo, situo Mia Couto e procuro lê-lo como um abolicionista da verdade filosófica pós-moderno. Recorrendo a Nietzsche, tento demonstrar como um dos romances de Mia Couto reavalia a carga moral da mentira e considera a ficcionalização da história como um elemento essencial de qualquer procura da verdade.

No terceiro capítulo, refiro algum contexto histórico sobre a carga política da ortografia e da literacia em Moçambique. Estes dados servirão de base para uma leitura de um dos textos de Mia Couto que levanta estas questões, negando-se a possibilidade de retornar a um passado solidamente situado em África.

No quarto capítulo, exploro a noção de oralidade na obra de Mia Couto. Atrevo-me a sugerir que a forma como o autor distingue a escrita da oralidade o alia ao projeto pós-estruturalista, mas a partir de uma perspetiva política.

No quinto capítulo, relaciono as várias e diferentes interpretações de mar e água na cultura universal e nas culturas de língua portuguesa, como forma de entender a conceção de separação, explorada e desenvolvida por Mia Couto, entre os reinos do consciente e do inconsciente. A ressonância colonial e neocolonial do mar, juntamente com o significado primordial e onírico da água infiltram-se na escrita de Mia Couto, permitindo-lhe atravessar a fronteira entre a dura realidade e a necessária imaginação de um futuro melhor.

No sexto capítulo, concentro-me na fronteira de género. Sugiro que Mia Couto estabelece uma ruptura na conceção ortodoxa de género para minar os pressupostos patriarcais e racistas, operacionalizados através da imposição de dicotomias rígidas e arbitrárias.

No sétimo capítulo, evidencio a crítica severa que as obras pós-milénio de Mia Couto começaram a fazer aos agentes do "Império" e ao próprio projeto pós-moderno.

No oitavo capítulo, procuro ler os últimos trabalhos de Mia Couto a partir da sua intervenção relativamente ao papel da mulher e à sua secundarização numa sociedade patriarcal, particularmente visível no Moçambique rural, analisando questões que vão desde as várias formas de violência que sobre elas recaem à sua possibilidade de emancipação como senhoras dos seus próprios destinos minando por dentro a visão e as práticas patriarcais.

No capítulo nono e último, retomo o tema da verdade, com o qual iniciei a minha análise da obra de Mia Couto. Neste capítulo, irei focalizar-me na análise da representação da verdade e da sua relação potencial com a política e, sobretudo, o exercício da política.

Ao longo deste livro, o meu argumento é que Mia Couto tem revelado sempre, ao longo da sua obra, uma consciência da língua portuguesa e, em termos mais gerais, da influência ocidental. Em vez de recusar essa influência, ele compreende-a, assimila-a e distorce-a. O autor corrompe os paradigmas da ortodoxia ocidental ao projetar uma identidade moçambicana através de uma epistemologia ocidental transformada em matéria prima reutilizável. A tendência de Mia Couto para dissolver fronteiras torna-se assim evidente, particularmente as fronteiras que marcam a tradição ocidental. A identidade daí resultante e por ele escrita, baseia-se na fluidez e desafia a rigidez dos sistemas, quer o colonial, quer o marxista, ambos importados da Europa e dominando o país durante grande parte da sua história. Na fase mais recente da sua escrita, a sua reprovação do projeto pós-moderno, com a condenação da invasão pela Comunidade Internacional da soberania de Moçambique, completa, coerentemente, as tendências nacionalista e pós-moderna do seu trabalho. Daí que, justificadamente, Mia Couto possa ser nomeado como um nacionalista pós-moderno.

PODER, VERDADE, POLÍTICA

2.

VERDADE E MORTE

Qualquer sistema ideológico tem tendência para criar ilusões e utopias, e rapidamente se esquece de que se trata, de facto e apenas, de ilusões e utopias. Isto torna-se perigoso quando estas utopias são transformadas em Verdades: Verdades fundamentais, inquestionáveis e geradoras de crenças essenciais.

No século XX, Moçambique foi vítima de dois sistemas ideológicos, cujas Verdades lhe saíram caro. Primeiro, o sistema colonial que, paradoxalmente, misturava uma mensagem essencialmente cristã de irmandade e de comunhão com uma crença implícita na superioridade racial. À medida que este sistema evoluiu sob o olhar intransigente de Salazar, a guerra tornou-se inevitável, uma vez que a fundamentação ideológica do Estado Novo nunca poderia questionar o direito de posse de Portugal sobre os territórios coloniais africanos. O direito ao Império, mesmo sob o artifício eufemístico de "Províncias Ultramarinas", constituía uma Verdade fundamental: uma ilusão que o regime português esqueceu ser uma ilusão e assim se recusou a vê-la como uma ilusão.

O segundo sistema ideológico que oprimiu Moçambique foi o socialismo científico dos primeiros anos do regime da FRELIMO. Apesar das suas intenções provavelmente nobres, a governação de Samora Machel supervisionou a decadência da nação em direção à pobreza e à devastadora guerra civil. As causas da guerra civil são extremamente complexas e estão fora do objetivo deste estudo. O movimento rebelde da RENAMO gozou de claro apoio externo (especialmente da Rodésia e África do Sul) e, com a sua conivência, cometeu atrocidades terríveis. Havia um esforço concertado da parte dos regimes racistas vizinhos para promover a desestabilização do regime de Samora Machel através de atos de sabotagem e terrorismo. No entanto, a RENAMO não pode ser somente considerada como uma entidade apoiada por forças externas, sem expressão e sem apoio popular em Moçambique, particularmente após duas eleições multipartidárias em que o antigo movimento rebelde obteve resultados significativos. O apoio eleitoral da RENAMO, especialmente nas regiões densamente povoadas do norte e do centro do país, acusava uma insatisfação relativamente à governação levada a cabo pela FRELIMO, que remontava às políticas de coletivização, de aldeamentos comunais forçados e de repressão, e mesmo supressão, de tradições e línguas locais, que caracterizaram o regime de Machel. A imposição de um regime marxista de modelo europeu às diversas sociedades tradicionais africanas levou à criação de um ressentimento em alguns sectores sociais que estiveram na origem dos apoios locais da RENAMO. É importante sublinhar que não estou a sugerir que o primeiro governo da FRELIMO tivesse causado a guerra civil. No entanto, a frustração causada pela condução das suas políticas ideológicas exacerbou a situação latente de conflito, ao mesmo tempo que levava o país praticamente à falência económica. Até ao momento em que Joaquim Chissano assumiu a presidência do país, na sequência da morte prematura de Samora Machel, Moçambique era governado por um homem cuja visão dicotómica do mundo levava a uma grande dificuldade em chegar a acordos – tudo, na verdade, em nome de uma Verdade ideológica.

Esta busca de uma Verdade absoluta e unificadora constituiu, desde Platão, o projeto de várias escolas filosóficas ocidentais, até Nietzsche lançar os fundamentos do pós-modernismo, que viria a relativizar o conceito de "Verdade". Entendendo que a Verdade é o momento em que a mentira termina, nunca se poderá saber o que é. Quanto mais se questiona o conceito, menos provável se torna a sua concretização. Porém, o conceito abstrato de "Verdade" constituiu, até hoje, a base de várias religiões, epistemologias e sistemas políticos, incluindo a das ideologias coloniais que defendiam as suas hierarquias como sendo obviamente corretas, justas e inquestionáveis. No Moçambique independente, o dogma do governo da FRELIMO, fundado numa fusão de socialismo científico e nacionalismo unificador, pressupunha uma verdade totalizadora, passível de explicar todas as atividades e situações com base em dicotomias moralmente definidas, e eliminando as diversas perspectivas sobre o real que compõem o complexo sincretismo cultural de Moçambique.

O relativizar da Verdade surge na era moderna pela obra de Nietzsche e pelo pós-estruturalismo daí resultante. Correspondente ao pós-modernismo na área da filosofia da linguagem, o pós-estruturalismo procurava eliminar os fundamentos centrais dos sistemas religiosos, políticos e epistemológicos, dando ênfase à influência ofuscante da linguagem a que Derrida chamava "jogo da linguagem". No contexto de língua portuguesa, Fernando Pessoa, no seu radicalismo característico, questiona a excepcionalidade da verdade ao criar os seus heterónimos. Frequentemente, Pessoa utiliza de forma consciente a linguagem para esconder e fragmentar, e não para clarificar e unificar. O seu famoso poema "Autopsicografia" começa precisamente com a afirmação de que "o poeta é um fingidor", para depois brincar com o conceito de poesia, que se pode interpretar como sinónimo de linguagem, falsificando, a ponto de, de facto, anular a diferença entre verdadeiro e falso.

Mia Couto recupera e radicaliza ainda mais elementos desta tradição pessoana de forma a moldar uma identidade nacional mais próxima da realidade moçambicana do que a dos modelos previamente apresentados pelo colonialismo e pelo socialismo. A inovação linguística e o jogo de palavras são de tal forma valorizados que o significado dos seus textos não consegue nunca ser absoluto; pelo contrário, está sempre sujeito a múltiplas interpretações e a mudança de perspectivas. A articulação idiossincrática da linguagem, antigamente colonial, nega qualquer possibilidade de determinação pelos sistemas *sine qua non*, movidos por uma crença inabalável na verdade. Além disso, o desafio que Mia Couto lança ao conceito de verdade prolonga-se do ponto de vista diegético da sua escrita. Basta pensar em *A Varanda do Frangipani*. Neste romance, o autor demonstra as instabilidades na procura da verdade e a aporia implícita ao processo de tentativa de imobilização nas suas constantes transmogrificações. As Verdades impostas a Moçambique refletiam a representação nietzschiana da premissa fundamental de todos os sistemas ideológicos. O filósofo alemão apela para uma interrogação sobre o valor da Verdade, uma vez que a Verdade assenta na combinação de valores opostos.

Os problemas que Moçambique enfrenta hoje são, em parte, resultado de décadas de Verdades absolutas, facto que, de resto, Mia Couto aborda no seu segundo romance, *A Varanda do Frangipani*, publicado em 1996, após as eleições multi-partidárias. O romance constitui uma reflexão sobre o que a guerra fez a Moçambique, sugerindo mesmo que a Verdade causa a morte. Com efeito, Mia Couto enquadra-se numa tendência dos autores de língua portuguesa do final do século XX, que se debatem com a relatividade do conceito de Verdade. A verdade esconde-se sob a capa de diversos conceitos, entre os quais "deus", o mais permanente na cultura ocidental. Mas, como Nietzsche demonstrou, assim que a inviolabilidade do divino é quebrada, muitas dicotomias começam a desintegrar-se. Mesmo no modelo de socialismo científico auto-proclamado e que Moçambique adotou no período pós-independência, o dogmatismo ateu ocupou esse espaço santificado que elimina o livre arbítrio e tenta reduzir a uma verdade única a pluralidade de possíveis explicações para um determinado fenómeno. Como David Brookshaw sublinhou, no período a seguir à independência, a produção cultural das antigas colónias portuguesas "foi dominada pelas convicções ideológicas dos novos regimes revolucionários" (Brookshaw, 1995: 116). "A Verdade", continua David Brookshaw, "era portanto una, em vez de 'federal', tal como o utópico estado-nação em formação, cuja identidade, história e literatura procurava evocar". Porém, no início da década de 90, "a fragilidade da imposta visão unitária da realidade foi reconhecida pelos mais famosos escritores de língua portuguesa do continente, incluindo Mia Couto" (117). As suas obras refletem uma realidade mais complexa, na qual a heterogeneidade domina acima da noção dogmática, única e absoluta. A Verdade tornou-se fragmentária.

Nietzschianamente, Mia Couto relativiza a Verdade ao associá-la, de modo inflexível, à morte. "Será possível", pergunta incredulamente Zaratrustra, "que este homem santo não saiba que deus morreu?" (Nietzsche, 1961: 41). Zaratrustra não se surpreende com a morte divina (a abolição do baluarte da Verdade), mas sim com a sobrevivência de alguém com uma fé inabalável numa ideia abstrata "que entorta tudo o que é direito e torna instável tudo o que fica de pé" (110). A morte de "deus" provoca de imediato a primeira vítima, Lúcifer, quando Zaratrustra observa um pecador a ser arrastado para junto de Hades, que diz aos homens perdidos: "tudo aquilo de que falam não existe: não há Diabo nem Inferno" (48). O que permanece é um estado de constante fluxo no qual "o Bem e o Mal cristalizados não existe" (139). Assim, a afirmação dos dois pólos opostos e fixos é penalizada no altar da relatividade. Este sacrifício traz consequências que ultrapassam o nível onto-teológico, para revelar a falácia de todos os dualismos moralmente estáticos. Para Nietzsche, valores são variáveis, já que "tudo o que é intransitório – não passa de uma imagem" (111). A eliminação da primazia atribuída à Verdade permite, agora, que a identidade seja fluída.

A busca da Verdade, uma preocupação filosófica refletida na prática teológica, depende do reconhecimento e da consequente abolição da mentira/falsidade. Deste modo, o seu significado depende exclusivamente e excludentemente do conceito de "o que não é". Porém, o próprio conceito de mentira alimenta-se do que é considerado o seu oposto. Deste modo, nunca desaparece de forma total, antes invadindo constantemente o domínio da Verdade através de referentes e inversões. O que hoje é Verdade, amanhã é mentira. Efetivamente, para Nietzsche, o conceito eliminado torna-se o mais real, ou pelo menos o mais produtivo, uma vez que o seu objetivo é, em parte, "reconhecer que a não-verdade é uma condição da vida" (Nietzsche, 1966: 202). Assim, se a morte é associada ao lugar de uma Verdade inquestionável e de um "deus" fantasiado, a vida é associada a mentiras – esta é a lição que Mia Couto nos dá em *A Varanda do Frangipani*.

A guerra foi feita em nome de duas verdades ideológicas, pelo menos na retórica de ambas as fações inimigas. A RENAMO dizia estar a lutar em nome da democracia e a FRELIMO, a favor do socialismo. Segundo Marta, a enfermeira mestiça de *A Varanda do Frangipani*, "Todas as culpas são da guerra ... Passamos a dizer: 'antes da guerra, depois da guerra'. A guerra engole os mortos e devora os sobreviventes" (VF: 119). A guerra – mensageira da morte – substitui Cristo – o "deus" que dá vida – enquanto ponto de referência temporal. Desta forma, morte e divindade ficam conceptualmente relacionadas. De facto, a guerra torna-se o centro ou, talvez melhor, o ciclo determinante do romance. A narração começa com a seguinte frase: "sou o morto" (11); e termina com: "daqui em diante, vou dormir mais quieto que a morte" (152). O enredo do romance desenrola-se à volta de uma investigação sobre uma morte praticada por alguém que o leitor sabe que só tem seis dias de vida. Mas a definição de Mia Couto de morte está longe de ser definitiva, apresentando-se intimamente ligada ao conceito de verdade, como seguidamente desenvolverei. Por cada verdade revelada, uma falsa natureza é, tarde ou cedo, revelada. Se a Verdade é um fim, então é o fim, porque a vida é baseada em mentiras.

A Varanda do Frangipani decorre num remoto lar de terceira idade, cujo diretor, Vasto Excelêncio, morre em circunstâncias misteriosas. Izidine Naíta foi enviado de Maputo para proceder à investigação. Sem o seu conhecimento, o espírito de Ermelindo Mucanga, um carpinteiro sepultado à sombra de uma árvore – um frangipani situado na parte de trás da casa – penetra no seu corpo e transforma-se num dos vários prismas através dos quais a história é narrada. Este facto é apresentado como um acontecimento normal, sendo estilisticamente reminiscente do realismo mágico, um estilo com que Mia Couto claramente parece simpatizar.

Para fortalecer o meu argumento de que Mia Couto utiliza tropos pós-modernos na sua obra é importante referir que o realismo mágico, segundo Wendy Faris, consiste num "importante elemento do pós-modernismo" (Faris, 1995: 163). Ambas as correntes se inspiraram e se alimentam de muitos aspetos comuns, sendo de facto a sua principal diferença trazida pela origem geográfica das obras que constituem estas expressões. Como Theo D'Haen defende, durante o período em que ambas as correntes se afirmaram, o pós-modernismo e o realismo mágico foram termos aplicados a textos do Norte e do Sul, respetivamente (D'Haen, 1995: 193). Apesar disso, considero Mia

Couto um escritor pós-moderno, devido à sua obsessão em dissolver fronteiras – a característica fulcral do pós-modernismo – e não um expoente da corrente do realismo mágico,.

Em *A Varanda do Frangipani,* Mia Couto força a Verdade a abandonar as suas fronteiras. Os diversos residentes da casa clamam ter assassinado Vasto, um brutal e antipático mulato. A missão de Izidine é a de determinar a Verdade. A Verdade, um empreendimento cujas permissas estão e são constantemente minadas por um contra-discurso que perpassa o romance e que testemunha uma ordem das coisas em que todas as verdades são apenas transitórias ilusões, ecoando portanto o "Paradoxo da Mentira" (se tudo é falso, então também esta afirmação o é). Como Carmen Tindó Secco afirmou, este romance subverte o género da ficção policial tradicional uma vez que o autor substitui a busca da Verdade pelo protagonismo de uma cadeia de mentiras cuidadosamente elaborada (Secco, 2000: 289). Os idosos situam-se na fronteira fluída entre a verdade e a falsidade, a vida e a morte, o passado e o futuro, o envelhecimento e a juventude (literalmente, na personagem de Navaia Caetano, que "envelheceu logo à nascença" (28)). Lamentam ostensivamente a perda das "últimas raízes que poderão impedir que fiquemos como [...] gente sem história, gente que existe por imitação" (60). Porém, pelas suas ações, estas personagens impedem a possibilidade de uma história fixa, no sentido convencional e Hegeliano da palavra. Para elas, a história não se resume a uma série de factos objetivos que se podem relacionar entre si de forma imparcial e repetitiva; para elas, a história é composta por um conjunto de perspectivas e estórias que nunca se deve permitir que terminem. O contador de histórias está organicamente ligado ao próprio conto. O "livrinho" onde Izidine regista os testemunhos das pessoas mais velhas, dando assim forma ao corpo do texto, "apodrecerá com [os] restos" de Mucanga, o narrador principal (26).

O caso de Navaia, a "criança-velha", reproduz este processo, na medida em que a estória que ele narra nunca atinge um fim, pois este seria o fim do seu enunciador. A única maneira de escapar à morte é mentir, ou seja, criar continuamente uma nova verdade, como aliás revela a Izidine: "me é proibido contar minha própria história. Quando terminar o relato eu estarei morto" (28). O duplo significado da palavra história permite ao autor transmitir a sua ideia de que a "História" é apenas mais uma "estória". A estratégia de sobrevivência da *criança-velha* está portanto baseada na certeza de que as "histórias" são sempre "inventadas" (29).

A falácia de uma verdade indiscutível torna-se evidente no romance a vários níveis. Tendo em conta que uma verdade se baseia numa tradição, o desaparecimento duma verdade pressupõe o questionamento da tradição na origem dessa verdade. Um processo rigoroso de desenraizamento sucessivo perturba o texto dos pontos de vista temático, sintático e semântico. O uso de tropos linguísticos por Mia Couto tem vindo a ser sucessivamente discutido pela crítica e, mais uma vez, em *A Varanda do Frangipani*, a desestabilização da linguagem através de neologismos, distorções sintáticas e alternância de códigos marcam presença, quebrando qualquer sentido definitivo das palavras e desafiando o conceito da norma linguística. A manipulação criativa da língua portuguesa desenvolvida por Mia Couto explora as raízes da própria língua, ao mesmo tempo que questiona a totalidade da sua primazia. Ao isolar palavras para as reconstruir de forma inovadora na teia do romance, Mia Couto põe a nu a instabilidade estrutural que permite à linguagem comunicar alguma coisa, mas nunca uma só coisa. Ao mesmo tempo, ele revela os motivos porque necessita dessas raízes, para logo as contestar, o que mostra cabalmente que o autor não conseguiria romper com a língua portuguesa e as suas tradições literárias se não dominasse ambas.

Do ponto de vista diegético, pode-se argumentar em favor de uma leitura afro-atavística de *A Varanda de Frangipani*, defendendo que Mia Couto favorece um retorno a um passado africano, como em parte se vê no seu romance de 2000, *O Último Voo do Flamingo*. Porém, em *A Varanda de Frangipani*, fica claro que esse retorno é sempre envolto em ambiguidades e nunca constitui um terreno estável e definidor de uma identidade. Lamentavelmente, Moçambique é apresentado como um país em processo de perda das suas tradições. Nas palavras de Marta, o país sofreu "um golpe contra o antigamente" (103), tornando-se um mero simulacro, sem autenticidade, cheio de "gente sem história, gente que existe por imitação" (60). As pessoas mais velhas constituem uma ameaça para Izidine, na medida em que lhe recordam as suas origens. Marta provoca o investigador, acusando-o de ter medo dos residentes, uma vez que "estes velhos são o passado que você recalca no fundo da sua cabeça. Esses velhos lhe fazem lembrar de onde vem" (78). O investigador tinha perdido as suas raízes devido à sua educação europeia, que "limitava o seu conhecimento da cultura, das línguas, das pequenas coisas que figuram a alma de um povo" (44). O investigador tinha sido aculturado segundo os paradigmas do Ocidente, que consideram os costumes do "Moçambique tradicional" um sinal de subdesenvolvimento. Assim, ele relega para o seu inconsciente profundo as suas ligações a esse mundo, onde, contudo, elas irão reclamar o seu direito a continuar a existir.

Mucanga, o espírito que habita o corpo de Izidine, é apresentado de forma semelhante, pois tinha morrido e tinha sido sepultado longe das suas raízes ("fora do meu lugar"), algo que o impedia de se tornar um "defunto(s) definitivo(s)" (12). Ele permanece solto, num estado de perpétuo movimento, o que facilita a reescrita da sua história por outros, particularmente pelos revolucionários que, de modo falso, o elevam ao estatuto de herói. Porém, permanecem no palimpsesto pistas, que vão sendo reveladas a cada nova leitura da obra. Marta é também apresentada como alguém que perdeu as suas raízes africanas pela erosão dos nomes de família africanos. As perdas que envolvem Izidine, Mucanga e Marta não são apresentadas como um progresso, mas antes como uma causa de preocupação. No fundo, as personagens separaram-se da história que simultânea e, de modo óbvio, os define.

Domingos Mourão, um colono português, abandonado pela mulher e pelos filhos na altura da independência, é uma outra personagem do romance apresentada como alguém que perdeu as suas raízes. Ele não será apenas sepultado longe dos seus, perdendo assim a sua ligação com o passado. Domingos Mourão já começou a perder a sua língua, a sua cultura, o sentido histórico da sua identidade. No entanto, o caso de Domingos Mourão é interessante uma vez que a perda a ele associada é apresentada de forma mais positiva.

> Desculpe-me este meu português, já nem sei que língua falo, tenho a gramática toda suja, da cor desta terra. Não é só o falar que é já outro. É o pensar, inspetor. Até o velho Nhonhoso se entristece do modo como eu desaportuguesei (48).

Se, por um lado, a sua perda linguística pode ser considerada lamentável e, até certo ponto, pode representar uma ameaçadora apropriação cultural por parte da antiga colónia do espaço anteriormente ocupado pelo colonizador (como explora Homi Bhabha); por outro, torna-se claro que a perda de sentido de Mourão é suficientemente compensada pela sua adaptação à nova nação que se torna também sua. O seu novo nome, Xidimingo, não apresenta a mesma carga e a conotação negativa associadas à imposição do nome português a Marta. O seu novo nome é antes visto como uma elevação da cultura. Assim, ele pertence a Moçambique e as raízes autênticas do país tornam-se também sua pertença. Como lhe diz Nhonhoso, "você, Xidimingo, pertence a Moçambique, este país lhe pertence. Isso nem é duvidável" (49).

Tudo isto parece substanciar uma leitura afro-atavística do romance. A perda de raízes africanas é lamentada, ao passo que a perda da herança portuguesa é desejável. Contudo, se fosse assim tão simples, Mia Couto poderia ser acusado de uma inversão binária, ao demonizar os elementos portugueses da cultura moçambicana e, simultaneamente, santificar a componente africana da mesma cultura. Mas não é assim tão simples se se analisar, principalmente, as complicadas caracterizações de Mourão-Xidimingo e da personagem Nãozinha, aquela que se apresenta mais enraizada nas tradições africanas.

Apesar de Domingos Mourão exaltar a sua identidade moçambicana, permanece dentro dele um desejo de regressar ao seu antigo continente. O frangipani constitui, de facto, uma ligação ao seu passado, uma vez que o faz recordar o Outono e as mudanças de estação na Europa. Assim, o título do livro indicia a sombra que a herança europeia continua a lançar sobre a identidade da nova nação africana. Mourão recorre, de forma ostensiva, à árvore que se torna um símbolo complexo para explicar, simplesmente, a sua presença e a sua existência. Mourão explica que, no tempo do Vasco da Gama, havia "um velho preto que andava pelas praias a apanhar do mar destroços de navios. Recolhia restos de naufrágios e os enterrava. Acontece que uma dessas tábuas que ele espetou no chão ganhou raízes e reviveu em árvore" (44). A árvore data, assim, da chegada dos portugueses à África Oriental, significando a sua vontade de se estabelecerem no continente. Porém, ao mesmo tempo, relembra os naufrágios e a glória manchada dos portugueses nos mares, uma vez que muitos dos acidentes tinham como causa direta a ambiciosa sobrecarga dos navios, como se verá mais à frente. Adicionalmente, a árvore também realça o papel de Portugal no transporte de plantas pelo mundo, uma vez que a árvore frangipani é original das Américas. O papel dos portugueses como pioneiros na transferência de tecnologia à escala global reforça o mito de um povo em trânsito marítimo permanente, procurando novos horizontes no mar e sempre ausentes, mas saudosos, da sua casa ibérica.

À medida que o mundo de Mourão vai desaparecendo, aumenta o seu desejo por um regresso ao passado. Ele afirma: "o Moçambique que amei está morrendo. Nunca mais voltará. Resta-me só este pedaçozito em que me sombreio de mar. Minha nação é uma varanda" (45). A varanda, o outro elemento do título, é o sítio onde está o frangipani, e que se mantém à sombra do frangipani. Simbolicamente, a varanda é a nação. A árvore representa África, a nostalgia da Europa, e, ao mesmo tempo, é americana, originária de um continente onde Portugal tinha também um outro império. A nova nação de Mourão é uma combinação de todos estes lugares. O sincretismo de tradições de Moçambique, mesmo da pós-independência, incluirá sempre componentes da Europa imperial.

A personagem mais enraizadamente ligada à tradição africana, Nãozinha, a feiticeira, declara-se a si mesma uma fraude, questionando a validade do retorno a essa tradição. Nãozinha confessa "meus poderes nascem da mentira" (82). Esta revelação que ela faz a Izidine não constitui a primeira negação da sua atividade de feiticeira. Um pouco antes no texto, Nãozinha já tinha dito a Navaia que não possuía poderes mágicos. Na verdade, a negação estava registada no seu próprio nome, NÃO-zinha. A diferença, na revelação que faz a Izidine, é que NÃO-zinha não nega os seus poderes; ela apenas declara que não há nenhuma verdade por trás desses poderes, aspeto que aliás voltará a referir na sua conversa com Ernestina, mulher de Vasto, quando admite que "eu não sou feiticeira de verdade" (110). Ernestina contradiz isto, dizendo "você tem poderes, eu sei" (110), baseando esta afirmação na sua intuição feminina. Assim, os poderes de NÃO-zinha não são negados, mas a noção de uma origem fixa para os seus poderes é abalada. Consequentemente, um desejo de retorno a essa origem torna-se um gesto utópico em direção a algo que, de facto, não existe enquanto verdade, mas somente na mentira.

A personagem de Izidine personifica a busca da verdade. Aparentemente, a sua presença na casa das pessoas de idade, que constitui o epicentro espacial do romance, é justamente averiguar o que é que na verdade aconteceu a Vasto. À medida que o texto se desenvolve, a ligação entre verdade e morte torna-se clara. A investigação em busca da verdade levada a cabo por Izidine, em Maputo, acaba por conduzir a um plano para eliminar o inspetor. É Nãozinha, cuja existência se baseia numa mentira, que, durante um momento de transe, revela o plano de assassinato de Izidine ao polícia. À medida que Izidine vai tomando consciência das verdades inconfessadas e inconfessáveis, e do caráter maléfico das mesmas verdades (o tráfico de armas, a conspiração para o matarem, a perda das suas raízes culturais, o abandono dos velhos), vai desejando intensamente encontrar um ponto fixo de referência, materializado no sonho do retorno às suas raízes africanas, o que também reflete a sua nostalgia por Portugal. Porém, esta busca identitária de raízes nunca se materializa. Os velhos negam-lho constantemente, uma vez que consideram que "tradição" significa, na verdade, uma criatividade perpétua. Izidine perdeu esta conceção de tradição pela educação ocidental que teve, que se baseia numa lógica que define a fronteira entre Verdade e tradição. Nesta linha, Izidine tenta impressionar os idosos ao revelar o seu conhecimento da tradição de comer lagartas. Mas, mesmo aqui, não encontra uma verdade autêntica, e portanto confortável, o que fica visível quando, perante aquela encenação, os velhos lhe respondem que "não somos nós que comemos os bichos. São eles que nos comem a nós" (98), ou seja, o oposto do que estava efetivamente a acontecer. A Verdade, no sistema epistemológico dos velhos, é apenas uma perspetiva mais e, como tal, volátil. Quanto mais Izidine procura unidade na verdade, mais fragmentada a encontra. Esta fragmentação não é, porém, dicotómica. Como Nhonhoso lhe diz, "Você não é bom nem mau. Você simplesmente inexiste" (93), negando a fácil dicotomia de opostos. Neste espaço intersticial em que se move, Izidine duvida de si próprio à medida que perde referências polarizadas. No mundo de Mia Couto, não é permitida a existência de opostos absolutos em relação a uma Verdade. No entanto, quanto mais Izidine se apercebe desta regra, mais ele procura um sentido de pertença a uma categoria definida, bem demarcada. "Era condição para ingresso na família, a tribo dos mais crescidos" (93), e assim ele se predispõe a ser circuncisado, a obter uma marca permanente. Contudo, os velhos recusam-se e preferem vesti-lo com roupas de mulher, uma ação que pode ser interpretada como simbólica de uma mudança decorrente de um ritual de iniciação ou, como discutirei mais à frente, como uma forma de destabilizar os papéis de género. O recurso a um ato de circuncisão é recusada a Izidine, transformado num efémero objecto carnavalesco, caracterizado pela sua roupa. Neste momento, a sua personalidade torna-se ainda mais fragmentada, eliminando fronteiras entre homem e mulher, jovem e velho, vida e morte. Pela primeira vez, Izidine deixa conscientemente de estar possuído por Mucanga e, vestido de mulher, faz amor com Marta. A retomada de consciência do seu próprio corpo à medida que o espírito o abandona resulta da sua capacidade de abandonar fronteiras e, finalmente, ceder a um fluxo de variáveis para a sua auto-definição. Izidine já não encara o mundo em termos absolutos e começa a aproximar-se do conceito de tradição enquanto criatividade, tal como ela é entendida pelos velhos.

O único sentido de absoluto consentido pontualmente no romance é o de um deus, quase ausente e cego às mentiras, e que permite a continuação da vida. Nas palavras de Navaia, as nuvens no céu são "como estas cataratas nos meus olhos: névoas que impedem Deus de nos espreitar. Por isso, somos livres de mentir" (22). Um tal deus está, de facto, morto. É um deus fundado na verdade que não se apercebe das mentiras omnipresentes. É a divindade de Zaratrustra. Paradoxalmente, esse deus também é o deus da mentira porque, no momento em que sai de cena e desaparece do campo de visão, os velhos ficam "livres de mentir" (26), uma frase ambígua, mas cujo contexto indica, de forma clara, que estão livres para dizer mentiras. Esta ambiguidade linguística serve ao autor para matar o que é, para si, a maior mentira de todas: um único e verdadeiro deus.

Mia Couto nega ao leitor o conforto de uma voz narrativa omnisciente, reforçando a ausência de Verdade ou Deus. Todos os acontecimentos no texto são destilados a partir de vários prismas. Em cada capítulo parece ouvir-se ou ler-se (no caso da Ernestina) a voz de uma personagem diferente. Por exemplo, Izidine media a sua mensagem e a de Mucanga (com quem está unido, mas de quem é diferente) no seu caderno de notas, que depois é falado ao leitor por Mucanga, através da palavra escrita do texto. Surge ainda uma outra perspetiva quando as testemunhas citam outras personagens no texto. A interferência de todas estas perspectivas distancia o leitor do que aconteceu na realidade, refletindo um característico distanciamento da linguagem.

Mia Couto recorre à estratégia de jogar com o significado e o significante (no sentido Saussuriano do conceito) para destruir qualquer possibilidade de Verdade. O autor destrói a unidade entre os dois e, no processo, realça a função inerente a qualquer sistema linguístico de ofuscação da realidade. O exemplo mais óbvio é o do local da narrativa, a fortaleza, em São Nicolau. Ora a fortaleza é ora o significante que muda significados, ora o significado que altera significantes. A fortaleza que Ana Mafalda Leite lê como um espaço fechado, símbolo das tradições moribundas da nação, teve várias funções e significados ao longo do tempo, desde fortaleza a prisão, a abrigo de um refugiado (Leite, 2000: 252). Parece ser um espaço com conteúdos inconstantes. Ao mesmo tempo, é um conteúdo com um espaço variável: um significado cujo significante também pode alterar-se. A primeira vez que Izidine vê a fortaleza está num helicóptero que o transporta até São Nicolau, e refere-se a ela como "fraqueleza" (V: 22), transformando o "forte" em "fraco". Mia Couto, na tradição da negação Nietzscheniana das dicotomias absolutas, sugere que antes de algo se tornar no que é, contém o que não é, rompendo com o isomorfismo entre o que significa e o que é significado. "Fraqueleza" não é apenas mais um novo conceito; complementa, isso sim, o conceito de "fortaleza", reduzindo-o e transformando-o no oposto daquilo que parece ser. Mia Couto sugere, assim, que a forma como algo é observado – neste caso, a fortaleza é avistada de muito longe – determina aquilo que se vê.

Vários personagens no romance representam esta natureza volúvel da relação entre significante e significado. O caráter dual do protagonista Izidine/Mucanga anula, desde logo, a possibilidade de uma correspondência estável entre as personagens e os seus nomes. A personalidade de Mucanga mistura-se com a de Izidine. Assim, o mesmo nome refere-se, em diferentes pontos da narrativa, a diferentes essências. Na verdade, a própria essência de cada personagem raramente é constante, uma vez que cada leitura é informada e distorcida por leituras anteriores. Por exemplo, uma segunda leitura nunca permite que Mucanga reocupe o mesmo espaço do branco sobre o qual as autoridades políticas procuram reescrever a sua história. A falta de registos escritos comprovativos da sua existência – que ele refere inicialmente – muda ao longo do texto, porque o próprio texto se transforma na inscrição da sua existência. À medida que a narrativa se desenrola, Mucanga revela factos sobre si que o tornam numa antítese do herói que as autoridades da FRELIMO pretendem fazer dele postumamente. Ele não sente qualquer ligação com os revolucionários que lutaram contra os portugueses que o educaram. Pelo contrário, tudo o que ele sente é uma desconexão entre o significante e o significado, um afastamento causado pela educação que alterara a ligação entre o que ele era e o que ele conseguia e podia dizer.

> Esses a que chamavam de "irmãos" não tinham parentesco comigo. Eram revolucionários, guerrilheiros. Combatiam o governo dos portugueses. Eu não tinha coração nessas makas. Sempre estudara em missão católica. Me tinham calibrado os modos, acertadas as esperas e as expectativas. Me educaram em língua que não me era materna. Pesava sobre mim esse eterno desencontro entre palavra e ideia (112).

A perda linguística de Mucanga espelha a desnacionalização linguística de Mourão que passou a falar um português manchado ou "contaminado" por Moçambique, um código linguístico muito afastado e que o afasta da antiga metrópole. Mucanga, tal como Izidine cujo corpo e mente ocupa, também não consegue ser fluente na sua língua materna e, como resultado, sente-se constantemente incapaz de conciliar significantes e significados. A perda linguística de Mucanga é uma consequência das políticas educativas do antigo regime colonial. No caso de Izidine, pelo contrário, o seu processo de perda linguística relaciona-se com as políticas já no período da pós-independência, quando a FRELIMO desencoraja o uso de línguas locais e promove a língua portuguesa mais do que o antigo regime colonizador. A sua educação europeia separou-o da sua língua materna, impedindo-o de falar atualmente como um africano. E mesmo o português que ele fala aponta para um domínio de significação diferente daquele a que os velhos do lar se referem utilizando o mesmo código linguístico. Ainda que utilizando os mesmos significantes, os seus significados são diferentes. Marta tenta explicar a Izidine este processo.

> "Você é que não fala a língua deles."
> "Não falo? Se nós falámos sempre em português?!"
> "Mas falam outra língua, outro português." (71)

Para os velhos, o mesmo código linguístico aponta para uma realidade diferente da de Izidine. Os mesmos significantes correspondem a diferentes significados, desafiando, assim, a premissa de um único sentido e destabilizando a possibilidade de representação de uma Verdade.

O corpo negro de Izidine representa precisamente esta rede oblíqua de sentidos. A apresentação exterior da sua negritude aponta para uma branquitude interna Fanoniana. Izidine pode achar que é negro, pode parecer negro, mas os velhos veem no seu corpo negro uma alma branca. E será um branco que assumira a alma de um africano, Mourão/Xidimingo, que o faz ver isso: "esses meus amigos, pretos, nunca lhe vão contar realidades. Para eles, o senhor é um mezungo, um branco como eu" (50).

Os dois nomes de Mourão refletem o processo de dois significantes para um significado. Porém, este processo representa um corpo entre duas culturas, o que, por seu turno, indicia um mesmo recipiente de duas essências, ou melhor, um significante de dois significados. Ao mesmo tempo, pertence e não pretence, é duas pessoas e uma só. Não só o modo como fala português desafia a "pureza" da língua, ao quebrar frequentemente a correspondência convencional entre significado e significante, como, por outro lado, a duplicidade e o hibridismo cultural dos seus nomes refletem uma incompatibilidade paradoxal nas convenções linguísticas. Ao mesmo tempo, a sua personagem é espelho da complexa herança cultural da sua nova nação e do processo contínuo e progressivo da formação identitária de Moçambique. A identidade de Mourão e de Moçambique é constituída por um jogo de reinterpretações, o que impossibilita uma definição permanente, uma vez que nenhum significante se relaciona permanentemente com um só significado. Esta rejeição de isomorfismo (entre os dois componentes do signo) constitui uma parte eficaz do seu desafio à possibilidade de existência de uma única e absoluta verdade. O escritor explora ao exagero os limites da linguagem, a sua incapacidade de fixar sentidos, a sua anulação da ideia ilusória de que a linguagem tem capacidade de cristalizar uma verdade. Mas são esses próprios limites que permitem ao autor propor significados e despoletar múltiplas interpretações. Ao aceitar a negação de verdades e o reconhecimento que Nietzsche faz da "não-verdade como condição da vida", Mia Couto propõe um recomeço para a identidade moçambicana, abandonando as verdades que causaram tanto sofrimento – as ideologias inquestionáveis do colonialismo e do socialismo científico. Além disso, a sua renúncia às verdades cruza fronteiras continentais porque nega, por um lado, o âmago das ideologias ocidentais e, ao mesmo tempo, evita um regresso às pretensamente autênticas origens africanas.

O resultado implica uma identidade nacional que é, e deverá ser sempre, orgânica e mutável enquanto condição da sua própria existência, capaz de renunciar a estruturas binárias e de zelar pela dissolução do absoluto.

As personagens de *A Varanda do Frangipani* representam utopicamente a nação moçambicana no pós-guerra, na qual qualquer dogmatismo seria banido e onde jamais a identidade seria conclusivamente definida. Tanto Izidine, que perde a sua ligação a África, como Mourão, que se separa de Portugal, são personagens que Mia Couto deixa à deriva, forçando-as a assumir novas identidades, respeitadoras e reintérpretes das tradições, sem contudo as fossilizar. Assim que uma tradição se transforma em pedra, transforma-se em verdade e, portanto, morre. Na verdade, reclamar uma verdade ou uma tradição "autêntica" é um processo cheio de contradições, como tentarei argumentar no próximo capítulo, ao discutir o atavismo ortográfico absurdo e o pânico ridículo associado à potencial morte do português em Moçambique, que veio à tona na década de 1990, agudizado pela adesão de Moçambique à Commonwealth. Como Mia Couto expõe no poema "O Outro Idioma", escrito em 2006:

Inquirido
sobre a sua fluência
em português, respondeu:

– *Tenho duas línguas:*
uma para mentir,
outra para ser enganado.

A professora
ainda perguntou:
– *E qual delas é o português?*

– *Já não me lembro,* respondeu. (IDC: 41)

3.

LEITURAS DAS POLÍTICAS E DAS PRÁTICAS DE ALFABETIZAÇÃO E DE ORTOGRAFIA

Num artigo publicado, em 1995, no semanário moçambicano *Savana,* Francisco Rodolfo faz uma série de observações interessantes relativamente à taxa oficial de analfabetismo do país. Partindo da sua experiência em meios rurais e urbanos de Moçambique, nos anos que se seguiram à independência, Francisco Rodolfo refere que as estatísticas governamentais subestimam a realidade. De acordo com o jornalista, a inexatidão dos números era o resultado de uma enviesada herança do antigo poder colonial. O governo da FRELIMO, à semelhança da administração portuguesa, recusa classificar como alfabetizados aqueles que leem línguas africanas, mas que, por um "equívoco" da história relacionada com as políticas de língua professadas por algumas missões religiosas, nunca aprenderam a ler ou a escrever em português. De acordo com Francisco Rodolfo, as estatísticas oficiais dos anos 90 apenas consideram aqueles que são fluentes em línguas europeias, negligenciando uma parte substancial da população mais velha que sabe ler e escrever em línguas africanas, mas que tem um conhecimento reduzido, ou mesmo nenhum conhecimento, da língua portuguesa. Este é um fenómeno que atinge particularmente as regiões que, durante a era colonial, viveram sob influência das missões e igrejas protestantes. A igreja católica sempre promulgou o uso do português nas escolas que administrava, cumprindo assim o Acordo Missionário anexo à Concordata que Salazar assinou com o Vaticano em 1940. Esta Concordata, que durante anos tornou o catolicismo politicamente comprometido com o Estado fascista, pretendia, em parte, restringir a influência das missões protestantes nas colónias portuguesas, dando prioridade à igreja católica no setor da educação. Nas escolas dirigidas por católicos, as aulas eram em português. Acordos internacionais anteriores, nomeadamente aqueles que se seguiram à Conferência de Berlim de 1884-85, garantiam a liberdade religiosa nas colónias africanas por insistência dos britânicos, que viam no zelo da educação das missões protestantes uma componente crucial para o crescimento da sua própria esfera de influência e para o aumento e para a divulgação da ideologia capitalista que subscreviam. Na altura em que a Concordata foi assinada, as missões protestantes estavam solidamente implantadas em várias regiões de Moçambique. O seu relativo pequeno número nunca refletiu a enorme influência que viriam a ter na história da independência de Moçambique; estas missões foram, de facto, os espaços de formação de muitos nacionalistas, nomeadamente, do fundador da FRELIMO, Eduardo Mondlane.

Mondlane nasceu em Manjacaze, em 1920, de um clã de dirigentes tradicionais dos Chope, um grupo étnico relativamente pequeno do sul de Moçambique, com frequência desprezado pelos Changana, um grupo francamente mais numeroso, que repudiava os Chope pela sua colaboração com a administração portuguesa. Eduardo Mondlane foi educado em Portugal, na África do Sul e nos Estados Unidos, onde se doutorou em Antropologia e onde casou com uma americana branca, Janet. Todas as suas oportunidades educativas foram essencialmente resultado de bolsas e encorajamentos vindos de missionários suíços calvinistas. Ao longo da sua liderança do movimento de libertação, Mondlane manteve relações estreitas com os Estados Unidos, nomeadamente, com a administração Kennedy, a ponto de ter sido acusado de ser "uma marioneta americana" (Cabrito, 2000: 24). O seu assassinato, a 3 de Fevereiro de 1969, em Oyster Bay, na Tanzânia, foi imputado pela FRELIMO aos serviços secretos portugueses, vulgo PIDE, mas corriam também rumores de que a sua morte resultara de lutas internas na própria FRELIMO (Newitt, 2002: 206). A presidência da FRELIMO foi assumida por um triunvirato, constituído por Samora Machel, Marcelino dos Santos, um convicto comunista mulato, e o Reverendo Uria Simango, um Ndau da região central de Moçambique.

Samora Machel foi um implacável chefe do braço armado do movimento de libertação. Educado catolicamente, orientação que mais tarde rejeitou de modo veemente, e enfermeiro qualificado, determinava-o a ideia de canalizar o movimento para o Marxismo-Leninismo, opondo-se assim ao mais conservador Simango. Em Novembro de 1969, Simango publicou um artigo em que criticava decisivamente as práticas e táticas empregadas pelo movimento para manter a disciplina e a coesão entre os seus membros. Neste documento, Simango pedia a demissão de Machel e de Marcelino dos Santos, e apelava a que estes elementos da FRELIMO fossem julgados em tribunal pelas execuções de membros da FRELIMO de que eram responsáveis. Convencido de que tinha o apoio dos militares, ameaçou demitir-se se a sua solicitação não fosse atendida. Na verdade, as suas exigências não foram satisfeitas e Simango foi expulso do movimento numa reunião do Comité Central, em Maio de 1970. Machel requereu e assumiu a presidência da FRELIMO, e dominou a política moçambicana até à sua morte imprevisível e suspeita num desastre de avião, em 1986. Marcelino dos Santos, que não era da simpatia de Mondlane, tornou-se vice-presidente. Simango foi mais tarde capturado, preso e secretamente executado, em Outubro de 1979, uma execução ordenada pela FRELIMO para prevenir que a sua imagem de dissidente passasse à de líder do movimento rebelde emergente, RENAMO. Durante muitos anos, o governo da FRELIMO não reconheceu nem assumiu a execução extra-judicial de um dos seus antigos membros, levando mesmo os seus familiares a acreditar que Simango estava vivo (Cabrito, 2000: 102).

Todo o episódio da sucessão de Mondlane realça as profundas divisões que caracterizavam a FRELIMO de então. Samora Machel impôs ao movimento uma viragem ideológica à esquerda, elegendo o bloco soviético como seu aliado natural, ao mesmo tempo que conduzia o movimento para um regime totalitário, bem distante da orientação inicial do partido criado por Mondlane. Mondlane deve a sua formação ideológica e cultural, e o seu entendimento do mundo às missões protestantes em que foi educado. Apesar de pertencer a uma família não cristã, Eduardo Mondlane frequentou a escola da missão suíça através de contatos familiares. A sua mãe tinha a convicção de que ele devia estudar para saber como funcionar no "mundo do homem branco" (Cruz e Silva, 2001: 144). O setor educativo da missão onde encontrou o seu nicho intelectual tinha, desde o século XIX, sido conduzido pelo desejo de trazer a "Buku" – traduções da Bíblia para línguas indígenas – aos falantes destas línguas. Assim, este livro serviu, simultaneamente, como manual de alfabetização e como objeto de conversão. As estratégias utilizadas pelos Protestantes divergiam bastantes das dos seus colegas das missões católicas. Os primeiros alimentavam a formação de uma consciência nacional em Moçambique, ao passo que os católicos serviam fielmente o colonialismo português. Para além da educação do primeiro ideólogo da FRELIMO, uma das heranças que as missões protestantes deixaram ao Moçambique pós-independente foi o nível de alfabetização, oficialmente não reconhecida, que Rodolfo refere no seu artigo.

Rodolfo defende que, na região de Maxixe, "há muita gente já idosa que não fala o português, mas lê e escreve perfeitamente o guitonga" (Rodolfo, 1995: 9). Outro exemplo citado diz respeito aos distritos da província do Niassa, no norte de Moçambique, onde Rodolfo costumava estar e onde participava em reuniões onde as populações locais "traziam o seu relatório escrito em suaili e macua". Para demonstrar a extensão da alfabetização em línguas africanas ao longo de todo o território moçambicano, Rodolfo dava o exemplo das "mamanas rongas" residentes em Maputo, que durante as cerimónias religiosas "põem amiúde os óculos – devido à idade – e abrem os seus livros de cânticos, muitas vezes bíblias, lendo-os em ronga fluente". Rodolfo termina a sua descrição com a recusa expressa formulada numa questão retórica: "dir-me-ão que são iletradas? Pensamos que não!" Em Moçambique, quando o alfabeto foi introduzido nas línguas africanas, a noção de analfabetismo ligou-se de imediato à ignorância e incapacidade de escrever. Estranhamente, a associação redutora da Europa com a escrita não se perdeu com a independência. A alfabetização em línguas africanas continuou a não ser contabilizada oficialmente. No seu artigo, Rodolfo defende vigorosamente aqueles que, alfabetizados em Ronga, Guitonga, Swaíli ou Makua, tinham sido, de forma errada, classificados como analfabetos pela administração, afinal herdeira das diretivas coloniais que, nesta matéria, ligava as línguas europeias ao trabalho escrito, desclassificando as línguas africanas.

A escrita modifica a capacidade intelectual, alterando e enriquecendo a consciência humana de linguagem. Em sociedades alfabetizadas e culturalmente esclarecidas, a palavra escrita transforma-se em lei, carreira do conhecimento e da autoridade. Os missionários suíços, primeiros responsáveis pela introdução do alfabeto na língua do grupo linguístico dos Tsonga, no sul de Moçambique, tinham bem consciência do poder que a palavra escrita poderia produzir e vir a representar. Nas palavras de Patrick Harries, "para além da utilidade como meio de comunicação, a escrita rapidamente adquiriu um significado político crucial. O monopólio da língua tsonga conferiu aos suíços uma importância competitiva em relação às outras missões na sua missão de salvação das almas africanas" (Harries, 1995: 164-65). Harries afirmava: "as pessoas estavam impressionadas pela leitura como meio de comunicação, especialmente quando isto se passava num idioma com o qual tinham já uma certa familiaridade". Harries continua para finalmente concluir que, introduzindo o alfabeto na língua tsonga, os missionários suíços sentem que possuem a língua que transcrevem. Tomaram uma língua falada e tornaram-na sua ao escrevê-la. "Assim os missionários não tinham apenas o controle da língua tsonga escrita mas, pela maneira como nela combinaram lealdade, encanto, ternura e possessão, podemos dizer que praticamente a possuíam; o tsonga era a 'nossa' língua com a 'nossa ortografia'".

Na paisagem linguística moçambicana, as missões protestantes ganharam terreno pela imposição de uma ortografia diferente da da língua oficial da colónia. Foram responsáveis pela introdução de letras inexistentes no alfabeto português – como o K e o W – nas línguas moçambicanas que codificaram e transcreveram. A complexidade linguística gerada pela intervenção das missões protestantes nos sistemas de escrita de Moçambique recusa fundamentos falsos a qualquer projeto baseado no atavismo, ou seja, à reivindicação duma pureza linguística que é inexistente, um aspeto abordado, de modo divertido, por Mia Couto numa das suas crónicas "África com Kapa?", publicada na coleção *Cronicando.*

A história decorre num gabinete de emigração de um aeroporto brasileiro, onde um moçambicano amigo de Mia Couto se envolve numa discussão com um funcionário dos serviços de emigração brasileiros sobre a maneira como se escreve o seu nome. O moçambicano afirma insistentemente "escreve-se com kapa e dabliú!" (175). O brasileiro, pura e simplesmente, não percebe, acabando por escreveu o nome africano "empregando as normas ortográficas da língua portuguesa" (175), o que só por si já constitui uma ironia, uma vez que o Brasil e Portugal não partilham algumas regras ortográficas. O brasileiro solicita uma explicação. O moçambicano esclarece, baseando a sua resposta na evocação de um passado que nunca existiu: "é a maneira africana de escrever" (175). À medida que uma irada fila aumentava atrás de si, ele prosseguia no seu argumento, reclamando que estava a "assumir as nossas raízes africanas, respeitar as nossas tradições" (176). O funcionário parecia começar a entender, perguntando: "será que os kapas são mais africanos que o [*sic*] cês? "(176). Aqui estava exatamente o cerne da questão. Couto permanece em silêncio ao lado do seu amigo. O brasileiro não estava satisfeito, construindo uma barragem de argumentos contra o moçambicano: "Dizia que, para ele, se tratava de pura transferência das normas do português para as do inglês" (176). O argumento perdia-se. A história, como tinha sido escrita, estava do lado do brasileiro. As raízes africanas não podem ser reclamadas através da ortografia europeia. Se o moçambicano queria fazer uma declaração política sobre a sua origem étnica não o poderia fazer mudando África para Afrika. Seria tão errado como escrever "MYA KOWTO" (177).

O aspeto particular desta história revela que a crença na autenticidade surge muitas vezes baseada, ou misturada, com ignorância. O nacionalista moçambicano está a tentar recuperar a sua africanidade através do código escrito trazido por europeus. Para além disso, o sistema constitui uma herança de um grupo ideológico e religioso – os Protestantes –, que eram o bastião avançado da expansão capitalista, a última ideologia a colonizar Moçambique e aquele sob a qual Moçambique vive e viverá num futuro previsível.

Há ainda uma série de outros aspetos que este conto levanta e a partir dos quais pode ser analisado. Antes de mais, é de assinalar que é um brasileiro que defende uma identidade lusófona transnacional através da língua. O funcionário da emigração reclama pureza linguística e ridiculariza a tentativa do moçambicano de colocar a cultura indígena africana num português escrito. A sua tendência é portanto hegeliana, ou seja, escrever a história de maneira a excluir África da narrativa. De facto, o funcionário brasileiro vem de uma cultura que sempre tratou as culturas indígenas de forma ambivalente.

No período que se seguiu à independência, em 1822, o indígena brasileiro era simultaneamente menosprezado e utilizado como a encarnação do verdadeiro Brasil, o ser puro e não corrompido pelo detestado português. Os escritores brasileiros do século XIX, como José de Alencar, introduziram mesmo palavras do Guarani nos seus textos como forma de distinção e de afirmação da diferença do português do Brasil em relação ao português da antiga metrópole. Os seus esforços eram meramente superficiais e, de facto, revelavam mais sobre as suas incapacidades de falar as línguas indígenas a que clamavam dar voz do que o desejo autêntico de proteger as culturas indígenas. A fluência de Alencar em Guarani, apesar de ele afirmar o contrário, era insuficiente, o que confere uma certa hipocrisia à sua opinião de que os brasileiros deveriam estar em sintonia com a cultura indígena para bem do processo de definição da sua nova identidade. Na verdade, o conhecido escritor brasileiro apropria-se de uma língua que não dominava para servir o seu próprio projeto de baptismo cultural nacional. O verdadeiro destino dos dialectos e línguas indígenas no Brasil foi simbolicamente registado por Mário de Andrade na sua novela de 1928, *Macunaíma*. No final da novela, o único sobrevivente falante de uma língua (indígena) é um papagaio e uma das lições da história é, sem dúvida, fundamental para o meu argumento: a oralidade sem ortografia conduz à extinção linguística. Todavia, a ortografia transporta sempre a marca de um poder imperial, como fica amplamente evidente na história linguística de Moçambique e como o conto "África com Kapa?" amplamente demonstra.

O segundo aspeto que o conto de Mia Couto levanta prende-se com o controverso acaso no imperialismo linguístico. O funcionário da emigração condena a interferência do inglês na política da língua da África de língua portuguesa. Admitir a interferência do inglês é uma das matérias mais sensíveis para os falantes de português de todo o mundo e tem um significado muito especial quando se refere a Moçambique desde que a chamada "Corrida a África" dividiu o continente africano entre os competitivos poderes europeus do século XIX. Em 1890, britânicos e portugueses entraram em conflito por causa de um território da África subsariana de que ambos reclamavam estar sob sua soberania. Este "incidente" da história ficou conhecido pelo Ultimatum na história portuguesa, tendo gerado uma crise interna significativa. O terceiro marquês de Salisbury, então Primeiro-Ministro britânico, ameaçou declarar guerra a Portugal depois de um zeloso oficial militar português, Serpa Pinto, ter tomado posse da região de Makololo, uma área que os britânicos reclamavam para a sua esfera de influência. A brutal diplomacia de Salisbury forçou Portugal a ceder. O monarca português foi caricaturado na imprensa portuguesa, retratado como um lacaio do imperialismo britânico, e o seu governo caiu no meio de uma onda de descontentamento popular. A principal consequência da crise gerada pelo Ultimatum britânico foi o início do fim da monarquia portuguesa, que nunca mais recuperou desta perda. O Partido Republicano aproveitou bem este descontentamento popular e, passadas duas décadas, a monarquia caía para sempre em Portugal. Todavia, uma segunda consequência que se prolongou pelo século seguinte, e talvez ainda no século XXI, foi a profunda desconfiança no seio de muitos portugueses relativamente às intenções dos falantes de inglês em Moçambique e naquela área geográfica.

A língua esteve sempre no centro da identidade portuguesa. Desde longa data que a *intelligensia* portuguesa mantém uma complicada relação de cariz emotivo, que se alia à sua identidade nacional com a língua que falam. Já no século XVI, o poeta e dramaturgo António Ferreira criticava os seus colegas por não usarem o português, preferindo exprimirem-se na língua castelhana da Corte. Neste aspeto, os portugueses pareciam prever e antecipar aquilo que se tornou uma tendência do resto da Europa continental, onde as ideias do proto-nacionalismo germânico do século XIX, desenvolvidas por Herder, são assinaladas como as primeiras que relacionam a língua com a identidade política do Estado. Naturalmente que sempre houve vozes discordantes dentro das tendências portuguesas que evitavam o uso da língua vernácula, preferindo o espanhol e, depois, o francês, como meios de expressão cultural. Contudo, uma forte tendência, que conta com uma geneologia de elite, sempre privilegiou a língua como veículo de caracterização e de afirmação da pátria. Padre António Vieira, que passou grande parte da sua vida no Brasil, onde começou a escrever a analéptica e profética *História do Futuro* de Portugal, colocou a língua portuguesa na supremacia de uma nova ordem mundial na qual os Portugueses reinariam em nome de Cristo. Mas, como se sabe, a *História do Futuro* é também e já uma história da saudade de um tempo em que Portugal e a Espanha dividiam entre si o mundo, e o catolicismo se elegia como a religião deste mundo central. No tempo de Vieira, esta ordem antiga e breve é projetada num futuro ideal a haver, mas que era já uma impossibilidade manifesta no consolidado avanço dos Protestantes e, portanto, só possível de delinear na imaginação. As ideais e afirmações de Vieira relativamente à língua portuguesa como expressão e como identidade da nação foram mais tarde reelaboradas pelo mais influente poeta do modernismo português, Fernando Pessoa, para quem Vieira era uma espécie de pai da nação. A subsequente influência de Pessoa no debate da língua é considerável e a sua famosa frase, proferida por Bernardo Soares, "a minha pátria é a língua portuguesa", tem vindo a ser citada tão frequentemente por políticos, escritores, comentadores e intelectuais que se tornou quase um cliché obrigatório em qualquer reunião da lusofonia.

Nascido em Portugal, em 1888, Pessoa passou grande parte da sua infância na África do Sul, onde escreveu os seus primeiros poemas em inglês e onde ganhou um prestigioso prémio pela qualidade da prosa de um ensaio escrito na língua de Shakespeare. Regressou a Portugal como um jovem adulto e aí começou a sua profícua criação de diferentes identidades poéticas de língua portuguesa, muitas das quais só foram conhecidas após a sua morte, em 1935. O legado de Pessoa, relativamente à política da língua como imagem da nação, tornou-se um pilar do discurso imperialista do Portugal do século XX. O poeta imaginava um império baseado não no domínio político, mas na cultura e na língua. Na altura em que estava a escrever, a sua atitude era assinalavelmente progressista.

Contudo, na era pós-independências, a sua influência entre os intelectuais de língua portuguesa tornou-se consideravelmente problemática, pois a língua, como assinala Ngugi wa Thiong'o, é uma das principais armas do neo-colonialismo. Se a língua está profundamente ligada à pátria, uma reivindicação de jurisdição metropolitana poderia ser feita relativamente às obras publicadas pelos diversos países que utilizam a mesma língua no pós-independência. A repetidamente citada frase de Pessoa problematiza trabalhos de escritores como Mia Couto, que usa o português para exprimir uma identidade moçambicana. Na verdade, o caso de Mia Couto é ainda mais complexo por causa de todas as sensibilidades existentes em Moçambique em relação ao uso da língua portuguesa. Devido a uma compreensível ameaça e a um entendível receio de que, num futuro próximo, o inglês venha a substituir o português como língua oficial nacional, uma ameaça aliás visível e assumida, de modo implícito, no conto "África com Kapa?" de Mia Couto, há reconhecidamente uma tendência em Lisboa de enfatizar com exagero o trabalho linguístico do escritor moçambicano para assim mostrar que, em Moçambique, a língua portuguesa continua viva e de boa saúde.

O crescimento da paranóia linguística entre alguns intelectuais de língua portuguesa constitui já uma longa história. A 13 de Novembro de 1995, Moçambique tornou-se o primeiro país de língua oficial portuguesa a juntar-se à Commonwealth. De acordo com o escritor angolano Sousa Jamba, este facto confirma os receios de muitos portugueses de que, em África, a sua língua "tem vindo a ser ultrapassada pelo avanço do inglês" (Jamba, 1997: 29). O próprio Sousa Jamba escreve em inglês, e tem os seus romances e ensaios traduzidos antes de os publicar em Lisboa, algo que alimenta ainda mais o sentimento de que a África de língua portuguesa está sob cerco inglês. Os críticos de Sousa Jamba apontam que ele pouco conhece da realidade de Angola, uma vez que viveu como refugiado no Zaire de Mobutu durante grande parte da sua juventude, tendo-se depois exilado em Londres. De facto, Sousa Jamba é muitas vezes tomado como uma conhecida autoridade da África de língua portuguesa, particularmente, pela sua ligação com o jornal *The Times*. Na verdade, ele apenas está a dizer a um tipo particular de inglês aquilo que ele quer ouvir: que o inglês está a tomar o lugar do português na África sub-Sahariana. A relação histórica entre Portugal e a sua velha aliada, a Inglaterra, tem sido frequentemente caracterizada como uma aliança de desigualdade. Desde o Tratado de Methuen, assinado em 1703, até à crise do Ultimatum, os britânicos sempre trataram Portugal com o desprezo que habitualmente reservavam para os habitantes das suas colónias. Os acordos assinados entre os dois Estados colocavam sempre Portugal numa posição de desvantagem e serviam, essencialmente, os interesses estratégicos britânicos. A Espanha foi, durante vários períodos da história europeia, o principal adversário da Grã-Bretanha. Daí resultou a ideia e a prática política de fazer de Portugal um reino independente da Espanha e solidário com os interesses britânicos. Com a queda da influência espanhola no cenário europeu, sobretudo a partir das guerras napoleónicas, a Grã-Bretanha deixou de ter um interesse tão premente em Portugal e a preocupação de manter a charada de uma aliança com Lisboa passou a ter bastante menos importância. No final do século XIX, a abundância de discursos de viajantes, comentadores e políticos britânicos em que a imagem de Portugal é denegrida é exemplo de uma política de fachada que não era mais necessário esconder. Este aspeto torna-se particularmente importante nos discursos relativos ao território de Moçambique. Sob o manto de uma retórica imperialista, que assinalava a incompetência imperial portuguesa e consequentemente da inaptidão portuguesa para levar ao continente negro a civilização, a Grã-Bretanha propunha-se tomar conta das possessões portuguesas. Em causa estavam as regiões do chamado "corredor da Beira" e do porto da capital, então designado pelos ingleses como Delagoa Bay, mais tarde batizado como Lourenço Marques, e, depois da independência, Maputo, a capital de Moçambique. Com as suas profundas baías naturais, ambas as áreas providenciam excelentes rotas de escoamento de mercadorias, neste caso, extremamente cómodas para a exportação dos produtos das colónias britânicas da África austral.

Na verdade, antes da Primeira Guerra Mundial, a Inglaterra tinha entrado num acordo secreto com a Alemanha – acordo aliás bastante publicitado, mas que nunca entrou em vigor –, que visava a partilha das possessões africanas portuguesas entre as duas potências europeias rivais. Não é portanto nada surpreendente que as posições britânicas na região tenham sido posteriormente consideradas suspeitas por Portugal. Acresce a isto o avanço global do inglês e o facto de Moçambique estar rodeado por nações que têm como língua oficial o inglês. É portanto fácil perceber por que razão a entrada da nação na esfera do remanescente império britânico causou tão elevada paranóia linguística em Portugal.

Antes de Moçambique entrar na Commonwealth e durante muitos anos, corria um debate na imprensa portuguesa centrado na crescente ameaça que o inglês constituía para o português em África. Jorge Bacelar Gouveia resumiu os argumentos no semanário *Expresso*, num artigo datado de 1994. De facto, o jornalista traçava um futuro sombrio para o português no continente africano e, em particular, em Moçambique. Na sua opinião havia uma estratégia, coordenada e realizada por agências britânicas, norte-americanas e sul-africanas, que visava a substituição do português pelo inglês em Moçambique. A estratégia envolvia denegrir o português, associando-o ao passado colonial. Assim, e de acordo com a opinião de Jorge Bacelar Gouveia, estas agências subsidiavam maciçamente programas em línguas nativas como forma de degradarem a importância nacional do português. Ainda de acordo com o jornalista, quando o português estivesse suficientemente enfraquecido, o inglês surgiria e seria oferecido como a língua de salvação nacional para reunificar a nação. O retrato de Gouveia é absolutamente melodramático. Contudo, os seus argumentos encontram algum público e ecoam alguns dos argumentos usados na África francófona, onde o financiamento a línguas locais é frequentemente visto como uma etapa para a substituição do francês pelo inglês. Independentemente da validade daquilo que Gouveia afirma, a sua opinião constitui e representa uma tendência de alguma intelectualidade de língua portuguesa, que vê na língua inglesa a maior ameaça a uma soberania transnacional lusófona. O retrato que Bacelar Gouveia encena alimenta-se da convicção de Fernando Pessoa da língua como pátria, que constitui em si mesma uma complicada equação neocolonial, uma vez que implica que qualquer coisa escrita em língua portuguesa se torna, de forma imediata, propriedade de uma comunidade lusófona historicamente centrada na metrópole. Na verdade, um aspeto problemático da receção de Mia

Couto prende-se exatamente com a maneira como muitos críticos privilegiam a "inovação" linguística ou o seu uso regenerador do português, deixando de lado outros aspetos importantes dos seus textos. Antes de mais e de uma vez por todas, Mia Couto é designado como um escritor que rende homenagem e serve a língua portuguesa.

O debate que rodeia o tema da continuação da utilização do português como língua oficial de Moçambique e em África, em geral, reaparece frequentemente nos círculos académicos portugueses. A abundância de títulos publicados sobre o tema atesta uma obsessão que não é partilhada pelas antigas colónias. Uma das ironias da experiência moçambicana é o considerável apoio que, durante a primeira década da independência, o governo da FRELIMO deu à língua do antigo colonizador, sobretudo quando comparado com os poucos esforços do colonizador ao longo de cinco séculos. No período que se seguiu à independência, o português era a única língua permitida no sistema de educação e tornou-se o idioma em que a própria nação se imaginava a si própria. Dada a grande complexidade e diversidade linguística do país, com cerca de trinta línguas africanas distintas e faladas dentro das fronteiras moçambicanas, a FRELIMO determinou que a forma mais eficaz de forjar uma identidade nacional seria através da unidade linguística que só a adopção oficial da língua do antigo colonizador conferiria. Na opinião de Samora Machel e da sua *entourage*, qualquer outra opção levaria facilmente ao tribalismo e ao acentuar das divergências e das divisões. Durante a vigência do Estado Novo, que ao longo de quatro décadas dominou Portugal e as suas colónias africanas, o governo português entregava-se a uma retórica que defendia uma unidade linguística transnacional da família lusófona. A realidade por trás desta ficção era bem outra: na verdade, pouco se fazia para que o português ultrapassasse as fronteiras da comunidade branca de colonos e de um grupo relativamente pequeno de mulatos e de negros urbanos. As estatísticas disponíveis sobre a cobertura do português até à independência variam bastante e a sua validade é questionável. Todavia, o que está para além de qualquer divergência é que a FRELIMO aumentou o número de moçambicanos que falavam e escreviam português e, nos primeiros anos da sua governação, desencorajou o uso de línguas africanas, apelando ao interesse de unidade nacional, o que de certa maneira explica a sua renitência em admitir o fenómeno da escrita Ronga.

Mais recentemente e, de modo particular, na sequência da morte de Samora Machel, a FRELIMO adoptou uma posição mais tolerante em relação à diversidade linguística de Moçambique. O quinto artigo da Constituição moçambicana de 1990 contempla o crescimento da importância das línguas africanas no setor educativo. Se este papel for cumprido, estas línguas adquirirão rapidamente mais população capaz de dominar a escrita e a leitura, uma vez que os textos didáticos para uso no ensino primário serão produzidos em diversas línguas. Em muitos aspetos, o debate sobre o uso futuro do português como língua oficial em Moçambique é já velho e, ao longo dos anos, tem vindo a decorrer com maior vigor nos círculos académicos de Lisboa do que nas ruas e nos mercados de Maputo. A preocupação com o desaparecimento da língua de Camões em África resulta de um sentimento de insegurança nacional entre alguma elite académica portuguesa e parece pressupor que a sobrevivência da língua depende do seu uso exclusivo pelos povos que a falam. Na verdade, as pessoas são capazes de dominar e utilizar mais do que uma língua em diferentes contextos. Hoje, o português tem em Moçambique uma posição relativamente forte, como aliás nunca teve. O verdadeiro debate questiona se uma particular perspetiva sobre o mundo pode sobreviver à medida que a nação se transforma e evolui de uma cultura predominantemente oral para uma sociedade moderna e letrada. A dualidade entre a cultura oral e a cultura escrita sustenta os debates filosóficos do Ocidente desde Platão. O lado platónico do argumento sempre colocou sob suspeita as vantagens da escrita. Por oposição, a tradição hegeliana considerou e elevou a escrita ao patamar supremo da civilização.

Como discutirei no próximo capítulo, Mia Couto coloca-se como um pós-modernista que rejeita a validade das premissas dos dois lados do argumento sobre o valor moral da escrita. O escritor funde na linha de fronteira o escrito e o falado, não só porque nos seus textos providencia espaço para as sensibilidades que privilegiam a oralidade da nação – como muitos críticos têm assinalado – mas também porque retira do código escrito as características que lhe são tradicionalmente atribuídas por ambos os lados do debate epistemológico. O seu tratamento do tema da escrita funciona assim como um processo em que as características da palavra escrita são colonizadas e transformadas pela interferência da voz, ou seja, do registo oral, como se verá no próximo capítulo.

4.

DESCREVENDO O TEXTO: INFILTRAÇÕES ORAIS NAS FONTES ESCRITAS

Nas primeiras linhas do conto "O Cabrito Que Venceu o *Boeing*", Mia Couto caracteriza a escrita como um produto auto-gerado: "ignorem, senhores, as testemunhas: nenhuma não houve. Este escrito saiu do nada, sem depoimento nem substância. Se alguma lei nele cabe é apenas a permissão do invento" (C: 149). A escrita é a própria fonte, inventada na ausência do referente. Este é um retrato da escrita que contraria as opiniões de defensores e detratores filosóficos da escrita. Neste sentido, a escrita torna-se uma entidade associada com a génese e a invenção, mas não com o progresso. Como se não existisse nada anterior à escrita, sobre o qual se pudesse construir algo ou sequer estabelecer um contraste. Estas linhas resumem sucintamente a atitude de Mia Couto perante a escrita. É sempre algo que é feito para interagir com o leitor; não fixa, não estabelece nada, não presta testemunho de verdade alguma e autoriza múltiplas interpretações.

Em oposição a Platão, Saussure e Lévi-Straus que, de formas diversas, condenam a escrita por representar a morte da presumível pureza do discurso oral, o tratamento que frequentemente Mia Couto dá à escrita torna essa mesma escrita numa entidade orgânica. Paralelamente, e seguindo o pensamento de Mia Couto, a escrita torna-se também algo fluído, desafiando a visão de Hegel e de David Diringer, que visualizam o sistema escrito como o mecanismo que veicularia e promoveria o progresso, uma vez que a escrita permite que se estabeleçam registos. Mia Couto recusa situar-se de um ou de outro lado do polarizado debate sobre o valor moral da escrita. Na verdade, Mia Couto prefere minar as premissas básicas que fundamentam os dois argumentos.

Como tentarei demonstrar neste capítulo, escrever é, para Mia Couto, algo que transcende limites: cria vida e está sujeito a mudança. Através da sua forma de escrita ou, melhor, do seu retrato da escrita, Mia Couto apresenta-se, de maneira muito idiossincrática, no seu mais puro pós-estruturalismo. Enquanto, em *De la grammatologie,* Derrida critica o logocentrismo – a prevalência de um presumido discurso oral sobre o sistema escrito – chamando a atenção para o facto de os mecanismos do discurso oral seguirem os trâmites da sua contraparte escrita, Mia Couto inverte o sentido e as ligações da crítica. Em Mia Couto, a escrita adquire os atributos da oralidade. Esta é uma distinção crucial que tem as suas raízes e se liga ao momento histórico particular que o seu país atravessa. Apesar de abatido por um terrível conflito, as taxas de analfabetismo do Moçambique pós-independência levam a pensar que, pela primeira vez na história deste país, Moçambique está de facto a constituir-se como uma nação em que a capacidade de ler e escrever já ultrapassou os limites estreitos de uma elite urbana. De acordo com Walter Ong, o resultado desta transição é a despromoção do estatuto privilegiado, entretanto alcançado, pelo discurso oral. Para este crítico, as pessoas alfabetizadas perdem a capacidade de "julgar o que é efetivamente o mundo oral" (Ong, 1967: 19); por isso, nas sociedades alfabetizadas, o discurso oral torna-se um adjuvante da escrita. Em trechos de grande virtuosismo linguístico, Mia Couto tenta recuperar o resíduo de oralidade dos textos escritos. Dada a sua posição privilegiada de herdeiro de uma tradição literária, Mia Couto nunca poderia compreender o que é realmente pertencer a uma cultura oral, nem é esse o seu projeto. Ao contrário, a sua escrita providencia o que Niyi Afolabi designa como "uma ponte entre a tradição e a modernidade, Portugal e Moçambique, oralidade e palavra escrita" (Afolabi, 2001: 160). Simultaneamente, o tratamento diegético da escrita realizado pelo autor desafia as expectativas ocidentais, pois a sua escrita nunca se comporta como seria esperado.

Seguindo a tradição pós-estruturalista, a oralidade tornou-se o cliché da moda nos estudos pós-coloniais, particularmente quando contraposta à palavra escrita. Contudo, raramente se define o termo oralidade no seu sentido original. Parece antes que o termo se tornou uma categoria universal essencialmente invariável entre as culturas e as classes sociais a que é aplicado. Os críticos literários ocidentais subscrevem a designação de forma paternalista para definir sociedades analfabetas ou de baixo nível de alfabetização e de grande tradição oral como forma de explicar um certo tipo de literatura ou uma cultura particular, que vive, interage e trata esteticamente o tempo e o espaço de um modo que diverge do paradigma ocidental. Claramente, a oralidade é a palavra falada e pode ser entendida como uma forma tradicional de transmitir conhecimento e cultura. Neste sentido, a tradição oral influencia todas as culturas: as primeiras histórias que uma criança ouve são transmitidas oralmente, e não, lidas em silêncio. Para além disso, o cânone literário ocidental pode ser escrito, mas iniciou-se através de uma poesia destinada a ser repetida, transmitida oralmente e representada, desde a Grécia antiga até aos trovadores medievais. Certamente não por acaso, estes inícios ficaram gravados naquilo que culturalmente se seguiu.

A aplicação sistemática, ou frequente, da ideia da oralidade em África como uma marca de identidade nacional sugere que o processo de inscrição cultural das novas nações-estado do continente diverge significativamente do modelo descrito por Benedict Anderson para o caso europeu. Para este estudioso, a imprensa capitalista foi essencial para forjar e estabelecer as identidades nacionais europeias. Este não foi o caso de grande parte de África e o dilema que hoje enfrentam muitos escritores africanos é o de como forjar uma identidade nacional que seja inclusiva, utilizando um meio (a escrita) que, logo à partida, exclui um número significativo de africanos. Trazendo a oralidade para a escrita, Mia Couto providencia parte da resposta. Esta é aliás uma estratégia que Mia Couto vem afinando, no sentido em que evita paternalismos, pois o autor nunca se demite da sua posição pessoal de escritor herdeiro de uma tradição literária de língua portuguesa. Na verdade, o que o escritor fez foi adicionar uma nova dimensão à relação tradicional entre oralidade e literatura nacional, pois nunca compromete as suas capacidades de escrita literária, antes recentrando no texto a voz, a oralidade. No fundo, a sua estratégia é a de utilizar as potencialidades de um dos meios (a oralidade) e aplicá-las ao outro (a escrita). O uso repetido de cartas como parte da narrativa ilustra esta táctica. Em todas as tradições, as cartas trazem a voz ao texto escrito. A palavra falada transmite emoção e subjetividade, e o seu valor performativo coloca a pessoa no centro. Tanto na lógica platónica como na lógica hegeliana, escrever é um processo de objetivação e de distanciamento, que cria distâncias. Ao contrário, as cartas, enquanto género, trazem a subjetividade para o primeiro plano e na, sua maioria, funcionam como a vocalização de uma pessoa que, desta forma, se torna o centro da narrativa. Não é portanto muito surpreendente que Mia Couto recorra ao uso de cartas em diversas narrativas. Elas trazem a voz ao discurso escrito. Na verdade, as cartas tornam explícito o que Michel de Certeau entende como uma tendência necessária seguida pela oralidade: "a oralidade insinua-se ... na rede ... de uma economia manuscrita" (Certeau, 1984: 132).

Certeau critica a escrita, que designa como "uma prática mítica moderna", e sugere que, através da escrita, "o oral" é associado ao "que não contribui para o progresso", enquanto que o "escrito" é "o que se separa do mundo mágico das vozes e da tradição" (134). No essencial, a visão de Certeau desafia a hierarquia hegeliana, um desafio que Mia Couto também leva a cabo, ao garantir que a economia do seu texto é constantemente invadida pela voz. Como Maria Lúcia Lepecki bem observou, o trabalho de Mia Couto é um jogo constante entre escrever uma oralidade e contar um texto escrito (Lepecki, 1988: 177).

O estilo de Mia Couto é frequentemente descrito como renovador, recriador e revitalizador da língua em que escreve. Os seus textos parecem dar vida, e trazem para a vida, a língua portuguesa. Talvez por isso, e como notou Jared Banks, a receção crítica da obra de Mia Couto tende a focar a sua análise no uso que o escritor faz da linguagem e da língua portuguesa. Na verdade, tornou-se quase um lugar comum dizer que a escrita de Mia Couto se enraíza na língua portuguesa falada em Moçambique. David Brookshaw está entre os primeiros que apontou a escrita de Mia Couto como "inspirada pela narrativa oral e elaborada numa linguagem literária baseada na maneira como os moçambicanos falam português" (Brookshaw, 1989: 188). De forma semelhante, João Louro afirma que a principal fonte da escrita de Mia Couto radica na "riqueza existente na oralidade inerente ao falar do povo moçambicano" (Louro, 1992: 6). Orlando de Albuquerque e José Ferraz Motta defendem que Mia Couto capta a linguagem falada em Moçambique com uma espontaneidade e uma fidelidade magistrais (Albuquerque e Motta, 1996: 34). Estas asserções revelam uma visão tendente ao reducionismo sobre o tema de como os moçambicanos falam português. Gerald Moser revela a opinião de um amigo moçambicano que achava que, para muitos intelectuais, "Maputo é Moçambique, Moçambique é Maputo. Nada de bom pode surgir da província!" (Moser, 1997: 123). Este comentário ecoa Eça de Queirós quando se referia a Portugal como sendo pouco mais do que a capital. Para muitos académicos, sobretudo durante os longos anos de guerra que devastaram Moçambique após a independência, em 1975, Maputo era tomado como Moçambique. As características da capital, urbana e cosmopolita, com um sistema de educação formal relativamente desenvolvido e um elevado grau de fluência em português, foram razões aduzidas para apoiar e sustentar as pretensões acerca de um país largamente rural e etnicamente diverso.

Patrick Chabal e José Ornelas têm enfatizado a diversidade cultural de Moçambique, recusando, portanto, a homogeneização do país. Ornelas argumenta que o trabalho literário de Mia Couto, visto na sua totalidade, "caracteriza-se por um hibridismo gerado pela intersecção da voz e da letra" (Ornelas, 1996: 48), ou seja, existe uma fonte oral na origem do texto escrito de Couto. Todavia, a interpretação de Ornelas dá primazia à intervenção dos tropos do texto escrito sobre a linguagem falada. Segundo o crítico, Mia Couto modifica a linguagem que ouve, tornando-a mais complexa através de artifícios literários, e este processo espelha a complexidade da sociedade moçambicana. É claro que qualquer sociedade é complexa e portanto a argumentação de José Ornelas pode ser reutilizada para afirmar que Mia Couto criou o texto "universal", um elogio ao qual o escritor cuidadosamente se esquiva. Nelson Saúte, entrevistando Mia Couto, tenta estabelecer uma ligação entre o caráter local do que Mia Couto escreve com o apelo universal contido na sua escrita. Mia Couto responde: "Quasimodo dizia que ser de um lugar e de um tempo é que faz o segredo da escrita universal. Alguém disse que o mundo começa na nossa aldeia. Mas eu não sei até que ponto fui capaz de fazer o retrato da minha aldeia" (Saúte, 1993[a]: 9). Mia Couto não se permite cair na armadilha de se arvorar em representante de alguém ou de algo para além de si próprio. Ao mesmo tempo, ele está, pelo menos implicitamente, preparado para aceitar que o apelo da sua escrita se deve, em parte, ao gosto e ao sabor local moçambicanos que o público internacional atribui aos seus textos.

Em 1996, Patrick Chabal escrevia que Moçambique, devido à sua complexidade histórica e à sua construção colonial relativamente pobre, "não é ainda um país em nenhum sentido da palavra" (Chabal, 1996: 79). Largamente desprovido das características dos atributos sociais e culturais de um Estado-nação moderno, "Moçambique é, em si mesmo, parte realidade, parte ficção" (80), como uma não-entidade existente. A lógica da argumentação de Patrick Chabal baseia-se na ideia de que os atributos culturais são essenciais para a criação de uma nação e, para que Moçambique se torne mais real, necessita de mais ficção. Analisando o projeto contido no primeiro romance de Mia Couto, *Terra Sonâmbula*, que mais à frente abordarei em detalhe, Patrick Chabal descreve-o como uma tentativa de "contribuição para a construção de uma cultura 'nacional'". Na opinião deste crítico, a importância deste empreendimento é considerável, pois é a "cultura, a palavra, que transforma a chamada terra de Moçambique numa entidade coerente. Mia Couto escreveu neste livro um texto em que os habitantes de Moçambique podem um dia reconhecer-se como moçambicanos" (82). O *logos* é assim o meio pelo qual a nação se irá definir. No entanto, na sua interpretação do papel de Mia Couto na definição deste processo de identificação de Moçambique, Chabal atribui a esse *logos* as características da escrita. O trabalho de Mia Couto pode ser analisado como permeado e permeável à palavra oral, mas é a palavra escrita que confere significado à nação, ao defini-la através do seu efetivo registo no texto escrito. Couto tenta construir algo que "liga oral e escrito". O seu estilo é "eminentemente oral, tanto no que diz respeito à linguagem como à estrutura" e o "texto e o diálogo ligam-se entre si de maneira criativa e combinada, produzindo uma oralidade que, por sua vez, a linguagem escrita procura harmonizar" (100). A palavra falada de Moçambique, tão complicada como a geografia do país, constitui a seiva da escrita de Mia Couto, de acordo com Chabal, Brookshaw, Louro e muitos outros críticos. Mas, enquanto estes críticos veem na palavra oral a fonte da escrita de Mia Couto, não desvalorizam, em simultâneo, o escrito, como Platão, Saussure e Lévi-Strauss fizeram. Na verdade, Chabal conclui que Couto, tal como José Craveirinha, é capaz de "construir um texto literário original baseado na tradição oral africana, apenas porque é suficientemente privilegiado para entrar na tradição oral africana partindo da perspetiva de uma sólida e alargada cultura literária universal" (102). Na perspetiva de Chabal, a técnica da escrita é uma força positiva e necessária à construção da identidade nacional – um importante instrumento que, no caso do Moçambique de Mia Couto, capta a essência da cultura oral. Como se verá agora, em Mia Couto, o texto oral também infiltra e mina a preservação do escrito, insinuando-se assim na "economia da escrita".

"A Lição do Aprendiz": Uma peça sobre a presença

As cartas surgem com frequência nos textos de Mia Couto. Na tradição literária, as cartas servem vários objetivos: conduzem a voz para longe, constituindo, simultaneamente, um registo fixo da mesma; tornam-se propriedade do destinatário, mas sem deixar de constituir uma qualidade emocional do remetente. Por outro lado, a partir do momento em que envia a carta, o seu autor está a abdicar dos seus direitos sobre as próprias palavras. As cartas tornam evidente uma subjetividade no texto, constituindo a manifestação escrita mais próxima da expressão oral. Mas as cartas também podem servir de meio de apresentação e, neste caso, a palavra escrita precede a falada; o portador da carta permanece silencioso até o destinatário interiorizar o conteúdo.

"Apresentou-se com uma carta na mão (C: 73)" é a primeira frase do conto "A Lição do Aprendiz". Desde logo e antes de tudo, sabe-se que existe uma missiva. A escrita tem primazia sobre qualquer intervenção falada. A carta surge antes da apresentação de qualquer personagem. O conto centra-se na relação entre o barbeiro Lázaro e Antoninho, um órfão de guerra. Ezequiel, primo de Lázaro, entrega o rapaz para ficar ao cuidado do barbeiro. Desde logo, Antoninho revela-se tecnicamente habilidoso, mas recusa o lucro individual e prefere regressar à sua aldeia, onde imagina que o seu talento seja necessário.

Enquanto a carta está em cena, o rapaz permanece mudo. Ele responde às perguntas de Lázaro usando o seu corpo, "dispensando a voz" (73). As suas ações contradizem a afirmação de Walter Ong de que apenas as palavras faladas, e não a escrita, "comprometem o corpo". Na verdade, o conteúdo da carta vai sendo esclarecido e complementado pelo movimento do seu corpo: "acenou com a cabeça"; "foram os ombros que responderam" (73). Na sua obra, Ong tem tentado, de várias maneiras, reafirmar a supremacia platónica atribuída à palavra oral e condenar a escrita pela sua ausência e a sua ligação próxima com a morte. O Jesuíta afirma que, ao contrário da escrita, "as palavras orais são sempre modificações de uma situação total, existencial, que age sempre sobre o corpo" (Ong, 1982: 67). Contudo, no órfão, as palavras faladas estão ausentes. Pelo contrário, o texto da carta e a presença física do rapaz – que constitui, em si, o objetivo da missiva – dizem tudo. A carta substitui a oralidade. Antoninho permanece taciturno até ao final da história, altura em que as suas ações – aquilo que fará com o seu corpo – vão falar mais alto do que palavras. Lázaro tenta entretanto descortinar o significado que a carta trará à sua vida. Diz-se que o barbeiro, que tinha desconfiado momentaneamente da honestidade de Antoninho, fica a examinar a sua própria imagem refletida no espelho que o órfão tinha concertado, "como se houvesse na ausência do sobrinho uma lição que ele lentamente decifrasse" (76). Inicialmente, o barbeiro tinha julgado o rapaz pelos valores egoístas e desonestos que ele próprio seguia. O órfão desaparece... Fica apenas a carta, que já não introduz a presença do rapaz, antes representa a sua ausência, e também o espelho reparado, onde agora Lázaro se consegue observar de forma mais clara. É no momento em que a presença se torna repentinamente ausência que o texto da vida de Lázaro ganha sentido, porque só então o barbeiro compreende o significado de um órfão pobre que consegue, no meio de tamanho sofrimento, manter a esperança, a integridade e um sentido de dever para com a sua comunidade. Lázaro, cujo nome o identifica como alguém que será ressuscitado, renasce para uma vida com significado através do exemplo dado pelo rapaz.

Neste conto, Mia Couto joga com os conceitos de presença e ausência, e a relação de ambos com a oralidade e a escrita. Em geral, na tradição ocidental, associa-se a presença física à voz e a ausência, ao suporte escrito. Mia Couto inverte esta correlação, tornando as palavras faladas escassas e associando a carta ao corpo de Antoninho. Neste processo, o escritor subverte um dos principais argumentos de Platão contra a escrita. Platão protesta contra a tendência da expressão escrita para simbolizar uma necessidade, no sentido em que as palavras escritas têm por objetivo assinalar ausências. Pelo contrário, em Mia Couto, a carta introduz, e está relacionada com, uma presença corpórea – algo ainda mais palpável do que a voz. Apenas no final do conto a escrita se torna uma marca de ausência e é nesse momento que a presença prévia do rapaz adquire significado, enquanto uma influência positiva sobre o cínico e desiludido barbeiro.

"A Carta": Primazia da Oralidade sobre a Literacia

Presença e ausência são também conceitos cruciais com que Mia Couto joga em "A Carta". Esta narrativa conta a história de Mamã Cacilde, uma velha mulher que possui uma carta do seu filho, um soldado mobilizado, logo, ausente da sua vida. Sendo analfabeta, é o narrador que lha lê repetidamente. Inicialmente, é honesto em relação ao texto duro e frio, mas gradualmente ele transforma-a numa missiva mais terna.

Tal como em "A Lição do Aprendiz", o ausente escritor da carta tem também um nome do Antigo Testamento: Ezequiel. Ezequiel é o nome de um profeta que Jeová torna mudo e transforma em seu porta-voz, apenas capaz de reproduzir as palavras do próprio Senhor. Durante uma das suas visões, Jeová dá-lhe um pergaminho escrito nos dois lados e obriga-o a comê-lo antes de ir falar à Casa de Israel. Estabelece-se assim uma relação complexa entre o texto e a fala: a palavra escrita é consumida e transformada em voz, numa voz desprovida de vontade humana, informada apenas pelo texto entretanto digerido e assimilado. Este ato reflete a prática religiosa de cantar salmos ou de memorizar passagens bíblicas, um processo pelo qual a primordialidade do texto escrito é tornada complexa tendo em conta a indispensabilidade da voz para dar vida ao texto. Em "A Carta", a relação entre a escrita e o discurso oral é igualmente complexa, uma vez que o texto escrito é efetivamente consumido pela voz. A diferença reside no facto de, aqui, a autoridade do autor não ser respeitada e de a vontade e ação humanas intervirem, de facto, no mundo do criador, isto é, o autor "original" da carta.

Regressando ao texto bíblico, Ezequiel foi também o Profeta do Exílio, tendo escrito o seu texto na altura em que os Judeus estavam longe da sua terra natal. Assim, a ausência marca o texto do profeta, tal como marca os textos sobre os Ezequiéis nos contos de Mia Couto. Eles podem escrever as cartas, ser a sua origem, mas as cartas ganham vida própria assim que deixam as mãos dos seus autores. Efetivamente, no caso de "A Carta", a missiva ganha literalmente vida própria.

Em "A Carta", Ezequiel morre na guerra. Assim, a origem distante da carta perde a vida. Apesar disso, a carta prende-se constantemente ao mundo orgânico. Quando o texto é apresentado pela primeira vez no conto, é descrito como "dobrado em mil sujidades" (C: 13). Mas ainda antes do surgimento da carta no texto, apresenta-se Mamã Cacilda: "A velha dobrou as pernas como se dobrasse os séculos" (C: 13). Os dois significados do verbo "dobrar" relacionam a carta com a vida da velha mulher, com a sua longevidade ("séculos") e o seu corpo ("pernas").

Com o tempo, a carta torna-se mais do que a mera representante do filho: "Agora, passados os tempos, aquele papel era a única prova de seu Ezequiel. Parecia que só pelo escrito, sempre mais desbotado, seu filho acedia à existência" (C: 13). Ausente, a existência de Ezequiel, no conto, depende da carta, mas pelas razões erradas. A perpetuação dessa presença não depende da capacidade do manuscrito, uma vez que a sua caligrafia se vai esbatendo. Pelo contrário, a existência de Ezequiel depende da intervenção oral sobre o manuscrito, uma vez que a voz permite a sua constante re-criação. Na parte final do conto, a carta transforma-se no próprio filho, quando Mamã Cacilda pergunta ao narrador: "Me vens ler o meu filho?" (15). A carta deixa de ser um texto escrito para passar a ser um ser vivo, com personalidade própria, substituindo a sua origem (Ezequiel) que, agora, a complementa.

A suposta permanência da escrita no papel torna-se cada vez mais esbatida à medida que vai sendo sujeita aos rigores da voz oral. O manuscrito torna-se num objecto passivo, sujeito às alterações exercidas pela atividade da voz. A carta torna-se um palimpsesto, re-escrito constantemente pela voz, perdendo a característica de permanência atribuída à escrita.

Esta perda da característica de continuidade de um suporte escrito, anunciada na narrativa de Mia Couto, rompe com um dos pilares da Meta-Narrativa de Hegel. Henry Louis Gates inclui Hegel no paradigma que abrange Decartes e Vico, segundo o qual a Razão e a própria História dependem da capacidade dos signos escritos se repetirem, uma característica que depende da imutabilidade da escrita (Gates, 1986: 11). No momento em que são proferidas, as palavras perdem-se. Assim, e de acordo com Hegel, a História só poderá progredir se for registada. De forma semelhante, mas desta vez numa perspetiva epistemológica, Diringer afirma que "a escrita confere permanência ao conhecimento humano" (Diringer, 1968: 1). Se a escrita se puder afinal modificar, então o conceito de História de Hegel e a conceção de construção de conhecimento de Diringer ficam revogados.

A história contada por Couto, ensombrada pela realidade da guerra civil e do dogmatismo da FRELIMO que minou a tradição do respeito pelos velhos, torna-se um jogo de ambiguidades no qual o poder da escrita (que, segundo a principal objecção de Lévi Strauss, permite o privilégio dos alfabetizados sobre os analfabetos) se torna muito incerto. Desta forma, Mia Couto desestabiliza os dois lados do debate moral sobre a natureza da escrita e oferece uma alternativa segundo a qual a mulher analfabeta, pelo efeito que tem sobre um exemplar de uma peça escrita, revela um estatuto superior e um conhecimento mais profundo do que os do narrador instruído. Em "A Carta", as características das letras do alfabeto na missiva vão-se alterando à medida que a história progride. Elas amadurecem e vão revelando possibilidades infinitas. No início, quando o narrador ainda é fiel ao texto da carta, "eram letras incertinhas, pareciam crianças saindo da formatura" (13). O valor de cada letra não está predeterminado. As letras são dúbias e mutáveis, tendo ainda que crescer para atingir o seu potencial máximo. Ao insistir que "as letras igualam as estrelas: mesmo poucas são infinitas" (14), a analfabeta Mamã Cacilda redefine o potencial das letras como infinitas e criativas, em vez de reduzidas a um significado limitado. Ao associar a tecnologia da escrita às estrelas, a velha estabelece uma equivalência entre uma fonte orgânica e física efetiva – as estrelas, enquanto fonte de luz e calor – e o que tradicionalmente se concebe como representando também uma fonte de informação – a escrita, enquanto suposta representante da voz. Apesar de uma atitude condescendente para com a "pobre mãe, sem nenhuma escola" (14), no momento em que o narrador ouve tal comparação, começa a encarar as cartas e as letras das cartas como uma fonte original. As letras já não representam Ezequiel; elas reconstroem-no e reformulam-no e, no processo, transformam-no numa fonte de luz e calor emocional, ao contrário da realidade. As letras são o ponto de partida para uma transformação que vai ser mediada pela voz do narrador, voz essa que acaba por representar a fonte escrita – uma fonte que transforma e é transformada a cada leitura, porque "em cada leitura, uma nova carta surgia da velha missiva" (14).

Certo dia, o narrador vê-se obrigado a informar Mamã Cacilda da morte de Ezequiel. Incapaz de cumprir esse dever, acaba por o substituir por mais uma "leitura" da carta orgânica. Antes de o fazer pela última vez, o narrador afirma que "atravessei a escrita, ao avesso da verdade" (15). Esta frase pode ter múltiplas leituras, como é aliás frequente no trabalho de Mia Couto. Se se assumir que "atravessar" toma o sentido de "passar através de/ passar por", então "atravessar a escrita" veicula a ideia de "passar pela escrita", como se esta fosse um caminho ou estrada. Porém, será um caminho que leva a outros sítios, porque "atravessar a rua" não implica que se siga a direção da rua, mas que se atravesse a rua até ao outro lado. A rua, em si, levaria a outros sítios. Ou seja, o peão que encontra a rua é modificado por este encontro, mas não é direcionado ou levado pela rua; da mesma forma que, por analogia, a escrita modifica o leitor, mas não o direciona ou dirige.

Por outro lado, "atravessar" também pode significar interceptar, bloquear, impedir. Noutros contextos, pode querer dizer furar ou perfurar. Estes outros significados também assombram a expressão "atravessar a escrita". O processo de escrita poderia estar a ser impedido pelo narrador, ou este poderia estar a perfurar a página, "passando através" do facto registado para chegar ao outro lado da verdade. Em todos estes casos, a escrita não permanece incólume à experiência. A sua permanência e a sua impermeabilidade são questionadas.

"Avesso" significa certamente "contrário" ou "oposto". Porém, a expressão "ao avesso" significa frequentemente estar virado ao contrário, ou seja, não significa necessariamente que seja o oposto de algo, uma vez que uma camisa virada ao contrário não deixa de ser, no essencial, o que é, ou seja, a mesma camisa. Nesta perspetiva, "ao avesso da verdade" não altera essencialmente a verdade. O que altera é a perspetiva a partir da qual se concebe a verdade. Esta mudança de perspetiva está relacionada com a intervenção que a carta realiza sobre a cultura oral.

Em "A Carta", as concepções tradicionais de escrita, enquanto um sistema que não se altera nem é alterado, não são completamente subvertidas, uma vez que a carta com a caligrafia esbatida de Ezequiel está presente, desde o início até ao fim da narrativa. À medida que ele próprio se transforma numa memória distante e esmorecida, a sua mensagem vai, metaforicamente, esmorecendo na folha. Ambos os desvanecimentos simbolizam a morte do autor, mesmo antes de Ezequiel ser morto. A cada leitura da sua carta, acrescenta-se mais um prego ao caixão da sua pretensa autoria. O corpo do seu texto e o texto do seu corpo são reescritos através da intervenção da cultura oral, pois é a perspetiva de Mamã Cacilda, analfabeta, que leva o narrador a autorizar a mudança da palavra escrita.

A cultura literária e a oralidade parecem assim interagir no texto do conto, invadindo o território de cada um, modificando-se mutuamente. E é precisamente no momento em que, de facto, o narrador – o representante da cultura literária seduzido pelas técnicas da oralidade – consegue, com sucesso e compaixão, enganar Mamã Cacilda – a representante da cultura oral com gosto pela palavra escrita – que esta tenta enganar o narrador. Ela deita fogo às cartas, acabando, simultaneamente, com a vida orgânica e a permanência da escrita, para sempre.

A relevância desta história assenta na primazia das técnicas da oralidade conseguida com recurso ao suporte escrito. A cultura literária, arrogante e predominante, aprende uma lição pela mão de uma senhora que é erradamente rotulada como ignorante só porque não sabe ler. Ela demonstra, ao narrador e ao leitor, que todos os textos se alteram a cada leitura. Tal como em outras histórias de Mia Couto, uma mulher ensina a um homem algo que ele mal consegue compreender. A incineração da carta constitui o mesmo destino fatal que outra missiva noutro conto: "A Princesa Russa".

"A Princesa Russa": Jogando com a ausência

Nos textos de Mia Couto, cartas queimadas não deixam necessariamente de exercer a sua influência. Na verdade, elas podem continuar a existir no reino mágico das possibilidades. Em "A Princesa Russa", as cartas, queimadas mesmo antes do seu envio, provocam reações. Nesta história, um casal russo, Nádia e Iúri, vão para Moçambique fazer prospecção de ouro. O narrador é Duarte Fortin, um assimilado, seu empregado. O estatuto de "assimilado" era atribuído aos africanos que, segundo os colonos portugueses, tinham sido aculturados nos costumes europeus. Assim, estes deixavam de ser considerados nativos e, por princípio, adquiriam os privilégios da cidadania portuguesa. Mas, na prática, a sua cor de pele nunca foi negligenciada durante o período colonial. Após a Conferência de Berlim de 1884/85, que distribuiu África pelas potências europeias, o conceito de assimilado passou a fazer parte dominante da retórica colonial portuguesa. Até então, todos os habitantes de Moçambique eram tecnicamente concebidos como iguais perante a lei, uma herança das políticas do Marquês de Pombal, um dos governantes mais poderosos e controversos que liderou uma ditadura influenciada pelo Iluminismo. O Marquês de Pombal governou sob o reinado de D. José e geriu politicamente o grande terramoto de Lisboa de 1755 para eliminar impiedosamente a sua oposição e introduzir o Iluminismo em Portugal. Porém, a legislação anti-discriminação que promulgou foi ignorada nas colónias, e o elevado número de leis racistas que foram aprovadas após a divisão de África pela Europa apenas veio regular práticas correntes. Em 1899, António Ennes, governador de Moçambique, apresentou no Parlamento, em Lisboa, uma Lei do Trabalho Colonial que classificava os africanos como "indígenas". Esta lei constituía o mecanismo legal que relegitimava o trabalho forçado depois de a escravatura ter sido abolida nas colónias. Na prática, desenvolveu-se um mecanismo pelo qual um africano podia requerer junto do administrador local da sua área um certificado que o reclassificaria como "civilizado". Teoricamente, isso significava que ele passaria a beneficiar dos mesmos direitos e proteções usufruídas pelos brancos. Em 1954, esse conceito foi substituído pelo de "assimilado" na sequência da revisão que Salazar efetuou à legislação colonial e da formalização dos critérios necessários para adquirir este estatuto. Em 1961, a figura legal do "assimilado" foi finalmente abolida devido à crescente pressão internacional exercida sobre o regime colonial português. Na verdade, um número muito reduzido de africanos conseguiu atingir esse estatuto já que um dos critérios para o conseguir, entre outros, era o domínio fluente do português falado e escrito.

Neste conto de Mia Couto, o assimilado é o protagonista, controlando mesmo a narrativa, que se desenrola em forma de uma confissão a um padre que, dado o tom vocativo do conto, é o próprio leitor. A voz de Fortin é o texto escrito e os ouvidos do padre são os olhos do leitor. À medida que os acontecimentos se desenrolam, Fortin aproxima-se de Nádia, que está mais ou menos prisioneira do marido. Ela adoece e, um dia, pede a Fortin para lhe colocar uma carta no correio, que era "assunto de máximo segredo, ninguém nunca podia suspeitar" (CHER: 82). A confidencialidade impregna desde logo o conto a vários níveis, uma vez que Fortin e o seu leitor/padre estão moralmente obrigados pelo laço sagrado da confissão – um contrato não verbalizado *de facto*, mas que os remete, pelo Sacramento da Reconciliação, ao silêncio perpétuo no que diz respeito às revelações do penitente na confissão. Dada a estrutura da narrativa, a confissão oral e, por isso, efémera transforma-se na narrativa escrita eternizada, uma vez que o padre no confessionário é o próprio leitor. Assim, e a um nível extradiegético, a confidencialidade funciona como um vínculo entre o leitor e o narrador. Por outro lado, a confidencialidade sobre a carta de Nádia também funciona, na própria diegese, como um vínculo que fortalece ainda mais a ligação entre Fortin e a mulher do seu patrão. O símbolo desta relação é uma coisa escrita. A sua relevância, contudo, limita-se ao ato físico de conseguir a sua entrega, uma vez que, para Fortin, não tem qualquer outro significado: está em Russo.

A carta (escrita) também simboliza a confiança que Nádia deposita em Fortin, uma vez que ela lhe confia o envio da carta e o segredo sobre a mesma. Ela tinha-lhe confidenciado anteriormente que o seu único amor era um homem chamado Anton que vivia na Rússia. O leitor presume que a carta, a primeira de muitas, se destina ao seu amor. A saúde de Nádia vai piorando à medida que ela escreve. A caligrafia reflete o seu estado emocional e a fisicalidade vai invadindo a "economia de escrita": "as letras do envelope tremiam com a febre dela" (82). O calor característico da sua escrita, bem como o motivo adiantado por Fortin para justificar a traição da confiança de Nádia indiciam o destino das cartas. Imediatamente antes de confessar que as queimara todas, Fortin explica que fora o medo de ser apanhado com a prova "ardendo em plena mão" (82) que o levou a atirá-las ao forno da cozinha. A palavra escrita é associada a calor e fogo antes mesmo de o leitor/padre perceber que as cartas tinham realmente sido queimadas. Inferno e escrita estão, assim, relacionados. Pelo contrário, a absolvição está ligada à voz oral tendo em conta o cenário de confessionário do conto. Porém, estas implicações morais são tudo menos imutáveis. Fortin termina a sua confissão afirmando que muito provavelmente irá para o inferno; a palavra oral não emendará o mal e por isso não haverá absolvição. As pegadas de Nádia, contudo, estarão inscritas também no inferno e, por isso, o inferno estará próximo da ideia de Fortin de paraíso.

Além disso, parece que pelo menos uma das cartas escapa ao inferno, porque, certo dia, Nádia afirma ter recebido uma resposta de Anton. Ela mostra a prova física a Fortin, mas o assimilado desconfia da sua origem: ela pode ter escrito a carta a si própria. De qualquer forma, Nádia acredita na carta e insiste em ir até à estação de comboios encontrar-se com Anton. Fortin começa a fantasiar sobre Nádia neste seu estado de vulnerabilidade e imagina ser o próprio Anton. Assim, o mesmo que tentara destruir as cartas que criaram Anton deseja agora transformar-se no próprio remetente da resposta, simultaneamente criador e criação do escrito por Nádia. Essa mesma resposta, assim como o seu inexistente e defunto autor são agora fantasiados por Fortin e Nádia. A carta funde, assim, presença e ausência, uma vez que constitui, simultaneamente, ficção e realidade – apesar de o seu autor ser intangível, a carta existe fisicamente. Além disso, Fortin deseja dar vida ao ausente homem dos sonhos da mulher dos seus sonhos. Como ele irá confessar mais tarde ao seu leitor/padre, "os opostos são os mais iguais" (85). A presença funde-se com a ausência. Para Nádia, Anton transforma-se em Fortin e, depois, em Iúri, quando este também surge na estação de comboios. A oralidade sucumbe à escrita e vice-versa, uma vez que a confissão é um testemunho oral lido pelo padre. Também o feminino se funde com o masculino à medida que Nádia se torna parte de Fortin, ainda que nunca lhe pertencendo. Fortin descreve-se como "viúvo de mulher que não tive" (87) e afirma que as suas pegadas na terra são uma combinação das pegadas de ambos.

Em "A Princesa Russa", as cartas dão vida a Anton para Nádia, o autor presente/ausente, assim como trazem sentido à vida de Fortin, para quem constituem o elo de ligação a Nádia. Mais uma vez, à semelhança do que acontece em "A Lição do Aprendiz", o jogo com a presença e a ausência resulta em novos significados cuja tangibilidade foge a uma fixação. Adicionalmente, Mia Couto subverte as expectativas religiosas do conto, uma vez que, essencialmente, ele procura absolvição por não pecar. O seu estatuto e a experiência de assimilado terão limitado o seu desejo por Nádia. Efetivamente, ao destruir as provas do amor de Nádia por outro, Fortin apoia o poder patriarcal de Iúri sobre a sua princesa russa, que Fortin trai ao impedir a sua emancipação. É a sua ação que impede as cartas desesperadas de Nádia de chegarem ao destino. Porém, à semelhança de muitas outras personagens na obra de Couto, isso não a coíbe de sonhar e tornar realidade uma outra vida. O poder do texto, pelas mãos de Mia Couto, reside precisamente na sua capacidade de criar uma nova realidade que transcende a existência das personagens autorizadas a sonhar.

"O Coração do Menino e o Menino do Coração": A Carta que dá Vida

Se, em "A Princesa Russa", as cartas trazem vida a Nádia, embora resultem na morte desta, em "O Coração do Menino e o Menino do Coração", as cartas ressuscitam o pequeno protagonista, pelo menos quando são reconhecidas na sua essência. O jovem rapaz permanece sem nome ao longo da história, tal como a doença de que sofre, uma doença que torna a sua fala incompreensível para as outras pessoas. Por seu turno, os médicos mostram-se mais interessados em descrever o problema do rapaz do que propriamente em curá-lo.

A certa altura, o narrador afirma que "não há medo maior que não se entender humana a voz de outra humana pessoa" (CDNT: 241). A sua incapacidade de falar parece reduzi-lo na sua humanidade. Ainda que só após a sua morte, reconhece-se que o rapaz possui um dom que, na lógica de Diringer, o torna mais humano do que propriamente o dom da fala. Tal como Hegel antes dele, também Diringer estabelece uma ordem hierárquica clara, segundo a qual a escrita seria "mais intrínseca ao homem do que o discurso oral" (Diringer, 1960: 19). Para o historiador da escrita, ser humano implica escrever, exatamente o que o rapaz faz: escreve cartas abundantemente. No hospital, "o menino levava em sua mão, descaída como pétala, uma carta que ele mesmo redigira. Queria ter dado ao doutor esse papelinho que sua inabilidade enchera de letrinha. Com desatenta ternura, a mãe lhe tirou o papel dos dedos e o lançou no latão" (242). Na analogia com uma pétala, a carta é aliada à natureza. Escrever é, assim, uma parte natural da criança, ainda que falar o não seja. A mãe do rapaz é desconsiderada pelo médico, um homem instruído, cuja única preocupação é caracterizar a doença e cristalizá-la eternamente no reino da nomenclatura. A classe médica, tal como o médico a representa, está mais preocupada com o progresso do seu próprio discurso do que com o bem-estar de "essa gentinha simples" (242). A mãe consegue assim identificar a falta de preocupação do médico com o seu filho. Quando a mãe abandona o hospital com o filho, absorta, não presta atenção à carta que o rapaz tinha escrito, "outra dessas tantíssimas cartas que o tontinho fingia escrever para sua apaixonada priminha" (242). A mãe caracteriza, assim, a escrita como algo que implica fingimento e como aquilo que faz o filho ser visto como "tontinho", ou mesmo estúpido, e não como a sua incapacidade de falar. Ela combina, assim, os dois principais argumentos de Platão contra a escrita: a sua falsidade e a sua estupidez. Independentemente da perspetiva, a escrita repete-se a si mesma de forma absurda. Como afirma Platão, "palavras escritas: pode-se considerar que falam como se tivessem pensamento próprio; mas se, por vontade de aprender, lhes colocarmos questões sobre as coisas que dizem, elas apontam para uma única coisa, e sempre a mesma" (Platão, 1986: 125).

Contudo, o papel central desempenhado pela escrita contradiz a perspetiva platónica, porque é a escrita que concede vida ao autor depois da sua morte; a sua escrita incorpora a sua presença, mesmo na sua ausência. Quando o rapaz morre, o seu corpo torna-se um objecto nas mãos da ciência médica. É então que, certo dia, a prima a quem se destinavam as cartas as descobre. À medida que as lê e se emociona com a sua beleza, o rapaz retorna à vida. O texto escrito, na sua interação com o leitor, ressuscita o seu autor. Na verdade, a criança é até aperfeiçoada quando é relida. Enquanto vivo, o rapaz tem um defeito nos pés que leva a avó a concluir que "este menino vai caminhar para dentro dele mesmo" (241). Depois do seu corpo renascer, os pés tornam-se "divergentes, como quem viesse para procurar, fora de si, gente de outras estórias" (243). Através do seu texto, o rapaz é capaz de fazer algo que a sua natureza o impedira de fazer: poder comunicar. A leitura dos seus textos altera a sua natureza e torna-se um processo de intercâmbio. Ele permanece vivo através do texto escrito e através da permanente reinterpretação por parte da leitora. Ao mesmo tempo, utiliza as cartas para atingir uma oralidade negada pela sua voz e, através delas, reclama uma subjetividade.

Neste conto, Mia Couto rompe com vários dogmas e ortodoxias. Em primeiro lugar, a perspetiva platónica sobre a escrita é aparentemente adotada apenas para ser, de imediato, destruída por ter a capacidade de dar vida. Em segundo lugar, a instituição médica é ferozmente criticada pela sua natureza desumana e paternalista. O médico está apenas interessado na nomeação e no desenvolvimento da sua própria pesquisa. Porém, o seu discurso baseia-se na escrita, e a criança, que ele ignora e depois disseca, incorpora um texto escrito. Assim, paradoxalmente, o médico disseca o seu próprio discurso através do corpo do rapaz, que, por seu turno, usa cartas para conseguir atingir a oralidade. Finalmente, Mia Couto também apresenta a sua conhecida perspetiva de que o texto escrito pode deixar o papel e assumir uma existência orgânica que é transformativa e transformadora. As palavras podem revelar uma nova realidade, mesmo àqueles a quem a voz fora negada, como é o caso do rapaz nesta história e como é o caso da maioria da população moçambicana. No universo de Mia Couto, pode conseguir-se uma nova ordem do mundo através de palavras e da verbalização de sonhos. O que é interessante na forma como Couto usa as cartas reside no modo como estas permitem que vozes marginalizadas, como a de Mamã Cacilde, Antoninho e o rapaz, assumam a centralidade no texto.

"As Cartas" e "Dois Corações, Uma Caligrafia": Escrever sem fé

Quer em *Cronicando*, uma antologia de histórias publicadas entre 1987 e 1988 no jornal *Notícias* de Maputo, quer em *Na Berma de Nenhuma Estrada*, uma coletânea de 2001, as cartas surgem frequentemente como tropos narrativos. Como já foi visto, os contos "A Carta" e "A Lição do Aprendiz", ambos publicados em *Cronicando*, e, em alguns aspetos, também "A Princesa Russa" da coletânea *Cada Homem É Uma Raça*, de 1990, partilham a preocupação de equacionar significações num cenário de guerra civil, a partir do jogo entre ausência e presença permitido pelas cartas. Em 1997, cinco anos após os acordos de paz e três anos depois das primeiras eleições multipartidárias da história do país – que simbolizaram, efetivamente, o fim do conflito – Mia Couto publica *Contos do Nascer da Terra*, de que faz parte "O Coração do Menino e o Menino do Coração". Neste conto, as cartas constituem um instrumento simbólico da superação da morte. As prioridades do autor são agora outras. Na situação de pós-conflito, o sentido já não precisa de ser restabelecido; a principal causa de morte foi superada e essa nova realidade reflete-se na diferente utilização das cartas. Quando Mia Couto publica *Na Berma de Nenhuma Estrada*, utiliza as cartas como mecanismo de destruição de uma hipótese de verdade unívoca, jogando novamente com o sentido que emerge da interação entre presença e ausência. De certa maneira, as histórias que, nesta publicação, utilizam cartas repetem a lição retirada de *A Varanda do Fragipani*: não é possível nem desejável uma única verdade. Contudo, agora o contexto é menos sombrio, pois a sociedade conseguiu recuperar do conflito e adoptar um modelo político pluralista e democrático. Contudo, em Moçambique, como aliás em grande parte do resto do mundo pós-moderno, a democracia tende a tornar-se gradualmente uma insípida letargia – reduzida pela globalização a uma opção política –, que se traduz na escolha de uma de entre algumas caras que propõem essencialmente as mesmas políticas de mercado. Após duas eleições multipartidárias, a ideologia radical desapareceu da paisagem política moçambicana, tendo sido substituída pela discussão em torno de quem será mais eficaz na gestão económica do país e com menores níveis de corrupção. Neste novo clima político, a ideia de uma verdade única e ideologicamente distinta desaparece. O dogmatismo ideológico que, em grande medida, tinha sido responsável pelo prolongamento do conflito armado foi substituído por uma apatia política, ilustrada pelo aumento de vinte por cento da abstenção entre as eleições de 1994 e 1999. Nesta nova era de pluralismo apático, Mia Couto recorre ao humor para representar a rejeição de verdades dogmáticas na sua sociedade. As cartas entram nesta aventura em dois contos ("As Cartas" e "Dois Corações, Uma Caligrafia"), onde participam como modificadoras de verdade. À medida que as identidades dos autores das cartas se confundem, novas verdades vão surgindo.

Ambos os contos se centram em mulheres e reformulam a carga moral associada ao adultério. Conforme vão sendo revelados, os atos de adultério unem as mulheres ao ponto de excluírem os homens por elas partilhados. As cartas constituem pistas que tipicamente levam à descoberta do adultério pela parte lesada, mas, ao mesmo tempo, são reutilizadas como o mecanismo que une as mulheres das histórias e que lhes permite contornar e ultrapassar os homens. A tradicional tendência de culpabilização das mulheres numa situação de adultério, recorrente na tradição literária ocidental, encontra paralelo na prática da sociedade moçambicana, que restringe duramente a expressão da sexualidade feminina, considerando-a um vício inconveniente, ao mesmo tempo que elogia a promiscuidade masculina como uma expressão de virilidade. Porém, nestes contos, Mia Couto concede às mulheres, mais uma vez, o controlo da narrativa e subverte os paradigmas da ortodoxia.

"As Cartas" conta a história de um conjunto de misteriosas missivas que circulam entre as mulheres de Mutarara. As cartas imploram-lhes que tenham um caso amoroso com Marcelo, um homem que tinha sido transferido para ali sem a sua mulher, Nurima. Todavia, logo no início do conto, Mia Couto declara que "a espera é uma tecedura, a gente cria presenças com materiais de ausência" (NBNE: 85), indiciando que a esposa ficara com um espaço vazio na sua vida, até então ocupado pelo marido, e que agora teria que preencher de alguma forma. Antes ainda de ler o resto da história, é sugerido que Nurima irá ser infiel, substituindo o seu marido ausente por amantes presentes. A frase imediatamente anterior àquela utiliza o neologismo "sozinhando-se" (85), indicando a sua crescente solidão. O leitor fica a saber também que os dedos de Nurima "desinventavam dias" (85), cuja conotação, para além do seu significado literal, apenas se percebe no final do conto. A expressão seguinte de que a esposa estava "habituada, não habitada" (85) pode ser entendida como um jogo de palavras que define a sua resignação à condição de solitária o que não implicava uma condição de celibatária, "habitada" como reportando-se à palavra hábito de freira. Esta interpretação intensifica a ideia de que a prática sexual, seja masturbação ou adultério, seria uma fuga à solidão. Outra interpretação possível seria a de que a esposa se habitua à sua condição de não ser habitada, uma metáfora para a ausência de relações sexuais. Ainda assim, esta segunda leitura continua a deixar em aberto a possibilidade da masturbação, particularmente pela referência prévia ao uso dos dedos para "desinventar" os dias. Neste ponto da narrativa, surgem as cartas, quando uma conhecida, Florlinda, visita Nurima e a avisa do aparecimento das cartas implorando às mulheres mais atraentes de Mutarara para que tenham um caso com Marcelo. Na perspetiva de Florlinda, as cartas constituem uma ameaça a Nurima, que pergunta ainda se o marido tem conhecimento das referidas cartas. Ao que Florlinda sabe, a vida de Marcelo limita-se à rotina de trabalho e casa. Depois de uma tarde de conversas íntimas até ao cair da noite, as duas mulheres tornam-se mais chegadas. Ao despedir-se, já à porta, Florlinda promete a Nurima que vai tentar encontrar uma forma de evitar que as cartas continuem a circular. Nesta altura, Nurima segura a amiga recente pelo pulso como se quisesse "confessar alguma intimidade" (86), mas contém-se. Passadas várias semanas, Florlinda regressa com um plano para eliminar as cartas, mas Nurima torna-se "estranhamente ausente" (86). A ausência é, afinal, a sua característica central porque é ela a autora das misteriosas cartas. Ela explica que Marcelo é um excelente marido e não merece, por isso, o "castigo de ausência" (87). Se ele tivesse um caso, ele descobriria que nenhuma outra mulher o ama tanto como ela. É então que Florlinda confessa que, na verdade, se envolveu com Marcelo. Por seu turno, Nurima reage com a confissão de que sabia deste facto desde a primeira visita da amiga. Quando Florlinda começa a explicar porque viera, Nurima silencia-a maternalmente, com o coração cheio de gratidão, terminando assim a história. Se, por um lado, a experiência do adultério de facto revelou a Marcelo o amor da sua esposa, por outro, o principal efeito foi a aproximação e a união das duas mulheres.

As cartas corporizam o jogo entre ausência e presença na história. O ato de escrever as cartas ocupa o vazio que Marcelo deixara na vida de Nurima.

As cartas emanam uma satisfação que substitui a inexistente vida sexual da esposa abandonada e, ao mesmo tempo, elas excluem Marcelo a vários níveis. Em primeiro lugar, elas não são dirigidas a ele, o que constitui uma ruptura com o esperado protocolo de uma carta de amor a um amante ausente. Em segundo lugar, as cartas reduzem-no a um objecto de troca entre mulheres. Afinal, é a sua mulher que pede a outras mulheres para dormirem com o seu cônjuge. Terceiro, e último, elas criam um elo entre as duas mulheres, que não necessita de ser mencionado oralmente, o que também marginaliza Marcelo. Apesar de ter sido Marcelo que as uniu, elas já não precisam dele para se relacionarem. No final da história, Nurima cobre os lábios de Florlinda, demonstrando que as palavras faladas foram suplantadas pelo seu profundo conhecimento mútuo, pela oralidade emocional das cartas. Para Mia Couto, a palavra escrita é um mero recurso para atingir uma nova realidade transgressora das regras tradicionais.

Em "Dois Corações, Uma Caligrafia", duas mulheres são literalmente reunidas numa carta. A narrativa é constituída por uma missiva enviada por Zuleila, a mulher traída, ao marido mulherengo, Adriano. Este processo, porém, é complexo, porque Zuleila é analfabeta e depende da sua irmã mais nova, Esmeraldinha, para escrever as palavras enraivecidas que quer dirigir ao marido. Por coincidência, Esmeraldinha é a amante de Adriano recentemente descoberta. À semelhança de Mamã Cacilde em "A Carta", também Zuleila, sem saber ler nem escrever, se revela mais inteligente do que a representante da supostamente sofisticada cultura literária. Ao escrever as palavras da irmã, Esmeraldinha vai introduzindo sub-repticiamente os seus próprios comentários, sempre com medo que a sua duplicidade seja descoberta pela esperta Zuleila que, apesar de não saber ler palavras, consegue ler os olhos da irmã. O ataque de Zuleila ao marido vai destruindo subtilmente os sentimentos de Esmeraldinha pelo cunhado, quando a redatora se apercebe de que também ela fora enganada. A revelação de uma terceira mulher com quem o marido está envolvido, Palmira, vai unir as duas irmãs contra o promíscuo Adriano. As interjeições secretas de Esmeraldinha na carta vão dando lugar a uma voz única das duas mulheres contra o homem infiel. A sua coligação irá mais tarde abarcar Palmira, com quem pretendem sair e beber à custa de Adriano. No final da carta, as irmãs tornam-se suas co-esposas, exigindo dele que satisfaça todas as necessidades de ambas e que reserve algum tempo para a sua nova amiga, Palmira.

Este tom humorístico da história não atenua a sua poderosa mensagem. Mia Couto utiliza, mais uma vez, a carta para fundir a experiência de duas mulheres diferentes (uma instruída, a outra analfabeta) e para identificar o seu problema comum – o seu sofrimento nas mãos de um homem. As mulheres formam uma frente comum que dilui as fronteiras traçadas pelos diferentes graus de habilitação académica, realçando-se a principal causa do seu estatuto social inferior – o sexismo. Assim, no final da história, a distinção entre oralidade e escrita desaparece, sendo substituída por uma outra fronteira presente na sociedade moçambicana – os limites de género, que discutirei em maior detalhe adiante. Convém reiterar a ideia de que Mia Couto utiliza uma carta para recentrar uma voz marginalizada e para permitir que as subjetividades emocionais da oralidade se infiltrem na "economia da escrita".

A Escrita em *A Varanda do Frangipani:* Dois textos reencenados oralmente

Em *A Varanda do Frangipani*, uma mulher escreve uma carta fundamental para a narrativa que, mais uma vez, problematiza a distinção entre oralidade e escrita. Neste caso, é a opinião negativa de Lévi-Strauss sobre a palavra escrita que é confrontada. O antropólogo do movimento estruturalista, defendia que a escrita era usada pelos agiotas e os imperialistas como um mecanismo de opressão e poder. Segundo Lévi-Strauss, "a luta contra o analfabetismo funde-se, por vezes, com o poder cada vez maior exercido pela autoridade central sobre o cidadão individual", sendo que "a função primária da escrita, enquanto meio de comunicação, é escravizar outros seres humanos" (Lévi-Strauss, 1961: 292-93). O poder da escrita reside, assim, na capacidade de ordenar as pessoas hierarquicamente e de estabelecer uma lei contra a qual a ignorância já não tem defesa. A crítica de Lévi-Strauss recai sobre as vantagens de que beneficiam os instruídos em relação àqueles que não sabem escrever, oprimindo-os. Porém, à medida que as campanhas pela alfabetização se universalizam, a sua crítica perde força. Olhando de um outro ângulo, Mia Couto decifra e esclarece o argumento de Lévi-Strauss, recusando também qualquer benefício para os que sabem escrever em detrimento dos que não sabem. Tal como em "A Carta", em que a personagem analfabeta de Mamã Cacilde denota um conhecimento mais profundo do que o seu interlocutor instruído, também em *A Varanda do Frangipani* se atribui maior relevância a um texto escrito do que a um texto oral.

O capítulo onze é uma carta que confere a Ernestina uma voz poderosa, apesar de ausente. A carta constitui o seu testemunho escrito sobre a morte do seu marido e, até certo ponto, parece clarificar o que terá acontecido no lar de terceira idade. Na sequência das insinuações de Marta, no capítulo anterior, a carta de Ernestina confirma a Izidine que Vasto tinha atividades no mercado negro. Porém, o texto escrito não detém a última palavra, nem sequer um maior grau de permanência em relação às testemunhas orais. Efetivamente, a carta é entregue a Izidine por Marta, a amante de Vasto, que o retrata de forma bastante diferente da de Ernestina. Esta centra-se na falta de moral de Vasto durante a guerra civil, confirmando a sua brutalidade e o desrespeito pelos velhos que estavam sob sua protecção. Marta, a última das testemunhas, apresenta, oralmente, a sua versão dos factos dois capítulos depois. Na sua versão, a personalidade de Vasto é mais ambígua, sendo revelado, inclusivamente, que este teve a capacidade de arriscar a sua vida pelos mesmos velhos. O seu testemunho oral reescreve e interage com o testemunho escrito de Ernestina, destabilizando o estatuto absoluto da palavra escrita ao não permitir que esta termine a história: é apenas mais uma versão.

Esta carta não tem um destinatário nem um objetivo específico, afirmando, assim, a sua inutilidade e contrastando nitidamente com o outro texto escrito do romance: o caderno de Izidine, de cariz teleológico. Para descobrir exatamente o que acontecera, o detective decide entrevistar os velhos e tomar nota do que estes dizem, para estruturar os eventos e solidificar as provas baseadas no registo oral, "fixando as falas dos mais velhos" (V: 25). Essencialmente, o detective pretende escrever a história (no sentido hegeliano) para construir um arquivo e limitar a voz oral à prisão permanente da escrita.

Izidine e Ernestina são muito diferentes em diversos aspetos. Ele é negro e torna-se "branco" através da educação europeia que o afastara das suas raízes africanas. Ela, por seu lado, é "assim mulata ... tão portuguesa de alma" (103) que acredita nos poderes mágicos de Nãozinha e que, tendo em conta que a feiticeira adquire poder pelas palavras que pronuncia, privilegia a oralidade. Apesar disso, o meio de comunicação que Ernestina usa é a escrita. Para ela, a escrita prolonga a oralidade, permitindo diversas interpretações. Efetivamente, a sua carta funciona como mais um testemunho oral, informada por e informando sobre as outras provas dos factos do caso. Para Izidine, o texto escrito cristaliza o oral de forma a atingir uma interpretação única e verdadeira. Resumindo: é um africano ocidentalizado em busca da segurança de uma verdade permanente, em oposição a uma mestiça africanizada que apenas acrescenta mais confusão e dúvidas ao caso utilizando, precisamente, o meio que supostamente esclarece, estrutura e fixa, isto é, a escrita. Neste desconforto, nem a escrita nem a oralidade beneficiam de qualquer vantagem.

Mucanga, o espírito que habita o corpo do detective, revela o destino do caderno de Izidine, afirmando que irá apodrecer com ele na sua campa e que os animais se irão alimentar das vozes dos velhos residentes. A escrita é, mais uma vez, assumida como efémera e, ainda que bem sucedida na captura da voz oral, fá-lo apenas temporariamente, uma vez que as vozes se vão escapando à medida que o livro se decompõe. Por outro lado, pode argumentar-se que as vozes recebem uma nova vida precisamente por estarem no caderno. Na verdade, quer o texto escrito quer as vozes no texto acabam por simbolizar uma fonte fértil para nova vida, uma vez que o livro alimenta a terra à medida que se decompõe – uma imagem que também é usada por Mia Couto em *Terra Sonâmbula*. Simultaneamente, os animais alimentam-se das vozes à medida que estas se vão libertando do texto escrito, parecendo que, mesmo no momento em que a escrita está mais próxima da morte (literalmente, a apodrecer no túmulo), continua a ser uma fonte de vida e a ter características orgânicas, entrando no ciclo da vida natural. Assim, Mia Couto desmonta o argumento de Lévi-Strauss de que a escrita escraviza a oralidade. Pelo contrário, o autor permite às vozes a sua preservação e posterior libertação através do texto escrito.

"O Escrevido": Desafiando a Morte com a Escrita

A relação entre a escrita e a morte é frequentemente trabalhada por Mia Couto, não só em *Terra Sonâmbula*, como abordarei em seguida, mas também em "O Escrevido", um conto da coleção *Na Berma de Nenhuma Estrada*. A história é sobre Bernadinho, que quer muito tornar-se protagonista do enredo de um romance. Bernadinho passa todo o seu tempo a oferecer-se, em vão, como matéria-prima a partir da qual os escritores poderão esculpir as suas histórias. Um dia, um escritor falhado aceita a proposta. O seu nome, Tiotanico, soa a nome de navio desafortunado e o escritor é descrito como "naufragado em nenhuma" (NBNE: 138). A sua história começa com Bernadinho morto e uma viúva infelicíssima. Mas Bernadinho regressa a casa e encontra a mulher a chorar a morte do seu marido:

> Foi assim o modo de desaparecimento de Bernadinho. Existia mas não havia. O homem era legível mas apenas palpável nas entrelinhas. Ele a si mesmo se sentia, escutava seus passos de noite. Chamava por ele mesmo e não recebia presença (139).

A demarcação entre vida e ficção torna-se imprecisa. A existência de Bernadinho constitui um ato de escrita que acaba por matá-lo. Seguindo o paradigma de Platão, assim que ele é escrito, torna-se ausente. Mas, mais uma vez, Mia Couto rejeita também este paradigma quando, no final do conto, o falecido, na narrativa de Tiotanico, inverte o enredo e mata o escritor para assim evitar que a sua viúva seja excluída da história. A escrita, mais uma vez, ganha vida própria. Simbolicamente, a história representa a morte do escritor, refletindo, nessa medida, a demissão de Ezequiel enquanto autor controlador em "A Carta". Parece que Mia Couto pretende demonstrar que, a partir do momento exato em que o texto escrito abandona a mesa do autor, o ato de escrever passa a pertencer ao leitor. Num primeiro momento, Mia Couto usa a ligação entre escrita e morte para, logo de seguida, a subverter. Assim, autoriza a anulação das pretensões de autor, defendendo entretanto a centralidade do texto, indo ao encontro de Barthes. Este paradigma mais pós-estruturalista considera o texto escrito como uma massa fluida passível de reformulação a cada nova leitura. Esta perspetiva reflete, de certa forma, a tradição da oralidade, segundo a qual um novo pormenor ou detalhe é acrescentado de cada vez que uma história é contada de novo. Em Mia Couto, esta lógica é igualmente válida para um texto escrito.

Terra Sonâmbula: Afugentar a Destruição com a Escrita

Terra Sonâmbula foi o primeiro romance de Mia Couto, publicado em 1992, o ano da assinatura dos acordos de paz entre a RENAMO e o governo da FRELIMO. O cenário é o de um Moçambique destruído pela guerra e relata a viagem de um velho, Tuahir, e de um jovem rapaz, Muidinga, ao longo de uma estrada abandonada. Encontram um autocarro queimado e nele descobrem vários cadernos escritos por alguém chamado Kindzu. Os capítulos alternam entre a narração dos acontecimentos e das conversas entre Muidinga e Tuahir, e a leitura dos textos do caderno de Kindzu. A desconstrução da fronteira entre a escrita e a oralidade permanece um tema central a este livro, que busca a esperança na sequência do episódio mais deplorável da história de Moçambique: a guerra entre a FRELIMO e a RENAMO.

Samora Machel e intelectuais ocidentais simpatizantes da causa atribuíram durante muito tempo a existência da RENAMO, *Resistência Nacional de Moçambique*, à Rodésia e, depois, à África do Sul. Na versão da FRELIMO, a RENAMO não passava de um conjunto de bandidos moçambicanos, corruptos e descontentes, que foram treinados pelo regime racista de Ian Smith (na fase final da Rodésia) com a conivência de alguns ex-colonos portugueses. Assim se fizeram terroristas. O objetivo fundamental era desestabilizar Moçambique, agora governado por um negro que apoiava ativamente o movimento nacionalista de Robert Mugabe, na Rodésia. Depois da independência do Zimbabué, a RENAMO viu-se obrigada a procurar apoio junto de um outro país estrangeiro, que acabou por encontrar na África do Sul, então governada por Botha, muito mais inclinado a interferir na política do país vizinho do que a anterior administração Vorster, deposta em

1978. Nesta altura, o conflito tornou-se progressivamente mais violento, levando à desterritorialização, à mutilação e à morte de milhões de pessoas, e à paralisação da economia nacional. Em 1984, Samora Machel, incompreensivelmente, assinou um pacto com o regime do Apartheid, conhecido como os Acordos de Nkomati. Efetivamente, o tratado limitou o apoio do governo de Maputo ao ANC e acabou por revelar o desespero da FRELIMO por não conseguir uma vitória militar sobre a RENAMO.

Por seu turno, a RENAMO nunca conseguiu ganhar a guerra diplomática contra a FRELIMO no estrangeiro. Durante a Guerra Fria e durante a guerra civil em Angola, a UNITA, dedicada a lutar contra o governo marxista-leninista de Luanda, sempre conseguiu um grande apoio das capitais ocidentais. Pelo contrário, a RENAMO nunca obteve o mesmo grau de atenção, apesar de também afirmar que lutava contra um regime comunista e a favor da democracia. A atenção diplomática obtida pela UNITA deveu-se em parte ao facto de, pelo menos até à queda do Muro de Berlim – momento em que o governo angolano adoptou o regime de mercado livre –, a UNITA ter recebido apoio das tropas cubanas em solo angolano, o que terá mobilizado um poderoso e enraivecido *lobby* em Washington. Uma tal "ocupação" nunca ocorreu em Moçambique e por isso, particularmente os Estados Unidos, nunca terão tido interesse em se envolver na desestabilização do governo moçambicano. Acresce a isto o facto de as relações entre a FRELIMO e Moscovo se terem tornado mais tensas quando a Rússia recusou a entrada de Moçambique na sua comunidade económica, a Comecon. Em consequência, Machel começa a sua progressiva viragem para o Ocidente.

O sistema de relações públicas da FRELIMO foi sempre muito eficiente. O próprio Mia Couto participou nele, durante vários anos, como diretor da Agência de Informação Moçambicana (AIM), desde 1978. Através deste sistema, o governo obteve a compreensão e até a indulgência dos países ocidentais, mesmo na altura mais repressiva do regime moçambicano, por exemplo, nas alturas em que a FRELIMO implementou a política de repovoamento forçado dos camponeses em aldeias e promoveu a deportação de pessoas vistas como indesejáveis nas cidades para campos de reeducação rurais – políticas mais consistentes com a ideologia e as práticas de Mao do que propriamente de Marx. Mas mais relevante ainda foi que a RENAMO foi sempre suspeita de praticar atrocidades contra civis, facto aliás confirmado pelo relatório de Robert Gersony, em 1988. A já fraca credibilidade da RENAMO aos olhos de países estrangeiros diminuiu de imediato. Mas nem por isso a guerra terminou; bem pelo contrário, intensificou-se. A intensificação da guerra juntamente com os resultados francamente positivos obtidos pela RENAMO junto das populações nas primeiras eleições multi-partidárias, realizadas na sequência dos acordos de paz de 1994, vieram refutar a caracterização da RENAMO feita pela FRELIMO. Ficava claro que, apesar das afirmações feitas pelo governo, a RENAMO não era uma força meramente estrangeira sem qualquer apoio popular nacional. Atualmente, a RENAMO e a sua origem são objecto de estudo académico, mas relativamente irrelevantes para a vida da maioria dos moçambicanos. O mais importante é que os antigos terroristas/guerrilheiros pela liberdade se transformaram numa força política legítima e viável num novo estado pluralista e esta transformação acabou por ajudar a terminar uma guerra sem qualquer sentido. Efetivamente, muitos conflitos atingem um ponto em que atribuição de culpas a uma das partes deixa de fazer sentido, particularmente quando nenhuma delas parece conseguir ganhar a disputa. Encontrar uma solução pacífica e reconciliadora acaba por se tornar a preocupação central. *Terra Sonâmbula* procura capturar esse momento histórico de Moçambique, tendo sido escrito numa altura de forte pressão sobre o governo e a RENAMO para que terminassem a guerra.

A publicação do romance foi amplamente aclamada. Patrick Chabal, por exemplo, refere-se ao romance como "um ponto de viragem na literatura moçambicana" (Chabal, 1996: 77). A sua interpretação leva-o a concluir que "o aspeto principal do livro, como é comum nas histórias orais, centra-se na viagem, nas estórias contadas". Decisivamente, "o ato de contar, a jornada literária em si, torna-se parte da história e cria uma memória cultural" (84). É também um momento narrativo que procura "acomodar" a tradição oral e, no processo, procura inscrever uma consciência cultural capaz de escrever uma nova nação, ainda que num momento de desespero. David Mestre define o romance como sendo uma história de aventuras ou um conto de cavalaria (Mestre, 1997: 99). De certa forma, o modo como os dois protagonistas trocam de papéis à medida que a história se desenrola ou, pelo menos, a forma como Tuahir, inicialmente muito céptico, começa a acreditar no mundo imaginado pelo idealista Muidinga parece reproduzir a dinâmica de *Don Quijote* de Cervantes que, de facto, constitui uma paródia à literatura de cavalaria. Niyi Afolabi sugere que o romance dramatiza "o ponto de passagem entre a fantasia e a realidade, entre a guerra e a paz, e entre outras polaridades como o presente e o futuro, que capturam o espírito trágico de um país saído da guerra civil" (Afolabi, 2001: 143), o que acaba por ser uma crítica mais positiva ao romance do que a de Gilberto Matusse. Gilberto Matusse afirma que *Terra Sonâmbula* representa uma indiferença à violência, resultado dos largos anos em conflito (Matusse, 1998: 177). De facto, o romance ultrapassa o tema da violência, ainda que as suas páginas estejam impregnadas da tragédia nacional que foi a guerra civil. Mia Couto apresenta uma outra realidade na qual demarcações dualistas não são mais toleráveis, uma vez que fora precisamente uma lógica maniqueísta que impedira uma solução para o conflito nacional durante muitos anos. Ele dilui a distinção entre escrita e oralidade, assim como a distinção entre os mundos do consciente e do inconsciente (que discutirei em maior detalhe no próximo capítulo) com o objetivo de desafiar as tradicionais dicotomias hegemónicas.

A escrita e a oralidade alternam entre si e interagem obrigatoriamente. Não tanto num processo em que a escrita adopta táticas e características da oralidade, mas, neste caso, a escrita e a voz informam e reinformam-se mutuamente. O espectro da guerra impregna todo o romance, constituindo o cenário de toda a escrita, quer a do texto, quer a dos cadernos. Aparentemente, Muidinga ficou órfão devido aos conflitos, enquanto Kindzu, o anti-herói que surge nos cadernos, procura constantemente fugir de alguma coisa e de explicar a guerra. O seu caderno descreve a guerra como "uma cobra que usa os nossos próprios dentes para nos morder" (TS: 17) e como uma desculpa "para autorizar o roubo" (114). A morte e a destruição acabam por tudo legitimar, garantindo que "as leis fossem esquecidas" (114). Isto é, uma vez que, como afirma Lévi-Strauss, a lei depende da escrita, de certo modo, a guerra serve para eliminar o mundo escrito e, com ele, a lei. A um outro nível, também a alfabetização não se propagou tanto como seria esperado se o tempo fosse de paz, porque o sistema formal de educação fora seriamente danificado pela guerra. Nesta perspetiva, pode dizer-se que a guerra se torna uma aliada da oralidade. Numa entrevista sobre este romance, Mia Couto apresentava uma opinião semelhante, mas evitando com cuidado qualquer embelezamento ou defesa do conflito sangrento. Mia Couto afirma que "a guerra ajudou a trazer à superfície dimensões de Moçambique que, provavelmente, ficariam invisíveis se o processo de construção da nação tivesse decorrido 'normalmente'" (Saúte, 1993[a]: 9). Na sua opinião, a guerra revelara um pouco da essência cultural de Moçambique (valores culturais que ele associa geralmente à oralidade), que teria permanecido oculta se o país tivesse seguido o mesmo paradigma de desenvolvimento imposto a outras nações africanas e que, normalmente, "implica um profundo desrespeito para com os valores culturais" (Saúte, 1993[a]: 9).

Apesar de este argumento correr o risco de imaginar a guerra como a protectora dos valores da oralidade, veio a revelar-se mordaz com o tempo. De facto, com o final da guerra civil, Moçambique dedicou-se inteiramente ao processo da globalização capitalista cujo principal resultado é a rasura implacável de valores culturais. O seu livro capturou um momento da história moçambicana em que a rendição do país às forças da globalização, apesar de muito provável, não era ainda um dado adquirido. De certa forma, Mia Couto coloca-se na retaguarda e tenta lutar por uma preservação e uma restauração dos valores tradicionais ou, pelo menos, pela manutenção de alguma influência da sua força moral no futuro da nação.

Em *Terra Sonâmbula*, Mia Couto representa o processo de escrita como um mecanismo de fuga aos efeitos da guerra. A conceção de Kindzu sobre a essência da escrita enquanto algo afastado do presente leva o personagem a utilizar o caderno como o seu meio de fuga criativo. A escrita tem a capacidade de o afastar do presente e de conseguir lidar com as memórias dolorosas de experiências traumáticas. As primeiras frases do primeiro caderno explicam as razões para Kindzu escrever:

> Quero pôr os tempos, em sua mansa ordem, conforme esperas e sofrências. Mas as lembranças desobedecem, entre a vontade de serem nada e o gosto de me roubarem do presente. Acendo a estória, me apago a mim. No fim destes escritos, serei de novo uma sombra sem voz (15).

No último caderno, Kindzu reafirma o seu entusiasmo pela escrita:

> É isso que desejo: me apagar, perder voz, desexistir. Ainda bem que escrevi, passo por passo, esta minha viagem. Assim escritas estas lembranças ficam presas no papel, bem longe de mim (214).

Ao utilizar a escrita para se distanciar o mais possível da presença de um passado doloroso, Kindzu concede à escrita e à voz as mesmas características que Platão lhes atribui: ausência e presença. Platão dissocia a memória da escrita argumentando que a memória, tal como a voz, é um organismo vivo. Uma das suas críticas é que, ao contrário da falsa impressão que dá, a escrita é, na verdade, exterior à memória, e não é uma memória em si. Para Kindzu, pelo contrário, a memória apenas se perde quando é transformada em texto escrito, quando se afasta do organismo vivo que é a voz. Se, por um lado, Platão manifesta uma grande desconfiança e até hostilidade em relação a essa distância entre memória e voz, Kindzu considera-a uma necessidade ou, pelo menos, um alívio, dado o peso do conflito na sua memória. O paradoxo deste romance surge quando Muidinga encontra os cadernos por acaso e os lê em voz alta, devolvendo-lhes a vida e os cadernos restaurando-lhe a sua memória. À medida que *Terra Sonâmbula* se aproxima de uma conclusão, no último caderno, perde-se a distância entre Kindzu e os seus textos quando Kindzu descreve a sua descoberta dos cadernos num registo híbrido entre os universos escrito e oral: "me aproximo e, com sobressalto, confirmo: são os meus cadernos" (218). O romance é, assim, cíclico, uma vez que o seu final volta ao início e a escrita sobre a descoberta dos cadernos antecede esse mesmo acontecimento. Ao estruturar o romance desta forma, Mia Couto realça o caráter criativo do processo de escrita, mesmo quando este pretende ser uma mera descrição. Ao contrário da sua intenção inicial em relação à escrita – que era garantir o seu próprio desaparecimento –, Kindzu garante a sua sobrevivência e, de forma simbólica, a sua obra fertiliza a terra na qual Kindzu cai já nas últimas frases do romance. Neste momento, a história relata os acontecimentos nos dois mundos – o universo escrito de Kindzu e o oral de Muidinga: "as letras, uma por uma, se vão convertendo em grãos de areia e, aos poucos, todos meus escritos se vão transformando em páginas de terra" (218). Quando o romance termina – o que é, simultaneamente, um momento de reinício, como argumentámos acima –, o texto torna-se orgânico e fonte de nova vida. Ao mesmo tempo que muda de forma, perde consistência, construindo assim outras duas críticas às concepções tradicionais de texto escrito.

A estrutura de *Terra Sonâmbula*, tal como em *A Varanda do Frangipani*, apresenta diferentes vozes narrativas em cada capítulo. No primeiro caso, os cadernos de Kindzu representam o mundo da escrita, sendo esses capítulos apresentados conscientemente enquanto textos escritos. Outros capítulos, porém, constituídos fundamentalmente por diálogos entre Muidinga e Tuahir, representam o mundo oral. Como já referi, Kindzu escreve os seus cadernos para se libertar de memórias dolorosas. Pelo contrário, Muidinga não tem memórias nem conhece o seu passado. Apesar de bastante vago, Tuahir considera que a amnésia de Muidinga resulta de um feitiço. Para ele, a amnésia de Muidinga é uma bênção, contrariando profundamente a perspetiva platónica e apercebendo-se gradualmente que os cadernos estão a conceder a Muidinga um conjunto novo de memórias. Este facto só é encarado por Tuahir como positivo porque o companheiro não as considera seriamente, achando que são falsas. Tal como Kindzu, também Tuahir parece aceitar uma característica platónica da escrita: a escrita é traiçoeira. Por outro lado, as características criticadas por Platão são, na verdade, encaradas como uma vantagem positiva por Tuahir e Kindzu. Para Kindzu, a distância que a escrita concede em relação ao presente é vista como algo de positivo. No caso de Tuahir, a escrita enquanto afastada da verdade também é considerada um benefício. Contudo, em ambos os casos, o processo de escrita recusa funcionar como eles desejariam, uma vez que Kindzu acaba por ser reunificado com a sua escrita, o que elimina a distância que ele tentou estabelecer ,e Tuahir apercebe-se, de que existe algo de verdadeiro no texto escrito.

Os cadernos transferem a memória do mundo escrito para o mundo oral, ou seja, de Kindzu para Muidinga. Mas também fazem essa transferência em sentido oposto, uma vez que, na sua génese, eles constituem as memórias de Kindzu inscritas em papel. Acresce a isto que Kindzu concede a sua voz narrativa nos cadernos à bela Farida que, por sua vez, narra oralmente a sua história ao seu filho perdido, Gaspar. A conclusão do romance revela que Muidinga, uma personagem do mundo oral, é, de facto, Gaspar no mundo da escrita dos cadernos. À medida que a história progride, a eliminação da fronteira entre os dois mundos vai-se tornando óbvia. Quando Muidinga descobre os cadernos, consegue lê-los, mas sem saber como. Apenas sorri "com a satisfação de uma conquista" (14). O mundo escrito parece ser subserviente do mundo oral, quando Muidinga e a sua voz revelam domínio sobre o texto. Esse poder da oralidade parece ser acentuado quando Tuahir pede ao rapaz para ler em voz alta o primeiro caderno, precisamente aquele em que não se aclama a escrita. De facto, neste primeiro caderno, Kindzu conta que o pai, Taímo – que o persegue ao longo de todo o romance – não aprovara que o seu filho aprendesse "feitiçarias dos brancos" (25). Para ele, escrever é uma importação estrangeira, produto das missões cristãs, enquanto que a oralidade é apresentada como natural e como africana. Apesar disso, no final do romance, Taímo, apesar das suas profecias e histórias intermináveis, será transformado em texto inscrito numa canoa que flutua até ao mundo da oralidade de Muidinga e Tuahir.

Depois da leitura deste primeiro caderno, a existência de Muidinga e de Tuahir no universo oral nunca mais será a mesma. O rapaz fica obcecado pelo texto, pela fisicalidade da escrita, pelo facto de ser algo passível de se tocar e ver: "o jovem passa a mão pelo caderno, como se palpasse as letras" (35). Ao mesmo tempo, parece haver uma falta de palavras faladas no mundo dos dois; pelo menos inicialmente, "a conversa também é pouca, sem desperdício de palavra" (36). Só de forma gradual os textos escritos se vão apropriando das suas consciências. À medida que os cadernos de Kindzu devolvem a memória a Muidinga, percebe-se que o tropo da oralidade torna a afirmar-se porque, após perder temporariamente os cadernos, o rapaz demonstra que os memorizou. Ele diz a Tuahir: "deixei os cadernos lá no machimbombo. Mas eu já li outro caderno, mais à frente. Lhe posso contar o que diz, quase sei tudo de cabeça, palavra por palavra" (99). Percebe-se, em primeiro lugar, que Muidinga subverteu a ordem linear do texto, lendo o caderno seguinte antes de tempo. Este anacronismo textual indicia o que irá acontecer no romance segundo o último caderno. O segundo ponto a ressaltar diz respeito à internalização por Muidinga do texto escrito, tal como acontecera ao profeta Ezequiel. Ao consumir o texto, este transforma-se em algo mais para além de letras numa página: torna-se a sua memória, exatamente o oposto das intenções iniciais de Kindzu. Torna-se, portanto, verdade, no sentido platónico, ultrapassando a condição de suporte falso da memória, caracterizado pelas marcas exteriores dos grafemas. Em terceiro lugar, e o mais importante, Muidinga altera efetivamente o texto escrito através do seu processo de incorporação, isto porque, apesar de ele saber muito bem o texto, não o conhece de cor e na perfeição: "*quase* sei tudo de cabeça" (sublinhado meu). Há uma certa insegurança no seu conhecimento. Com a sua incorporação, a permanência e a estabilidade do texto escrito perde-se. Agora, a história já não é de Kindzu mas sim, de Muidinga: o leitor elimina o escritor e torna-se, ele próprio, o sujeito do texto. Também aqui, a oralidade se imiscui na economia da escrita.

As três epígrafes de *Terra Sonâmbula* indicam os vários desafios aos ideais platónicos propostos por Mia Couto. A primeira surge como uma crença dos habitantes da fictícia Matimati, um lugar referido nos cadernos. A segunda é um ditado atribuído a Tuahir, o velho tutor de Muidinga, que não abandona o mundo oral na narrativa. Mia Couto atribui a última citação a Platão: "há três espécies de homens: os vivos, os mortos e os que andam no mar" (7).

Como se verá no próximo capítulo, a água desempenha um papel primordial no romance, mas, para já, pretende-se destacar o papel de Platão no texto de Mia Couto. Numa das interpretações mais originais de *Terra Sonâmbula*, Laura Cavalcante Padilha refere como Mia Couto utiliza estas epígrafes para fazer a ponte entre as tradições ocidentais mais antigas e uma voz ancestral de uma presumível identidade moçambicana (Padilha, 2002: 129). Efetivamente, a citação de Platão é falsa, ou melhor, é mais uma das verdades ou, se preferirem, perspetivas alternativas inventadas por Mia Couto. O autor afirma que ouviu a citação a terceiros, mas sem se recordar da fonte exata, e nenhuma das sofisticadas bases de dados sobre Platão atualmente disponíveis apresenta qualquer frase minimamente próxima das palavras que Mia Couto atribui ao filósofo. A sua utilização da citação, à maneira de Borges, adiciona ainda outra dimensão muito interessante ao argumento de Padilha, pois parece que Mia Couto falsifica intencionalmente uma tradição que se arroga ter o conhecimento da verdade, atribuindo-lhe estatuto equivalente ao da oralidade criativa de Matimati, recorrendo depois a ambas as tradições para produzir uma nova identidade da escrita.

O jogo entre a escrita e a oralidade continua ao longo do romance. A certa altura, Tuahir pede "que o miúdo dê voz aos cadernos" (149). Na perspetiva de Mia Couto, para que Muidinga recupere o seu passado, a escrita precisa da oralidade e vice-versa. Tuahir explicita o seu pedido: "'Ainda bem você saber ler', comenta o velho. Não fossem as leituras eles estariam condenados à solidão. Seus devaneios caminhavam agora pelas letrinhas daqueles escritos" (149). O processo é mutuamente benéfico. Sem a oralidade, os cadernos permaneceriam silenciosos. Por outro lado, a escrita oferece a Muidinga e Tuahir um caminho para sonharem outras possibilidades. Eles dão vida ao texto e o texto traz-lhes vida a eles. A cada leitura, Muidinga muda profundamente: "No dia seguinte à leitura, seus olhos desembocam em outras visões" (109). A sua interação com o texto altera a sua perspetiva sobre o mundo – tal como sempre acontece, sugere Ong.

O processo de intercâmbio entre o texto escrito (os cadernos) e a oralidade (os restantes capítulos) torna-se gradualmente mais marcado. Este processo é iniciado com um episódio que acontece na narrativa e que se repete depois nos cadernos de Kindzu. Na verdade, no segundo capítulo, Muidinga demonstra a sua capacidade de escrever ao desenhar na terra: "AZUL" (38). No caderno seguinte, Kindzu abandona um lugar onde "o mar se abre como uma palavra azul" (42). Os dois mundos estão, por enquanto, unidos por uma palavra, mas dá-se depois uma estranha simbiose pela qual ambos acabam por ficar interdependentes, até que, no nono capítulo, Tuahir e Muidinga se tornam Kindzu e Taímo. O que, inicialmente, se apresenta como um jogo acaba por se desenvolver numa fusão entre texto e realidade, entre escrita e oralidade:

> Muidinga se embala, entorpecido. À medida que aquele fingimento avança ele já não sabe se o que ali se está passando não está a ser tirado do livro, como folha rasgada da própria realidade. Fecha os olhos e vê Tuahir, aliás Taímo, se banhando num lago de sura (167).

Esta confusão exemplifica o que Fionna Gonçalves denomina "transversalidade identitária", pela qual duas personagens de duas partes diferentes de um romance se tornam profundamente interrelacionadas e interdependentes (Gonçalves, 1995: 62). A fusão de tempos é completa na leitura do último caderno, em que se descreve o que está a acontecer no mundo oral à medida que este acontece e que se lê. Ou seja, o leitor lê que está a ler. Aliás, o leitor (Muidinga) descobre a sua identidade, porque a sua memória lhe é restaurada através do texto escrito, o que contradiz o pressuposto de Platão de que a escrita destrói a memória.

Em *Terra Sonâmbula*, para além dos cadernos, um outro lugar de escrita são as cartas. Mais uma vez, as cartas são utilizadas para criar novas realidades. Farida é uma personagem dos cadernos cuja beleza estimula e desafia a própria linguagem – "a beleza daquela mulher era de fazer fugir o nome das coisas" (66). Farida conta a Kindzu a história das cartas de Virginha e ele, por seu turno, toma nota para que Muidinga leia em voz alta mais tarde. Antes de avançar na análise, é necessário ter em conta dois aspetos.

Em primeiro lugar, a voz de Farida tem uma característica peculiar de que somos desde logo informados: "sua voz saía sem vestes, nua como se dispensasse palavras" (66). Parece que nela as palavras, elementos essenciais para a inteligibilidade da voz, são ofuscantes. No caso de Farida, as palavras faladas escondem, em vez de revelarem, e comportam-se como um disfarce, como se fossem palavras escritas no sentido *saussuriano*. Ferdinand de Saussure, um linguista suíço que forneceu os conceitos base do estruturalismo, odiava as palavras escritas pela sua tendência em "usurpar" a supremacia da voz (Saussure, 1960: 23). À semelhança de Platão, Saussure considerava a voz natural e a escrita um artifício nefasto que dissimula a pureza da oralidade. Mas, para Mia Couto, as palavras faladas por Farida são igualmente ilusórias e vêm camuflar a verdade nua e crua. Afinal de contas, elas também são um meio de representação, distanciando-se, por isso, da essência que procuram substituir e do recipiente do seu significado. Se se aceitar a crítica de Derrida à corrente platónica do estruturalismo, elas comportam-se de forma tão suspeita quanto os seus equivalentes escritos. Porém, a beleza de Farida supera, de certa forma, o obstáculo das palavras e consegue comunicar a partir da sua origem. Segundo o paradigma platónico, a beleza é apresentada como um meio para atingir a essência. Pelo contrário, a palavra oral de Farida é caracterizada como uma mera representação, um significante que alimenta e suplanta o próprio significado. Como Kindzu afirma, "a mulher se trocou por palavra até quase ser manhã" (77). Assim que ela começa a falar, as palavras deslocam-na. Ela é trocada pela sua voz. Parece que Mia Couto utiliza esta personagem para ilustrar o conceito de Derrida, quando este demonstra que as palavras faladas não são pura essência, como Platão e Saussure afirmam. Tal como na sua forma escrita, as palavras faladas também suspendem significados e dependem de um processo de intercâmbio e de redes de metáforas.

O segundo ponto a considerar tem a ver com Virginha. No texto escrito, esta personagem é representada como instável. O que é isomorfo no discurso oral torna-se dimorfo na forma escrita, uma vez que a grafia do seu nome muda arbitrariamente, entre "Virgínia" (82, 83) e "Virginha" (82, 83), palavras homófonas, indistinguíveis na oralidade, apenas perceptíveis na inscrição na página. No mundo da oralidade, apenas um signo acústico representa a sua essência, um significante para um significado. À medida que Muidinga lê o caderno em voz alta para Tuahir, o velho não ouve qualquer diferença, mas Muidinga vê a diferença. Trata-se portanto de uma inversão do paradigma tradicional da linguagem, que dita que a escrita supostamente fixa e homogeneiza, ao contrário da voz, mais permeável aos caprichos de sotaques e entoações que, de modo subtil, atuam sobre a inflexibilidade da escrita. Assim e neste caso, é portanto a voz que torna mais homogéneas a multiplicidade das variáveis escritas. Além disso, o mundo de Virginha/Virgínia é alicerçado na escrita, uma vez que é ela que vai iniciar as cartas enviadas a ela própria. Contudo, a inalterabilidade que o mundo da escrita lhe deveria proporcionar ao definir o seu nome perde-se. Apenas no mundo da oralidade ela se torna constante e a sua identidade, una. No papel, pelo contrário, são dois os significantes para o seu significado.

Tal como Nádia de "A Princesa Russa", Virgínia vive prisioneira do seu marido, Romão Pinto, e também deseja regressar à sua terra natal. O marido proíbe-a de realizar muitas atividades, incluindo ler. Romão Pinto pretende negar à sua mulher o acesso a mundos distantes, disponíveis na literatura e fora do seu controlo. Apesar disso, Virgínia exercita o seu direito ao sonho, recriando o seu passado. Inicialmente, ela trata as imagens fixas das fotografias nos seus álbuns como palimpsestos mutáveis. Farida não tem coragem de frustrar esta sua fantasia, porque "as fotos recompostas traziam novas verdades a uma vida feita de mentiras" (82). Mais tarde, Virgínia conta a Farida uma versão da sua autobiografia que leva Farida a participar no processo de criação de novas verdades a partir de velhas mentiras, justificando-se, assim, perante Farida:

> "Por que me conta tudo isso, Mamã Virgínia?"
> "Porque quero que me passes a escrever."
> "Escrever?"
> Era. Farida deveria enviar-lhe cartas, falseando autorias, fingindo o longe (82).

Tal como Kindzu, Virgínia também deseja fugir à realidade através da escrita mas, ao contrário dele, Virgínia não irá utilizar a escrita para afastar o presente, mas sim para dar um novo sentido ao presente através de um passado imaginado. A escrita irá assim complementar o presente, não irá eliminá-lo.

Há uma certa ambiguidade na resposta de Virgínia à pergunta de Farida. O artigo reflexo "me" pode ser lido como objecto direto ou indireto. Farida poderá estar a ser solicitada para "ser escrita". Virgínia, a sua história e o seu presente são de facto remodelados ao longo do texto; ela transforma-se nas cartas e, simultaneamente, no destinatário das mesmas, ou seja, ela é o sujeito e o objecto – direto e indireto – do texto escrito. A escrita trará "o longe" para mais perto e não afastará o presente. E a falsidade das cartas será esquecida até por Farida. Ao longo do texto, o passado pode ser revivido e, nesse processo, ser reescrito no presente. Mais uma vez, uma personagem marginal assume centralidade na história através da sua interação com cartas. Além disso, esta é uma interação que realça a natureza oral das cartas, porque estas são usadas por Virgínia para recriar constantemente novas subjetividades para Virgínia, num processo que usa as estratégias de um contador de histórias em detrimento do arquétipo de escrita enquanto mecanismo estabilizador do conhecimento ou das identidades.

A outra personagem que utiliza cartas em *Terra Sonâmbula* é a prostituta cega, Juliana Bastiana. Tal como Mamã Cacilda, em "A Carta", Juliana também não consegue ler as cartas que recebe e, à semelhança de Virgínia, Juliana faz tudo para trazer o passado para o presente. De facto, o seu modo de viver impede-a de reconhecer qualquer tipo de obstáculo temporal, porque ela mistura os tempos: vive o presente, recorrendo ao seu passado; e vive o passado, recorrendo ao presente. Todas as semanas, recebe cartas enviadas pelo seu presumível amado que desafiam qualquer constrangimento temporal. A descrição que Juliana faz a Kindzu do amado, Silvério Damião, é anacrónica, uma vez que, segundo Juliana, este partira recentemente para uma comissão no exército colonial. Mas Kindzu, num caderno anterior, situa esta história no Moçambique já independente. Na verdade, o irmão mais novo de Kindzu chama-se "Vinticinco de Junho" em honra da independência de Moçambique. Assim, na linearidade do tempo convencional, a história de Juliana seria falsa. Porém, o indício físico deixado pelas cartas não lidas leva-a a acreditar no tempo passado/presente que ela criara para si própria.

Virgínia, após a morte de Romão, também fica com os seus tempos desordenados, não conseguindo distinguir entre passado e futuro: "repetia, de si para si, desencostadas frases: 'ontem, quando eu morrer'" (171). Assim que Virginia cria o seu novo passado através das cartas escritas para si por Farida, o seu mundo torna-se instável. Para si, o tempo perde o sentido e perde certamente qualquer sentido de linearidade. Através da escrita, o tempo torna-se instável, constituindo mais um exemplo das insinuações da oralidade na economia da escrita exercitada por Mia Couto, já que, na conceção de Hegel, a escrita cria um tempo linear ao delinear a história, enquanto a oralidade, numa visão estereotipada, apenas dá conta do presente, ou melhor, a cultura oral possui e exerce um conceito diferente de cronologia através da qual se traz a história para o presente. Como se viu, as cartas de Juliana e de Virgínia interferem com o tempo de uma forma diferente do estereótipo da oralidade, influenciando a sua linearidade, fornecendo mais um exemplo de como Mia Couto torna óbvia a natureza oral de uma carta.

No contexto de uma cultura predominantemente oral, a alfabetização destaca-se. Como Lévi-Strauss afirma, saber ler e escrever marca uma elite que pode beneficiar dessa vantagem. Porém, as personagens que sabem ler, em Mia Couto, não detêm qualquer estatuto superior àqueles que não têm acesso ao texto escrito. Por exemplo, apesar de o narrador, em "A Carta", pensar que engana Mamã Cacilda, no final do conto, é revelado que, afinal, ela é muito mais perspicaz do que o narrador gostaria de acreditar. Também em "Dois Corações, Uma Caligrafia", a oralidade de Zuleila se sobrepõe ao conhecimento literário da irmã. Em *Terra Sonâmbula*, a personagem mais associada ao analfabetismo é Siqueleto, um homem obviamente louco, que captura Muidinga e Tuahir, e os sujeita a espancamentos arbitrários. Siqueleto apenas os liberta quando Muidinga escreve no chão. O louco pergunta ao rapaz o que é que ele está a fazer, ao que Tuahir responde que Muidinga escrevera o nome de Siqueleto. Anterior a este incidente, Tuahir havia dado um conselho a Muidinga: não se deve nunca acreditar num homem que não sabe mentir. Possivelmente, Tuahir está a mentir a Siqueleto, porque nunca se sabe se os desenhos de Muidinga no chão são de facto o nome dele. Mas é esta resposta de Tuahir que lhes salva a vida porque, pelos vistos, Siqueleto acredita nela e, além disso, parece acreditar no poder da palavra escrita. Ele ordena a Muidinga que escreva o seu nome numa árvore e diz "agora podem-se ir embora. A aldeia vai continuar, já meu nome está no sangue da árvore" (75). O destino de Siqueleto é semelhante ao de Taímo, pai de Kindzu: ambos terminam inscritos em madeira. Os seus nomes sobrevivem, ultrapassando em vida os seus portadores através do texto escrito, da mesma forma que, ironicamente, misógrafos como Platão e Saussure sobreviveram através dos textos que lhes são atribuídos. No caso de Siqueleto, ele é transferido, orgânica e magicamente, para o sangue da árvore através da inscrição.

Parece, portanto, que o analfabeto Siqueleto privilegia o poder da escrita. Contudo, a versão de que o seu nome estaria escrito na terra – portanto, facilmente desfeito pelo vento e, daí, talvez a necessidade de ter o seu nome inscrito em algo mais duradouro – pode, ou não, ser real fora da sua versão oral. Muidinga pode, ou não, ter escrito o nome de Siqueleto no chão, mas a realidade para Muidinga é que foi uma história oral que lhe salvou a vida, apesar de ele saber escrever. Para Siqueleto, que não sabe ler, a garantia de ter a inscrição num suporte perene como a madeira e não em areia, é o mínimo a exigir. Porém, apesar da sua deferência para com a palavra escrita – como em Farida, que tem que ser ouvida para ser curada, ou em seu filho Gaspar, cuja morte é adiada pelo contar de uma história –, a enunciação da história de Siqueleto é também fundamental para a sua existência, o que pode ser interpretado como uma valorização da oralidade. Se não, vejamos: Gaspar tem de contar a sua história para conseguir evitar a sua execução às mãos de Virgínia e das muitas crianças que a rodeiam. Qual Sherazade, Gaspar tenta prolongar a sua existência oralmente, porque as crianças pretendem matá-lo assim que a história termine. Querem eliminá-lo para que ele não repita a história a mais ninguém: "depois matamos, ninguém mais vai pôr ouvidos na narração dele. Fica estória só nossa" (175). Assim, por um lado, parece que a história de Gaspar tem de permanecer no reino da oralidade, não deixando qualquer registo para não ser repetida. Mas, por outro lado, a sua história aponta cripticamente para o domínio da escrita, porque adquire uma certa tangibilidade. Torna-se posse das crianças, algo que pode ser transferido e mantido, mais como uma folha de papel do que como um signo acústico. Mais subtilmente, pode ainda dizer-se que se torna algo sobre o qual se pode "pôr ouvidos", uma adulteração da expressão "pôr os olhos". O ouvido intruso lembra o olho ausente. A audição – o sentido de que a oralidade depende – é secundada pela visão. Desta depende a escrita, no caso do efeito que tem sobre a história de Gaspar. No universo de Mia Couto, a fronteira entre a escrita e a oralidade é, de facto, muito permeável.

Após revelar o seu nome a Tuahir e Muidinga, Siqueleto "se apresenta com sua estória" (72), acompanhando-a ritmicamente com uma lata que abana, tornando-a uma experiência muito oral, com uma qualidade rítmica jamais conseguida em suporte escrito. Quando solicitado a abandonar a sua aldeia por causa de ataques de rebeldes na zona, Siqueleto recusa e diz: "eu sou como a árvore, morro só de mentira" (72). Com esta afirmação, Siqueleto antecipa e, simultaneamente, previne qualquer aparente subserviência à escrita. Ou, pelo menos, Siqueleto reconhece que parte do poder da escrita advém da sua falsidade e da sua capacidade de fingir. O velho irá mesmo morrer a esvair-se, sangrando abundantemente logo após o seu nome ser inscrito no sangue da árvore. Assim que a escrita assume a sua existência através da árvore, ele morre, presumivelmente "de mentira", tal como previra. Morre de mentiras, morre por ter sido escrito. Porém, a expressão é ambígua, uma vez que "de mentira" pode também significar que ele não morreu de todo, constituindo mais um exemplo da ambiguidade semântica que torna os textos de Mia Couto tão ricos. Nessa ambiguidade, que determina a escrita como morte e falsidade, o autor sugere um espaço criativo fundado, de acordo com o argumento de Derrida, na atitude platónica perante a escrita, em que a escrita se torna um *pharmakon* que mata, mas que também pode curar. A sua qualidade redentora está na sua capacidade de estimular a imaginação para outras existências em que a morte se torna parte do ciclo natural, deixando de ser um efeito secundário de uma guerra sem sentido.

Ao longo do seu trabalho, a forma como Mia Couto representa o mundo escrito alinha-o com a rejeição pós-moderna das metanarrativas, recorrendo a técnicas do pós-estruturalismo. A ideia de que o poder histórico e epistemológico da escrita depende da sua imutabilidade, uma ideia encontrada em Hegel e Diringer, é substituída pela conceção do texto escrito como também estando sujeito a mudanças e variações. No mundo criado por Mia Couto, a permanência da escrita dá lugar a uma flexibilidade de interpretações à medida que as cartas, simbolicamente, se transformam e ganham vida. Em simultâneo, Couto obscurece a distinção entre ausência e presença com várias cartas, desafiando diretamente a codificação rígida que Platão faz da oralidade enquanto presença e da escrita enquanto um sinal de ausência. Mia Couto não permite que a oralidade ou a escrita tenham algum tipo de supremacia. Ambas surgem, isso sim, como complementares. As cartas são centrais nessa complementaridade, uma vez que são elas que tornam óbvia a infiltração da oralidade na economia da escrita, ao mesmo tempo que dão protagonismo a personagens oriundas ou situadas nas margens sociais. A associação antiga entre a escrita e a morte só é permitida no mundo de Mia Couto como parte de uma cadeia orgânica, que leva à criação de uma nova vida. Neste aspeto, Couto vai além do pós-estruturalismo, ao defender que a escrita tem um papel a desempenhar na imaginação e na criação de novas realidades; o pós-estruturalismo constitui um meio de exercer a função crítica, mas não é, em si mesmo, um projeto político. Devido à história atribulada da sua nação durante a maior parte do tempo que passou a escrever, o objetivo do autor terá sido tentar convencer os seus compatriotas moçambicanos a sonhar com uma nova ordem para além daquela ou daquelas que se traçam nas dicotomias entre oralidade e escrita, entre bom e mau. Durante o pior período de Moçambique – os anos 80 e início dos anos 90 – este seu apelo para se sonhar e realizar um mundo além das dicotomias foi muito forte. No próximo capítulo, analisarei a forma como Mia Couto tentou recuperar uma ligação fluida entre mundo consciente e mundo inconsciente.

PODER, CONHECIMENTO E GÉNERO

5.

OBSERVAR O INCONSCIENTE: O PAPEL DA ÁGUA EM MIA COUTO

Mia Couto foi classificado como o "poeta da água" (Coutinho, Lebedev & Cristea, 2005: 23). Na sua obra, desde os poemas iniciais até aos romances mais recentes, assiste-se ao tratamento recorrente de dois temas, que frequentemente aparecem associados: o papel da água e o papel dos sonhos. Num poema datado de 1979, intitulado "Poema da Minha Alienação", o poeta lida com o tema da possibilidade de se ultrapassar a si mesmo, ou seja, da transcendência do ser, combinando o onírico com o ciclo da água. Resumidamente, o seu sonho, apesar de resultar do desafio ao mundo que o rodeia, será atingido através da água. Ao mesmo tempo que o poeta se sublima em vapor, entrando num estado sem princípio nem fim, transformando-se "em infinitas gotas", realiza também o sonho na medida em que assume como uma forma capaz de experimentar todos os aspetos da vida orgânica. Vinte anos mais tarde, em 1999, Mia Couto publica o romance *Vinte e Zinco,* como parte de uma coleção de celebração dos 25 anos da Revolução de Abril organizada pela editorial Caminho. Este golpe de Estado sem sangue, levado a cabo por capitães das Forças Armadas Portuguesas, cansados da inútil perda de vidas na Guerra Colonial, derruba o regime de Marcello Caetano, sucessor de Salazar. O número vinte e cinco tornou-se então em Portugal o ícone para designar o momento mágico que pôs termo à longa ditadura do Estado Novo. Como aliás abordarei em breve neste capítulo, o título do livro de Mia Couto, que celebra o fim do regime de Salazar e Caetano e a consequente independência de Moçambique, ecoa a palavra portuguesa vinte e cinco, acentuando o significado da água e dos sonhos e comprovando a permanência destes temas na poesia e na prosa do escritor. *Mar Me Quer,* uma novela publicada pela editorial Caminho em 2000, repete o desafio, como aliás acontece em *Terra Sonâmbula.* Todavia, antes de considerar o papel da água e do inconsciente na obra de Mia Couto, vale a pena considerar a herança intelectual a partir da qual e contra a qual o escritor escreve, uma vez que a água e os sonhos estão muitas vezes ligados aos imaginários nacionais, em geral, e, como bem se sabe, constituem uma peça fundamental do imaginário expresso em língua portuguesa, em particular.

Couto desdobra a água como um gesto evocativo capaz de resolver o bloqueio na imaginação do povo de Moçambique entre a dura realidade, que vive, e o sonho de um futuro diferente, a que aspira. Essencialmente, Couto utiliza a água como veículo capaz de restaurar a corrente entre o consciente e o inconsciente do imaginário das suas personagens. Ao mesmo tempo, o autor apela à poderosa ressonância cultural da água, em particular do mar, para captar determinados momentos ontológicos da evolução e do desenvolvimento de Moçambique como nação. Em primeiro lugar, o mar representa o início do processo de colonização e o elemento ritual de limpeza e apagamento de um passado dominado pela opressão, como vemos em *Vinte e Zinco*; seguidamente, a associação da água com o nascimento espelha alegorias do nascimento da nova nação, como se encontra em vários contos do autor; finalmente, o mar ergue-se como a metáfora da decadência da nação entregue nas mãos de forças neocolonizadoras, marcando o influxo da ajuda estrangeira e da sua consequente interferência, como exemplificado em "As Baleias de Quissico". Como se verá, Mia Couto modifica a semântica do mar para refletir sobre a trajetória política de Moçambique. O mar é, de facto, externo à nação, constituindo uma grande parte da fronteira de Moçambique com o mundo exterior, mas é também algo de muito interno enquanto elemento estruturante do insconsciente da nação moçambicana e eixo determinante de uma história turbulenta. Para além disto, sempre que Mia Couto alude ao mar ou trabalha o simbolismo da água, o seu discurso aprofunda-se na medida em que convoca uma tradição universal, que reflete a experiência humana em termos históricos e mitológicos e, no caso do universo lusófono, evoca o meio pelo qual os Portugueses chegaram e com que uniu histórias, culturas e línguas de cinco continentes. Dada esta ligação, penso que uma breve e nunca exaustiva reflexão sobre a representação literária dos oceanos, em Portugal e na África de língua portuguesa, poderá iluminar a base cultural sobre a qual e, muitas vezes contra a qual, Mia Couto escreve.

Tal como a escrita, a água tende a carregar um peso moral nas várias tradições míticas em que é abordada enquanto tema. Assim, por exemplo, a teoria de punição metempsicótica, elaborada por Platão, reserva o meio aquático para punições de todas as criaturas "tontas e insensatas" uma vez que os "deuses que moldaram a sua forma as consideravam desprovidas de qualquer direito além de respirarem o ar puro, porque as suas almas estavam poluídas por toda a espécie de maldades". Como resultado dos seus maus comportamentos, os deuses "entregavam-nas aos confins das águas para inalarem o fundo lodoso das profundezas"; era-lhes atribuído "o último e mais baixo habitat como castigo pela sua idiotice em último grau" (Platão, 1965: 137). O mito da regeneração divina pelo dilúvio, à qual Platão se refere em *Timaeus,* é retomada em numerosas tradições de todo o mundo. Basta só pensar em alguns exemplos para encontrar, nas mais antigas e variadas tradições e mitologias, deuses furiosos que enviam inundações como punição: na mitologia Bambara do Mali, nas tradições da Suméria e da Babilónia, no Hinduismo, entre os Yao da China, os Chewong da Malásia, os Wapangwa da Tanzânia e, é claro, na tradição judaico-cristã (Ford: 1999: 180).

Alain Corbin, no seu livro *The Lure of the Sea,* defende que as atitudes judaico-cristãs em relação ao mar empreenderam uma profunda mudança entre meados do século XVIII e meados do século XIX. Ainda segundo o mesmo autor, anteriormente, apenas a influência de imagens biblícas enaltecedoras da água formavam a perceção do mar como um "um grande abismo, um lugar de impenetráveis e insondáveis mistérios, uma massa líquida indecifrável". O mar apresentado em Genesis era, de acordo com Corbin, uma "palpitante extensão [da terra], que simbolizava, e realmente era, o desconhecido , o lugar de todos os medos" (Corbin, 1994: 1-2). Antes da intervenção divina, apenas existia o caos. O mar passou a representar o estado anterior a esta intervenção. Nas palavras de Corbin, "o oceano era a expressão da substância primordial ainda indiferenciada, sobre a qual a forma tinha de ser imposta a fim de se tornar uma parte da Criação. Esta realidade inacabada, enquanto vibrante e vaga extensão do caos, simbolizava a desordem que tinha precedido a civilização" (2). Corbin defende ainda que, com o advento da industrialização, o mar se tornou um elemento moralmente positivo pois representava esse momento puro, anterior à civilização, tornando-se mesmo, real e metaforicamente, o espaço de evasão dos espíritos cansados dos excessos da idade industrial.

Em *The Enchafèd Flood,* W.H. Auden ecoa a posição de Corbin relativamente à sua visão do mar como símbolo da desordem na tradição judaico-cristã, sugerindo que, no pós-dilúvio, o mar continha sempre a ameaça de uma nova inundação. "De facto, o mar é a expressão do estado de indistinta barbárie e de caos. Fora dele, a civilização emergiu, mas a possibilidade de regresso à desordem e ao caos está sempre iminente, a não ser quando protegido pela ação do homem" (Auden, 1985: 17). Paradoxalmente, o mar torna-se o espaço de exercício da crueldade dos deuses, que enviam inundações para assim restabelecerem a sua superioridade em relação à humanidade, o que acaba por conferir à água um valor e um significativo atributo de ressurreição: representa, em simultâneo, a morte e, subsequentemente, o renascimento, representando assim o que Clyde Ford designa como a "aqua mater" do mundo (Ford, 1999: 180).

O mar sempre esteve ligado a dois elementos aparentemente opostos: a maternidade, ou seja, o início do ciclo da vida, e o seu fim, a morte. Por isso, o seu sentido simbólico é frequentemente concretizado ora com a imagem de um útero, ora com a de um túmulo. Na língua suméria, por exemplo, a palavra "mar", da qual deriva a palavra portuguesa, significa simultaneamente útero e mar. Na mitologia japonesa, a palavra para "oceano", "umi", é homófona da expressão "dar à luz". Afrodite, em algumas versões da mitologia grega, nasceu de útero marinho. Como é sabido, Freud declara que, nos sonhos, a água é um símbolo de nascimento. Nas mais diversas civilizações, há de facto uma série de mitos culturais cujas figuras cimeiras, vulgarmente designadas como heróis, têm origem na água, ou o seu nascimento está relacionado com ela. Otto Rank dedica uma monografia ao estudo de muitos destes mitos, realçando a importância da água como representação do nascimento. A criança – seja Moisés ou Sargão, o fundador da Babilónia ou de Karna, na tradição hindu – é abandonada nas águas e delas renasce. A criança escapa à morte no momento em que seria esperado que sucumbisse. Na leitura de Rank, nas primeiras versões do mito de Édipo, o filho de Laios é colocado no mar dentro de uma caixa somente para ser salvo pela rainha Periboa (Rank, 1914: 18). Na tradição romana, Rómulo e Remo estavam condenados por Amulio a morrer bebés por abandono no rio Tibre. Mas afinal, longe de ser a sua sepultura, as águas do Tibre tornaram-se a sua protecção amniótica, assegurando assim o nascimento do império. Todos estes exemplos combinam e evidenciam a capacidade e o poder da ressurreição presente nas águas ao restaurar aquilo que aparentemente estava condenado à morte, concedendo-lhe a vida. Por extensão, quando Mia Couto utiliza discursos culturais marítimos ou relacionados com o mar está implicitamente a assinalar o renascimento pós-colonial da nação moçambicana. Na mitologia portuguesa, a lenda do desaparecido D. Sebastião está intrinsecamente ligada ao seu reaparecimento através da expressão do desejo do seu retorno ao esvaziado trono de Portugal e à glória antes vivida. De certo não por acaso esse retorno seria feito via marítima, a via que simultaneamente tinha conduzido o jovem rei e, com ele, a sua nação ao desastre de Alcácer Quibir. Por isso, quando em 1640, Portugal restaurou a sua independência, na sequência das movimentações da Restauração, o mito não morreu. Ao contrário, desenvolveu-se e prolongou-se em novas configurações uma vez que a Restauração, apesar de ter trazido a independência em relação a Espanha, não trouxe a glória antes vivida, marcando o inconsciente português até hoje. Os líderes políticos portugueses, incluindo Salazar, exploraram o eco sebastianista inerente à cultura portuguesa para se construírem a si mesmos como figuras messiânicas, capazes de salvar o país e o povo. Como sublinha Miguel de Unamuno, através das várias manifestações do mito de D. Sebastião, o mar foi sempre uma barreira ambígua que levou o desejado e perdido rei, mas que o haveria de trazer de volta (Unamuno, 1911: 67-68).

O mito de D. Sebastião combina três características constantes na conceção e na descrição do mar no imaginário humano. Em primeiro lugar, representa a morte. Em segundo lugar, representa o nascimento. Finalmente, é um espaço que se abre ao sonho, ligando-se a todo o imaginário onírico sob diversas formas: no caso português, o mar, que trouxe a glória do império, seria também o veículo que traria o rei e restauraria a glória. Em *Water and Dreams,* Gaston Bachelard conjuga estes três elementos, defendendo que o inconsciente humano necessita da presença da morte para obter o sentido do trânsito que é a vida, como se fosse um mecanismo de substituição da certeza da morte com a certeza da eternidade. Apresentando a morte como uma travessia de um rio ou como uma viagem para o mar preserva-se o simbolismo da viagem e aciona-se o eco do retorno ao aquário uterino maternal. Para Bachelard, "a água carrega-nos. A água embala-nos. A água adormece-nos. A água traz-nos de volta a nossa mãe" (Bachelard, 1983: 131). A água representa assim um símbolo duplo e de sinal aparentemente contrário: a morte e o nascimento. Bachelard comenta que a conquista da água é a conquista da morte ou, por outras palavras, a conquista da imortalidade. "Nada mais pode justificar o imenso risco da navegação", escreve, continuando: "para um homem correr o risco implícito à navegação tem de ter em mente poderosos interesses". Estes interesses ou desejos são coisas "sobre as quais sonhamos", "interesses míticos" inscritos no inconsciente da nação. "O herói do mar", declara Bachelard, é o "herói da morte", concluindo que "o primeiro navegador foi o primeiro homem vivo com a coragem de um morto" (74). Bachelard não está, de facto, a defender que a persistência planeada não tem nada a ver com a exploração do mar, mas antes que, para além do interesse material a que se liga esse planeamento, há um elemento de outra ordem relacionado com o sonho de ir além e, portanto, relacionado com o inconsciente humano, que funciona como elemento inspirador da aventura marítima, tornando os mares profundos de uma atração irresistível e convertendo a água em matéria de sonho.

Um dos grandes legados da nação portuguesa à Humanidade foi a abertura dos novos mares e das novas terras ao velho continente. Os esforços do visionário Príncipe Henrique, o Navegador, e dos seus navegadores tornou conhecidas rotas marítimas até então mergulhadas no mistério para os Europeus. É claro que há um lado negro neste movimento expansionista português da Renascença. Com ele, abriu-se a era do colonialismo e o transporte de escravos a nível transatlântico. Contudo, dada a situação geográfica de Portugal, pequeno país com uma vasta fronteira marítima, a opção pelo mar desconhecido seria inevitável, como mostrou Gomes Eanes de Zurara, na primeira crónica da expansão – a *Crónica da Tomada de Ceuta* –, ao definir Portugal como um território entre o muro de Castela e o mar, "cá nós de uma parte nos cerca o mar e da outra temos muro no reino de Castela" (Zurara, 1992: 52).

No cânone das literaturas de língua portuguesa e, particularmente, na literatura portuguesa, o mar ocupa um lugar de eleição. O grande poeta da Renascença, Luís de Camões, imortalizou a viagem e a conquista dos mares pelos portugueses no grande poema épico *Os Lusíadas*, publicado em 1572, durante o reinado de D. Sebastião e a ele dedicado. Camões usa repetidamente a metáfora dos Portugueses abrindo e desbravando os mares, traçando as novas rotas de ligação das várias partes do globo, levando a uma troca de valores e conhecimentos entre os mais variados povos. Em *Os Lusíadas,* o mar representa Portugal. Todavia, este interesse universal tão nobre está manchado por interesses pessoais, como fica patente no Canto X, em que o poeta se sente cansado, clamando para a "gente surda e endurecida", tomada pelo "gosto da cobiça" e pela "rudeza". Este aspeto ambivalente do domínio português dos mares, que Camões vai referindo ao longo do poema, converte o seu poema de celebração da glória épica num primeiro aviso sobre o iminente declínio em que a nação iria cair. Como proto-texto do cânone lusófono, *Os Lusíadas* vão, ao longo das épocas, dando origem às mais diversas formas de resposta literárias de que gostaria de apontar como exemplo o curioso texto, do século XX, *As Quybyrycas*, da autoria de Frey Ioannes Grabatus, ou seja, de António Quadros, e escrito durante o crepúsculo do colonialismo português em Moçambique. O título do livro corrompe muito sagazmente o original camoniano ao ecoar o local geográfico do desastre de Alcácer-Quibir, inscrito no imaginário português, para a guerra colonial que os portugueses levavam a cabo em África e que determinaria o fim do império.

Na vastíssima panóplia de escritores portugueses que se seguem a Camões, encontra-se frequentemente a caracterização da relação da nação portuguesa com o mar de forma ambivalente. Nos séculos XVIII e XIX, a narrativa dos naufrágios tornou-se popular em Portugal. A crescente expectativa por este tipo de textos foi explorada pelo editor Bernardo Gomes de Brito que, no século XVIII, coligiu uma série de textos deste teor sob o título de *História Trágico-marítima*. Uma causa que frequentemente estava na origem dos naufrágios era o excesso de carga com que viajavam, a fim de fazer mais e mais rápido negócio. O resultado foi, de facto, que, desta forma metafórica e real, a alma dos portugueses se foi perdendo nas profundezas do mar que eles próprios tinham desbravado para o resto do mundo. A nobreza do feito português para a Humanidade estava mais uma vez manchada pelo desmesurado desejo humano e pessoal que se exprime pela corrupção. Assim, o mar, a fonte de grandeza da pátria portuguesa, foi-se tornando espaço de punição por incapacidade moral de saber viver a grandeza da empresa humana.

No século XIX, Almeida Garrett utilizou o simbolismo da água para transmitir a perda e reconfigurar o desastre de Portugal. Na famosa peça de teatro *Frei Luís de Sousa*, cada vez que a água é atravessada, o desastre torna-se iminente. A peça aborda a história de um indesejado regresso a casa através do mar. O enredo centra-se na família de Manuel de Sousa, que casou com Madalena de Vilhena. Juntos têm uma filha, Maria de Noronha. Como é sabido, Madalena tinha sido casada antes com o notável nobre D. João de Portugal, que tinha sido dado como presumivelmente morto na batalha de Alcácer Quibir. A viagem marítima de D. Sebastião para o Norte de África teve como resultado político a ocupação do reino de Portugal por Espanha, ao que Manuel de Sousa responde insistindo que queria a sua casa queimada para que ela não viesse a ser utilizada por agentes de Espanha. Na sequência deste incêndio, a família teve de atravessar o rio Tejo, de Lisboa para Almada, e mudar-se para a antiga casa de Madalena. Esta segunda travessia aquática provoca uma série de pesadelos a Madalena, levando-a a temer um desastre iminente. A terceira travessia aquática liga-se ao regresso de Manuel de Sousa a Lisboa para fazer a paz com os seus antigos inimigos. Na sua ausência, um misterioso peregrino aparece e que era, na realidade, D. João de Portugal, marido de Madalena. A peça termina com a morte de Maria, cuja existência se tornou inviável devido ao reaparecimento do primeiro marido de sua mãe. Uma leitura possível desta história é que Maria representa o Portugal que anseia pelo regresso de D. Sebastião. Para Garrett, as consequências deste retorno seriam desastrosas, bem como os efeitos da longa espera. De facto, a peça coloca no devido lugar o mito sebastianista, fazendo igualmente passar a mensagem de que a travessia dos oceanos pelos portugueses os tinha levado à perdição e ao esquecimento da realidade do seu reino: uma terra pobre, embalada no quimérico sonho e no esforço imperiais que não trouxeram nem nunca trariam o brilho esperado.

Do ponto de vista daqueles que foram colonizados, o mar trouxe os portugueses e está, portanto, manchado pelo sangue da conquista. José de Alencar, fundador do romance brasileiro, no século XIX, capta muito bem, em *Iracema*, o elemento colonizador do mar nas experiências que se exprimem em língua portuguesa. O romance narra a história dramática da índia Iracema e da sua paixão pelo colonizador Martim. O mar trouxe-o para a sua vida e ele levou-a a abandonar e a trair a sua tribo, tendo-a em seguida abandonado para regressar à sua terra e à sua esposa. Iracema morre, mas deixa um filho, Moacir, cujo nome significa "nascido do meu sofrimento". As várias referências ao mar, ao longo do texto, apontam frequentemente para o sofrimento de Iracema. O mar representa o veículo que trouxe séculos de destruição às culturas indígenas do Brasil, uma vez que simboliza a chegada dos portugueses. Estes mesmos portugueses iriam promover o transporte de escravos de África para as plantações de cana de açúcar do novo continente, tornando os oceanos, de uma perspetiva africana, como o espaço desolador da morte e da miséria humana inerente à desumanidade da escravatura. Agostinho Neto, o político, o intelectual e o poeta, que foi o primeiro presidente de Angola, capta, em "Náusea", conto escrito em 1952, o terrível significado do mar a partir de uma perspetiva africana. A narrativa centra-se no velho João, que leva o sobrinho à praia, onde a visão do mar traz à memória tristes lembranças que associavam o mar à morte e, especificamente, ao tráfico de escravos que teria levado o seu avô para outros continentes, levando João a declarar: "o inimigo é o mar" (Neto, 1960: 57). A visão do mar oferecida por Agostinho Neto, como um elemento hostil a África, estende-se do dono do mar ao colonizador para, finalmente, se tornar numa metonímia dos portugueses. A incontestada posse do mar pelos portugueses, cantada e desejada por Fernando Pessoa na famosa celebração da expansão marítima portuguesa, *Mensagem*, torna-se problemática e é problematizada nos trabalhos de escritores de língua portuguesa, como Pepetela e José Luandino Vieira, que nos oferecem um discurso sobre o mar ligado ao tráfico de escravos. Luandino Vieira, frequentemente comparado com Mia Couto pela inovadora utilização da língua portuguesa que as suas obras trazem, declara: "As lágrimas correm no mar. As lágrimas vieram no mar", em *Nós, Os do Makulusu* (Vieira, 1989: 130). As lágrimas vertidas são africanas e aludem à escravatura que, intertextualmente, dialogam, por distorção, com as lágrimas do poema de Fernando Pessoa, "Mar Português", em que o sal do mar português deriva do choro das muitas mães, filhos e noivas que ficaram no cais da saudade, esperando os conquistadores do mar que pela glória do mar se sacrificaram. Em *A Geração da Utopia*, Pepetela desenvolve o discurso do mar-escravo, ou mar de escravos, mostrando, numa poderosa contemplação do mar, a ambiguidade da culpa relativamente ao tráfico e ao negócio de escravos. O romance, publicado em 1992, desconstrói a nação angolana saída da pós-independência, mostrando a traição do idealismo que tinha alimentado a luta pela libertação. Como João, do conto de Agostinho Neto, Vítor, personagem de *A Geração da Utopia,* imagina o mar como um espaço hostil: "ecos antigos da família faziam associar o mar à morte. Ecos vindos dos tempos das caravanas de escravos que no mar encontravam o porto para o degredo nas plantações ou minas do Brasil. Ou mais recentemente, para os trabalhos forçados em São Tomé." (Pepetela, 1992: 85). Tendo associado o mar ao tráfico de escravos, Pepetela complexifica a dimensão moral deste comércio ao referir-se ao envolvimento africano neste tráfico – aqueles que fizeram o "trabalho sujo", capturando os escravos e vendendo-os aos portugueses, que os deportavam para o Novo Continente. Por isso, o mar contém não apenas o sangue dos africanos capturados, mas o sangue das mãos dos africanos e dos negreiros portugueses.

Num dos seus primeiros romances, *Mayombe,* escrito durante e sobre a guerra de libertação angolana, e cujo título aponta para a área geográfica onde o guerrilheiro Artur Pestana estava, Pepetela utiliza o mar como a metáfora de uma humanidade solidária que o mar une e afasta, incluindo uma internalização "dos suores e lágrimas esmagados", da escravatura e da colonização, ao mesmo tempo que representa o sonho e a esperança inerentes ao projeto de libertação (Pepetela, 1988: 140). Uma vez mais, Pepetela oferece uma imagem complexa do mar, celebrando o que ele tem de positivo, mas não ignorando o negativo, estratégia aliás seguida pelo seu compatriota Manuel Rui. Manuel Rui constrói culturalmente o mar como um espaço onde se encontram, se reajustam e se desmistificam memórias coletivas diversas, como na sua *Memória de Mar*, ou então como um espaço cheio de sonhos e esperanças para o futuro, como em *Quem me Dera Ser Onda.* Em *Memória de Mar,* publicado em 1980, Manuel Rui coloca os opositores do regime colonial, presos por um portal do tempo dentro de um submarino avariado, e perseguidos por uma expedição angolana pós-independência, o que, por si só, desafia a lógica do tempo linear. Assim, neste romance, os conteúdos do mar constituem uma paródia à função desempenhada pelos elementos do oceano em cinco séculos de dominação colonial da África de língua oficial portuguesa. Segundo Phyllis Peres, "o submarino é tão somente a mais recente caravela a zarpar para a colonização, aguardando a caravela atual do neo-colonialismo" (Peres, 1997: 96). *Quem Me Dera Ser Onda*, uma novela publicada pela primeira vez em 1982, utiliza o mar como um armazém de sonhos no meio de uma realidade terrível, a mesma representação que Mia Couto utilizará mais tarde na sua obra. O enredo conta as aventuras de uma família emergente da classe média da Luanda pós-independência que está a criar um porco para posterior abate ilegal. Os filhos desta família desenvolvem uma grande afetividade pelo porco e tentam várias estratégias para salvar a vida do animal, falhando sempre. As últimas frases do conto descrevem as crianças a recorrer à simples "força da esperança" para salvar o animal condenado, repetindo a mesma frase de Agostinho Neto ao longo da narrativa: "quem me dera ser onda" (Rui, 1991: 66). As ondas do oceano representam a sua liberdade para imaginar um mundo alternativo, constituindo uma inversão interessante da metáfora do mar se se tiver em conta a factura particularmente cara cobrada à nação angolana pelo comércio de escravos. Carmen Secco comentou a omnipresença do mar nos textos de Manuel Rui, afirmando: "o mar e a memória estão sempre presentes, no jogo da reconstrução da nacionalidade perdida, esfacelada pelos anos de colonialismo" (Secco, 1993: 66). Para Secco, a herança colonial do mar sustenta a obra do angolano.

Alguns autores moçambicanos contemporâneos partilham da tendência dos seus colegas angolanos ao metaforizarem o mar. Tendo um território com uma fronteira marítima tão extensa quanto a do seu antigo colonizador, o mar constitui parte integrante da produção cultural de Moçambique. O legado colonial do país também pincela as representações do oceano pelos seus autores, particularmente por Mia Couto, como analisarei em seguida. Um dos escritores contemporâneos de Couto, Ungulani Ba Ka Khosa, descreve o mar como "sempre aberto" porque "a todos recebe", na sua "Fábula do Futuro", em *Orgia dos Loucos*. Para Ungulani, o mar é "a democracia na natureza" (Khosa, 1990: 93). O retrato idiossincrático que faz dos oceanos transmite a noção de que o mar tudo consome – todas as memórias e ideologias, toda a vida – permanecendo, porém, relativamente constante. De certa forma, esta representação ecoa uma tendência que Peres identifica na obra de Manuel Rui, uma vez que o mar constitui "uma síntese simbólica de permanência e movimento" (Peres, 1997: 95). Essencialmente, Ungulani modela o mar como um inconsciente coletivo que inclui toda a humanidade. Desta forma, o mar inclui as cicatrizes da investida colonial, mas também os mecanismos para as sarar.

Virgílio de Lemos será, provavelmente, o poeta moçambicano que mais tem recorrido ao discurso cultural sobre os oceanos na sua obra. À semelhança de Fernando Pessoa, Lemos criou uma série de heterónimos, todos obcecados pelo mar. Nascido em 1929, no norte de Moçambique, o poeta erotiza frequentemente o mar na sua obra. Por exemplo, para Lee-Li Yang, o seu heterónimo mulher e oriental, o mar distingue-se por uma solidão causada pela ausência dos entes queridos – "ausência e a solidão do mar" (Lemos, 1999: 37) – refletindo a experiência quer de colonizadores quer de colonizados em Moçambique. Tal como Luandino Vieira, Lemos também ecoa a representação do mar feita por Pessoa, como um porto feito de lágrimas de portuguesas, choradas na ausência de filhos e de amados que partiam na conquista dos oceanos, e de lágrimas de africanas cujos filhos e de amados, traficados como escravos, desapareciam nas ondas de onde jamais regressavam. Adicionalmente, Lemos confere ao mar uma feminilidade e um papel emblemáticos do inconsciente – "o imaginário tem o rosto feminino do mar" (69) – uma fusão que Mia Couto retoma no seu trabalho, como adiante se verá.

No prefácio da antologia da sua poesia, datado de 1999, Mia agradece a Vergílio de Lemos a grande dívida cultural para com ele. Afirmando que ambos pertencem ao Oceano Índico, sublinha que este espaço não é apenas um oceano, mas "uma teia de relações" em que "o pensamento ocidental perde hegemonia" (in Lemos, 1999: 15). Couto reconhece no mar um símbolo do inconsciente e a capacidade de abalar as certezas dicotómicas típicas da tradição europeia. Ou seja, a sua abordagem em relação ao mar e à água em geral, enquadra-se no seu padrão pós-moderno mais abrangente, que privilegia a ambiguidade e a liquidez em detrimento da definição e da rigidez. A sua recusa em estabelecer fronteiras não o impede de comentar e de representar os horrores gritantes do passado colonial. Contudo, isto evita que o escritor nos ofereça uma imagem do passado em termos dicotómicos, como veremos agora no seu romance *Vinte e Zinco.*

Vinte e Zinco: Branqueando a herança colonial

No romance *Vinte e Zinco,* Couto aborda simbolicamente a experiência moçambicana do colonialismo português como algo que deixou as mãos do colonizador manchadas de sangue, tornando o mar do encontro num mar vermelho, ou seja, manchado, como as mãos, da cor do sangue. O título, como se percebe, é bastante ambíguo, jogando com as palavras "vinte e cinco", que o autor substitui pelo metal "zinco". Como foi referido, o livro foi escrito como parte das celebrações do 25º aniversário do 25 de Abril de 1974 e pretende marcar uma posição muito clara: vinte e cinco anos depois da Revolução dos Cravos, os sonhos tornados realidade pela deposição do regime de Salazar ainda não foram concretizados em Moçambique. Uma das epígrafes do livro é uma citação atribuída à personagem Jessumina, que afirma que "vinte e cinco é para vocês que vivem nos bairros de cimento. Para nós, negros pobres que vivemos na madeira e zinco, o nosso dia ainda está por vir" (VZ: 11). Esta citação ajuda certamente a perceber o título do livro: o uso da palavra "zinco" aponta para a pobreza nos bairros de lata de Maputo. Se, para um ouvinte português, as palavras vinte e cinco são associadas, de imediato, à revolução que acabou com a ditadura e o colonialismo, para um moçambicano, o mesmo número tem um significado totalmente diferente, como o próprio Mia Couto salientou em várias entrevistas. Em Moçambique, o número representa o Dia da Independência Moçambicana, a 25 de Junho de 1975, um dia cheio de esperanças. Contudo, como o próprio romance sugere, qualquer das esperanças que o "vinte e cinco" acarretava consigo nessa altura não se concretizou para a maioria da população moçambicana, que ainda vive em condições de grande pobreza. É no meio desta situação económica desanimadora que Couto publica um romance a contar os últimos dias do colonialismo a partir da perspetiva de uma família de portugueses colonos, defendendo acerbamente a ideia de que nunca, em qualquer circunstância, deverão os oprimidos desistir do seu direito a sonhar. Uma mensagem que, desde os primeiros contos de Couto, tem sido um *leitmotiv* na sua obra.

A história de *Vinte e Zinco* acontece durante doze dias, imediatamente antes e depois da Revolução de 1974 em Lisboa. A personagem principal é Lourenço de Castro, um português branco que mora em Moebase com a sua mãe, Margarida, e a tia, Irene. Lourenço é funcionário do odiado serviço secreto de segurança estatal, a PIDE (*Polícia Internacional de Defesa do Estado*), que chegara a Moçambique, em 1956, para vigiar e para controlar conhecidos opositores ao regime de Salazar. Em Portugal, Salazar utilizou de várias formas a polícia secreta para conseguir manter a sua autoridade ao longo da ditadura, estabelecendo, por exemplo, uma rede de informadores que controlavam e impediam a maior parte da oposição política. De certa forma, é surpreendente que Salazar tenha decidido tão tardiamente enviar a PIDE para as colónias. Apenas quando surgiram indícios de conflitos é que o ditador achou pertinente o envio de forças da PIDE, e, nessa altura, era já tarde demais para conseguir o mesmo nível de sucesso que tinham conseguido na metrópole. No romance de Couto, o pai de Lourenço, Joaquim, também servira a polícia estatal portuguesa, mas morrera às mãos daqueles que ele próprio tinha a seu encargo matar. Lourenço assiste à morte de seu pai e guarda na memória as imagens dele a ser atirado do helicóptero sobrevoando o mar. De forma muito significativa, Joaquim apenas atinge a água já depois da Revolução de Abril, muitos anos depois, no momento em que o mar se torna vermelho, uma estratégia narrativa que representa a rasura do passado colonial através do mesmo meio que levara o colonizador a Moçambique cinco séculos antes. Traumatizado pelo fim que seu pai tivera, Lourenço não consegue tolerar ventoinhas a trabalhar próximo dele uma vez que o som funciona como um equivalente das hélices do helicóptero. Uma imagem muito forte na sua memória é a visão do pai a lutar contra o próprio destino: "viu o pai ser ejectado do helicóptero. ...Mas nada tombava sobre o mar" (27). Porém, a 25 de Abril, Lourenço é informado do golpe de estado em Lisboa, significando o fim do regime que ele e o seu pai sempre tinham defendido. De repente, revê toda sua vida em *flashback* e ouve "um baque: é o corpo de seu pai caindo nas águas. De chofre, se levantam espumas, mas não são brancas. Antes, são vermelhas" (92). À medida que o mar consome Joaquim, destruindo-o completamente, o mar transforma-se no túmulo do seu corpo e da sua alma, impossibilitando-o de renascer. Couto usa a simbologia do mar para indicar que o colonialismo tinha terminado. De facto, a vida de Joaquim parece ter chegado ao fim: "finalmente, seu pai sofria sua última morte" (93). Porém, o tempo verbal utilizado por Mia Couto introduz aqui uma ambiguidade: a morte que Joaquim "sofria" está no pretérito imperfeito – um sofrimento continuado, e não uma ação finalizada. Ou seja, de muitas maneiras e por várias razões, os efeitos do colonialismo não poderão nunca ser eliminados, porque deixaram um legado imenso com que Moçambique teria de aprender a viver. Nestas circunstâncias, o conselho de Mia Couto é sonhar para além das dicotomias deixadas pelo colonialismo, algo concretizado pelas fortes personagens femininas do romance e recorrendo à água.

Na teoria de Jung, em particular, a água, a par com a maternidade e a primordialidade, representa o inconsciente. A perspetiva psicanalítica de Jung apoia-se de modo vigoroso na crença em opostos absolutamente binários; para ele, não existe qualquer posição "sem o seu oposto" (Jung, 1990: 373). Nesta conceção, o mar será a representação simbólica do inconsciente e uma ilha será a metáfora do mundo do consciente. A sua metáfora torna-se ainda mais interessante ao permitir uma interação entre essas duas partes da psique humana. Em 1929, num seminário, Jung descrevia o sonho de um paciente e definia o inconsciente como um oceano a enviar "ondas fortes contra o nosso consciente com uma regularidade quase estável" (Jung, 1995: 126). A fronteira entre o inconsciente e o consciente pode ser atravessada, que é precisamente o que acontece quando alguém sonha. Para Mia Couto, o principal problema de Moçambique, durante os longos anos de sucessivos colonialismos e depois de guerra civil, é a perda, coletiva e individual, da capacidade de sonhar, um corte radical na ligação entre consciente e inconsciente. Couto parte da premissa de Jung da equivalência simbólica do inconsciente à água, mas tenta sempre garantir que a água mantenha a sua principal característica: a fluidez para poder representar a reparação da ligação ou da relação danificada.

Em *Vinte e Zinco*, as personagens femininas são associadas à capacidade de imaginação de uma outra realidade, diversa daquela que lhes é imposta pelos homens colonialistas. Através da água, elas entram no mundo do inconsciente e dissolvem os binómios raciais dos homens. Logo no primeiro capítulo, é dito ao leitor que há muito poucos brancos na Vila de Moebase, mais concretamente cinco homens e duas mulheres: Margarida e a sua irmã, aparentemente louca, Irene. Esta informação é transmitida de uma forma que, desde logo, estabelece uma divisão rígida entre homem e mulher, segundo a qual a mulher detém o papel de uma não-presença ou de uma sombra: "as mulheres não contam. Assim se dizia em casa dos Castros" (16). Nesta casa, na verdade, vive apenas um homem, Lourenço, que, apesar de toda a sua retórica sobre a irrelevância das mulheres, sofre de uma total dependência da sua mãe, cujo apoio procura insistentemente. No seu inconsciente, ele deseja regressar ao útero, chegando mesmo a sonhar que recuperará o cordão umbilical. Quando acorda, esse desejo é tão forte que fica psicoticamente convencido da mudança fisiológica, exclamando: "já estou a sentir o cordão umbilical a sair-me" (20). Este anseio assemelha-se ao desejo de que o pai caia finalmente no mar – para retornar ao útero protótipo originador de toda a vida. Porém, nenhum dos dois desejos se concretizará: o mar acabará por funcionar como o túmulo definitivo (ainda que ambíguo) de Joaquim, eliminando-o da memória humana, enquanto Lourenço, no final do romance, será abandonado pela mãe e pela tia.

Um aspeto marcante, que diferencia os mundos masculinos dos femininos neste romance, prende-se com a habilidade das mulheres em transcender as fronteiras estabelecidas pelos homens. Elas são fluídas e tornam as delimitações marcadas pelos homens igualmente fluídas. Um exemplo será quando Lourenço diz à sua mãe o quanto detesta todos os negros, revelando como o seu mundo é moralmente construído a preto e branco. A mãe contesta esta perspetiva, não rebatendo o binómio, mas simplesmente ignorando-o, aconselhando: "não diga isso, filho. Há bons, há maus" (19). À medida que o romance se desenrola, Margarida irá ser gradualmente empurrada para o mundo feminino da água, habitado entretanto pela sua irmã Irene e pela espírita negra Jessumina, que atingiu o estatuto de vidente depois de sete anos desaparecida no Lago Nkuluine. O seu desaparecimento tinha-lhe sido revelado num sonho e a sua permanência no lago conferira-lhe o poder de interpretar sonhos. No início, a mãe de Lourenço sentia desconfiança em relação à mulher negra e aos seus poderes, principalmente pelo medo do desconhecido. Margarida vive ensombrada pelo falecido marido, que lhe estabelecera limites bem definidos na vida. Ela apenas se liberta do seu fantasma depois do golpe de estado em Portugal. A partir de então, ela deixa de colocar um prato para ele à mesa de jantar, o corpo dele é consumido pelo mar.

O primeiro passo de Margarida para a sua liberdade surge de um pesadelo frequente, no qual a violência masculina aparece representada num cenário de um mundo minado por uma seca extrema: "seca castigara a savana em volta e o verde todo se exilara.... Já não havia rio, nem mar, nem chuva. Não havia nem réstia de verde" (60). Mia Couto também utiliza a imagem da seca para simbolizar a selvajaria masculina em *Terra Sonâmbula*, como mais adiante se verá. Em *Vinte e Zinco*, Margarida procura pela primeira vez Jessumina depois de ter esse pesadelo. Tal como Nãozinha, em *A Varanda do Frangipani* – uma feiticeira que se transforma em água durante a noite, dormindo numa banheira –, também Jessumina é uma mulher com poderes mágicos e está inextrincavelmente ligada à água. Ao visitar Jessumina, Margarida procura ajuda para abandonar o mundo seco e dicotómico dos homens, aliando-se à fluidez intrínseca ao mundo feminino no universo de Mia Couto.

Jessumina era visitada regularmente pela irmã de Margarida, Irene, uma mulher considerada louca por outros europeus. Não obstante ser um mundo de loucura, é esse mundo que lhe vai permitir transpor fronteiras impunemente, bebendo na companhia de negros e indo aos lagos: "Estava proibida, mas quem pode mandar em loucura?" (25). Estas visitas ajudam Irene a evitar os constrangimentos materiais do tempo; ela vive apenas o momento. Na verdade, sociabilizar com negros exclui Irene da moralidade obsessiva da sua própria sociedade. E, nesta lógica, a sociedade tem que a categorizar como sendo irracional. Se Margarida foge da seca moral do mundo colonial dos homens em que está inserida, a sua irmã, por seu turno, tenta reintroduzir alguma humidade nesse mesmo mundo, desafiando entretanto a sua autoridade. Ela exibe as suas visitas ao lago, obrigando o seu sobrinho a regressar com frascos cheios de água que Jessumina lhe dá. Esta água representa um desafio à autoridade colonial dada a sua fluidez e a sua origem: o produto vem de terras africanas, constitui uma possibilidade para se observar o inconsciente e, para além disso, pode ainda ser um meio de restaurar a ligação com o mundo dos antepassados pré-coloniais. A água destina-se sempre aos olhos cegos de Tchuvisco.

Andaré Tchuvisco é propriedade do mundo da água, como o próprio nome indica. Ele é o único homem no romance aliado à humidade, porém, ele não optou por isso, ao contrário das mulheres. Foi a sua cegueira que o introduziu nesse mundo. Tal como aconteceu a Tiresias – o vidente da mitologia grega sem género definido –, a cegueira de Tchuvisco surge quando ele testemunha algo a que ninguém poderia assistir, nomeadamente, a tendência de Joaquim para violar homens negros na prisão. Os olhos de Tchuvisco ficam azuis com a cegueira, a cor mais associada ao mar. Os seus olhos transformam-se num portal líquido através do qual o mundo do inconsciente consegue comunicar com o do consciente. Mas esta comunicação requer a intervenção das mulheres para que a passagem entre os dois mundos aconteça. Vejamos, por exemplo, a descrição que Mia Couto faz do dia em que Tchuvisco prevê a mudança política dramática prestes a acontecer. Vinte e quatro horas antes do golpe de estado, a personagem tem uma visão de umas cheias trágicas. As cheias simbolizam a ruptura com velhas ordens estabelecidas e, tal como nos episódios bíblicos e mitológicos equivalentes, constitui um castigo pela maldade da humanidade, neste caso em particular, é o castigo pelo colonialismo: "anuncia suas terríveis visões: que o rio está para se desprender do leito, cansado da margem" (81). Ninguém acredita nem aprecia esta previsão de que a velha ordem será brevemente arrastada pela corrente, uma vez que ninguém a consegue ver. É então que Jessumina recolhe uma lágrima dos olhos de Tchuvisco e é esta interação entre a vidente e a lágrima que permite ao mundo do consciente o acesso a essa comunicação do inconsciente. Só então conseguem todos ver, através do prisma da lágrima, "a inundação engolindo o universal mundo" (85). A visão de Tchuvisco é muito importante porque caracteriza o fim de um período particularmente sórdido na história de Moçambique, os dias do colonialismo moribundo, como uma correnteza que arrasta esse regime. A água simboliza, portanto, uma limpeza à herança do regime imperial, tal como o episódio do fim de Joaquim Castro. Por outro lado, analisando o simbolismo da lágrima de Tchuvisco, a água também funciona como o mecanismo que reata a ligação com o mundo do inconsciente, dos sonhos e das possibilidades fantásticas, um mundo entusiasticamente habitado pelas mulheres do romance, mas rejeitado pelos homens colonizadores.

Vinte e Zinco constitui uma obra muito importante no trajeto literário de Mia Couto, porque aborda explicitamente as ambiguidades do legado colonial. O romance capta um momento histórico de transformação revolucionária em Moçambique, refutando quaisquer limitações morais entre a comunidade de colonos brancos e a população negra, e preferindo, pelo contrário, representar as ambiguidades e as interações entre os dois grupos. O retrato que Couto constrói da ordem colonial moribunda afronta constantemente dicotomias e apresenta sonhos partilhados por todas as "raças". O destino de Irene no romance representa essa fusão de sonhos – no final da narrativa, ela entra nas águas do lago e é consumida pela mesma massa líquida que, anos antes, tinha consumido a sua colega negra Jessumina. A entrada de Irene nas águas do lago simboliza a entrada no reino do inconsciente em que uma nova realidade, antes de nascer, tem de ser sonhada.

Mar Me Quer: Recuperando o espaço maternal

À semelhança de *Vinte e Zinco*, também *Mar me Quer* representa a água como um mecanismo de partilha de sonhos. Publicado originalmente no âmbito da Expo 98, em Lisboa, a novela foi reeditada pela Caminho, em 2000, com ilustrações bem coloridas de João Nasi Pereira. O enredo centra-se no diálogo entre duas personagens: o narrador, Zeca Perpétuo, e a sua velha vizinha, Dona Luarmina, que ele pretende seduzir. Assim como acontece a Muidinga, em *Terra Sonâmbula*, também a verdadeira identidade de Luarmina só é revelada no final da história. Antes desta revelação, sabe-se da sua inebriante beleza na juventude e da sua mistura racial, por ser filha de um pescador grego. Efetivamente, várias das personagens mais fortes de Mia Couto são mulheres mestiças, por exemplo, Ernestina, em *A Varanda do Frangipani*, Dona Candida, em "O Último Aviso do Corvo Falador", e Dona Luarmina, todas constituindo poderosas afirmações do sincretismo que caracteriza Moçambique. Elas representam a combinação de culturas e de "raças" que tecem a nação como uma rica manta de retalhos feita de crenças e costumes. Elas fazem parte da preocupação constante de Couto com a questão da "raça", sem dúvida, um resultado da situação ambígua em que se encontra o próprio escritor, um branco num espaço, maioritariamente, de negros. O título de uma das suas recentes coletâneas de contos, *Cada Homem É Uma Raça*, torna evidente a sua convicção de que os estereótipos raciais apenas obscurecem a individualidade que ele tanto valoriza. A sua afirmação de que cada indivíduo é um indivíduo, também em termos raciais, assemelha-se à asserção de Martine Rothblatt quando, no seu livro *The Apartheid of Sex*, afirma que existem "cinco biliões de sexos", um exagero com que pretende afrontar as categorizações reducionistas e relegar para o âmbito estritamente individual a questão da identidade (Rothblatt, 1995: 5). Em *Mar Me Quer*, a herança racial paterna (grega) confere-lhe uma cultura que é, por um lado, uma das potências marítimas mais antigas, e, por outro, o berço fundador de grande parte da mitologia ocidental. Tal como em muitos dos mitos da cultura ocidental, na história de Luarmina, o mar representa a perda, mas é também o mar que lhe permite refazer a sua identidade.

As alusões marítimas estão omnipresentes em toda a novela. O próprio nome de Luarmina contém a palavra "luar", o que a associa às marés. Veja-se também o título. Luarmina tem o hábito de arrancar as pétalas de flores cantando, ao mesmo tempo, "mar me quer, bem me quer" (MMQ: 16), corrompendo a cantilena tradicional "mal me quer, bem me quer". Trocando o advérbio de modo pelo substantivo "mar", a cantilena usada pelos apaixonados fica toda na positiva, significando realmente "o mar me quer, o mar me quer bem". E, de facto, tal como é sugerido por este título, o mar desempenha um papel central na história. O autor explora as suas diferentes associações e os simbolismos. Surge como um útero e uma mãe, e um recurso infinito de múltiplas possibilidades onde "tudo ali pode ser" (19). "No mar não há palavra, nem ninguém pede contas à verdade" (20); por outras palavras, o mar representa o mundo das fantasias, do inconsciente, devolvido aos protagonistas à medida que a narrativa se desenrola. Para além disso, as lágrimas, uma metonímia salgada do mar, tornam-se uma metáfora do desejo de regressar ao ventre universal: "essa aguinha somos nós regressando ao primeiro ventre" (50). Esta afirmação ecoa a noção de Sandor Ferenczi de uma "tendência regressiva talássica": o desejo da humanidade de regressar ao útero protótipo, o mar (Ferenczi, 1989: 99). Ferenczi, um dos discípulos de Freud, baseia-se na associação que o seu professor faz do mar com a maternidade. Segundo Freud, a associação entre a água e o momento do nascimento surgia com grande frequência em sonhos, e poderá ser explicado por duas verdades "evolucionistas". A primeira era que "todos os mamíferos terrestres, incluindo os antepassados do Homem, descendem de criaturas aquáticas". A segunda diz que "todos os mamíferos, todos os seres humanos, passam a primeira fase da sua vida na água, enquanto embriões, imersos no fluido amniótico no útero materno, saindo da água quando nascem" (Freud, 1987: 194). Assim, a simbologia que associa a água ao nascimento depende da evolução e da gestação, para que se mantenha alguma coerência. O ser humano nasceu do mar, algo semelhante à sua permanência durante os seus primeiros nove meses no útero da mãe. A água representa assim a sua filogenética e a sua origem individual. O desejo onírico de entrar no mar representa, por isso, uma vontade de restituição ao sentido maternal.

No romance *Mar Me Quer*, ambos os protagonistas perderam as suas mães, substituindo essa perda pelo mar. Observar constante e consistentemente ooceano – o cenário da narrativa – tranquiliza-os. Parafraseando Bachelard, o mar "traz-lhes de volta as suas mães". A mãe de Luarmina morre por ciúmes da beleza da filha, o que a enlouquece e leva mesmo a tentar destruir as feições perfeitas da filha. A mãe de Zeca parece ter-se suicidado, cortando os pulsos, e imergindo-os num tanque de água. O seu marido, o pai de Zeca, Agualberto (um nome que também faz alusão à água), era pescador e passava muitas tardes no seu barco com a amante. Um dia, a amante cai ao mar, e Agualberto mergulha para tentar salvá-la. Emerge várias horas depois, sozinho, mas com os seus olhos mudados. Da mesma forma que acontece com Tchuvisco, em *Vinte e Zinco*, os olhos de Agualberto também ganham a cor dos oceanos e a sua perspetiva sobre a vida muda significativamente. Ele enlouquece e abandona a mulher e o filho, Zeca. Contudo, a sua mulher, não aceitando ter sido abandonada, enlouquece também, ficando obcecada com a ideia de que o filho escreve cartas a Agualberto. Mais uma vez, Mia Couto joga com a ideia de presença e ausência através de cartas. A mãe de Zeca "vestia ausência com panos de mentira" (30), fabricados com as cartas do seu filho, nunca escritas. Quando Zeca conta a Luarmina a história da loucura dos seus pais, ela grita sem explicar o motivo, que só se torna óbvio no final da novela, quando a identidade de Luarmina é finalmente revelada: ela é a amante do seu pai e, com esta informação, acaba por salvar Zeca, já moribundo. Isto porque Zeca, convencido de que não tinha conseguido cumprir a promessa feita ao seu pai – de alimentar e confortar a amante afogada – acredita estar a sofrer um castigo dele. Ao revelar a sua identidade, Luarmina explica a Zeca que, pelo contrário, ele manteve a sua promessa ao fazer-lhe companhia ao longo dos anos.

Existe uma segunda dimensão nesta história que, à semelhança do que acontece com a história da amante de Agualberto, também está intrinsecamente relacionada com o mar. Zeca tem uma esposa, Henriquinha, de uma beleza extraordinária. Parecia ser devota a Deus porque se pensava que frequentava a igreja, religiosamente, todos os domingos, mas, na verdade, ela saía de casa para fazer *striptease*, uma infidelidade entretanto descoberta por Zeca. A forma que ele encontra para resolver este *flagrante delito* é convencê-la de que, num certo dia de semana, era Domingo, levando-a a realizar o seu ritual erótico de Sabbath numa falésia. Sem o seu público de sempre estar presente, Zeca, escondido, empurra-a para o mar. Não se ouve, porém, nenhum som a cair no oceano, tal como aconteceu a Joaquim de Castro, em *Vinte e Zinco*. O que se ouve, pelo contrário, são os gritos das gaivotas, o que leva Zeca a passar a detestar este pássaro e a procurar atacá-lo sempre que possível. Certa noite, pega fogo a uma gaiola de gaivotas que Luarmina tem e serão os remorsos que o levarão a revelar o segredo do desaparecimento da mulher. Ao ouvir a sua história, Luarmina obriga Zeca a ir inspecionar os danos que provocara e, para sua grande surpresa, descobre que um pássaro sobrevivera ao inferno que ele provocara. No desenrolar desta segunda história na narrativa é possível concluir que a gaivota sobrevivente, cujo destino final Luarmina deixa Zeca decidir, possui o espírito da sua mulher.

Ambas as histórias, em *Mar Me Quer*, envolvem a perda de objetos amados no mar e, em ambas, o mar poupa a vida aos que nele caem; antes, transforma-os. Se o mar for considerado o símbolo do mundo dos sonhos e dos desejos do inconsciente, a moral que Mia Couto desenvolve na novela é de que o inconsciente tem o poder de transformar a vida daqueles que entram nele. Além disso, é na esfera do inconsciente que perduram os fantasmas do passado de cada indivíduo. Porém, proceder a uma tal regressão não é fácil para ninguém, muito menos para uma nação sofrida como Moçambique. Contudo, este é um importante passo num processo terapêutico, como fica patente em *Mar Me Quer*, pois é ao conversarem sobre as suas histórias de sofrimento que ambos os protagonistas conseguem finalmente lidar com os seus passados.

Um dos elementos que faz parte do inconsciente simbolizado pelo mar é o passado colonial, tal como em *Vinte e Zinco*. Numa das vezes em que Zeca se encontra no seu barco, corta acidentalmente um dedo. O seu pai obriga-o a sugar o seu próprio sangue, questionando-o sobre o sabor, ao que Zeca responde com silêncio e um mero olhar sobre o mar, porque tem a resposta, mas não consegue entender o seu significado: "Meu pai, afinal, me estava a dizer o quê? Que trazemos oceanos circulando dentro de nós? Que há viagens que temos de fazer só no íntimo de nós? Ficarei sempre sem saber" (59). Em parte, os oceanos internos são o resultado sincrético de anos de colonialismo, uma colonização que, de modo metafórico, inscreveu e associou o mar com o sangue, o que, psicologicamente, assustou a nação moçambicana. Ao mergulhar no oceano, Couto lança-se na aventura de tentar lidar com os traumas passados para que, a partir daí, se consiga projetar esperança no futuro. Por fim, a dimensão uterina do mar simboliza para as personagens o nascimento, a restauração do espaço maternal, uma associação semelhante ao nascimento de uma nova nação.

Vozes Anoitecidas: Pelo direito de sonhar

Os livros *Mar Me Quer* e *Vinte e Zinco* foram ambos publicados após a estabilização do processo de paz em Moçambique, a altura ideal, para Couto, de começar a confrontar o passado colonial da nação e a reconstruir culturalmente o seu legado. As duas obras recorrem ao mar como símbolo desse passado, mas também como uma metáfora de uma terapia para uma herança bastante dolorosa através da interação com o inconsciente, uma interação frequentemente exigida na obra aos seus leitores e às personagens do autor e, desde os seus primeiros contos, simbolizada pela água. Contudo, houve uma mudança óbvia nas motivações de Mia Couto em querer levar o seu leitor a interagir com o inconsciente. Se, em tempos mais recentes, no espaço seguro de uma nação relativamente em paz consigo própria, Couto utiliza o inconsciente para lidar com o passado colonial, durante o período difícil da guerra civil – uma altura de grande destruição que agudizou a pobreza da população –, Mia Couto utilizava o inconsciente como um meio de sonhar um possível futuro. Era um tempo de esperanças vãs e a incapacidade para sonhar constituía a principal preocupação de Couto. A sua primeira coletânea de contos, *Vozes Anoitecidas*, começa com o seguinte prefácio do autor:

> O que mais dói na miséria é a ignorância que ela tem de si mesma. Confrontados com a ausência de tudo, os homens abstêm-se do sonho, desarmando-se do desejo de serem outros. Existe no nada essa ilusão de plenitude que faz parar a vida e anoitecer as vozes (VA: 19 [Texto de abertura]).

O desejo de transcendência pessoal, uma das preocupações de Couto nos seus primeiros poemas, mantém-se. Contudo, manifesta-se numa versão de coletivo e sublinha-se o gradual desaparecimento dessa ambição. Não é apenas o sujeito individual que necessita – apesar de não ser capaz – de sonhar ser diferente, mas sim toda a comunidade. O ato de sonhar é apresentado como algo mais do que uma simples fuga ao presente insuportável; sonhar é visto como um meio de transformação efetiva. Chesca Long-Innes interpreta o prefácio do autor como uma alusão ao complexo "distúrbio psíquico que inevitavelmente atinge vidas submersas em pobreza extrema" (Long-Innes, 1998: 157). A crítica entende que a primeira coletânea de Couto significa um esforço para dar voz a esse distúrbio e contesta a afirmação de Brenda Cooper de que "a voz do povo" é "ironicamente enfraquecida mesmo quando fala, porque, em última instância, é sempre representada como resultado da insuficiência de recursos" (Cooper, 1990: 91-92). Cooper repete os argumentos de críticos que identificam e criticam Mia Couto como o porta-voz da cultura oral de Moçambique. Como Long-Innes sublinha, esta hipótese – de que Mia Couto fala em nome de outros – é questionável. Long-Innes oferece uma interpretação mais credível da obra de Couto, *Vozes Anoitecidas*, particularmente no que diz respeito às subtilezas deste livro. Assim, para além de alertar para o trauma psicológico sofrido pela nação, Mia Couto propõe a restituição do direito a sonhar como uma terapia e, como se verá, associa sempre a ligação do inconsciente com a água.

Uma larga parte do território geográfico de Moçambique sofre, historicamente, de ciclos de secas severas seguidas de inundações. De facto, as inundações, no ano de 2000, alertaram o mundo para esta situação. Num tal ambiente, a água é, como não podia deixar de ser, uma preocupação, ainda que, ao mesmo tempo, tenha servido para reparar culturalmente a nação, relembrando ao mundo a sua existência. Nesta coleção de Mia Couto, a água é frequentemente representada como um meio de transformar a realidade, um meio através do qual o mundo do consciente dá lugar aos desejos do inconsciente. Como discutirei ainda neste capítulo, em *Terra Sonâmbula*, pode ler-se o mundo do inconsciente associado à água e o mundo do consciente associado à seca. Antes, porém, de analisar esse romance com maior detalhe, analisarei com atenção os contos que compõem *Vozes Anoitecidas*, em que a água tem um papel absolutamente central.

"O Dia em que Explodiu Mabata-bata" e "Os Pássaros de Deus": Rios de Origem e de Fé

Em dois dos contos de *Vozes Anoitecidas*, os rios são bastante centrais. Um deles é "O Dia em que Explodiu Mabata-bata", a história do rapaz Azarias, cujos sonhos são destruídos por um tio insensível e injusto. Ao contrário de "os filhos de outros", o tio não o deixa frequentar a escola porque, enquanto órfão, "ele não, não era filho" (VA: 49). O rapaz não tem ninguém que o proteja, sendo forçado a guardar o rebanho do tio em vez de poder aproveitar os prazeres da infância. Para esquecer a sua existência infeliz, Azarias brinca com os animais – que substituem amigos da sua idade – e nada no rio. A segunda atividade pode ser interpretada como uma manifestação do seu desejo de compensar a ausência de uma mãe: ao entrar na água, ele regressa simbolicamente ao útero. Mais, Couto usa a expressão "nadar o rio" (VA: 49), através da qual o rio ganha um outro significado para além de um meio através do qual o rapaz nada. O rio transforma-se no objecto sintáctico da sua ação, uma vez que o verbo é usado transitivamente. Azarias, um ser rasurado, cuja relevância é quase nula, é transformado num sujeito completo, agindo sobre um objecto condescendente. O rio tem, portanto, uma função ambivalente. Por um lado, pela gramática, o rio devolve a Azarias um certo grau de capacidade de ação; por outro, para o rapaz, constitui uma fonte de reconforto maternal. Para o órfão, as suas águas funcionam como uma protecção amniótica.

O tio ridiculariza cruelmente a sua solidão e todos se riem dele, "sem quererem saber da sua alma pequenina, dos seus sonhos maltratados" (49). Certo dia, porém, Mabata-bata, o touro premiado do rebanho, pisa uma mina e explode, sem que a criança se aperceba. Azarias assume que o *ndlati*, "a ave do relâmpago" (48), terá sido o responsável e afirma, olhando as montanhas, "a morada do ndlati era ali, onde se juntam todos os rios para nascerem da mesma vontade da água"(48). O pássaro, descrito desta forma, simboliza fogo e água simultaneamente: quando ataca em forma de raio, oferece um regresso ao útero, o lugar primordial onde os rios nascem. Para o órfão Azarias, o pássaro do fogo irá oferecer-lhe a fuga para o mundo onírico e aquático do inconsciente.

O rapaz, receando a reação do tio pela perda do touro, decide fugir. É no rio que se sente mais seguro e é também sobre o rio que o rapaz detém ainda algum controlo, uma vez que até os animais de que ele tomava conta começaram a explodir sem o seu consentimento, reduzindo-o ao papel de um observador passivo. Dirige-se, então, para o rio e, ao chegar, a motivação para a sua viagem muda: "sentia que não fugia: estava apenas a começar o seu caminho" (49). O motivo inicial para a sua viagem – fugir à ira do tio – desvanece-se e a viagem torna-se, em si mesma, o motivo, e não mais uma estratégia de evasão ao ódio do tio. A sua viagem está efetivamente relacionada com o rio e, portanto, o que substitui o medo da reação injusta do tio é um desejo inconsciente de entrar no reino das possibilidades desconhecidas representado pela água. Depois de atravessar as águas, o rapaz aguarda, mas "à espera nem sabia de quê" (49). Já nem sabe por que se encontra onde está. As suas motivações deixam de ser explicáveis apenas por referentes do mundo do consciente. De novo, a água conforta-o e protege-o; mais, a água será o seu destino, um destino semelhante ao do touro, pois o conto termina com a criança a abraçar o *ndlati*. No mundo real – a dimensão menos favorecida nos textos de Mia Couto –, Azarias morre pisando uma mina. Mas, no mundo paralelo das possibilidades oníricas, ele será transportado pela "ave do relâmpago" para a sua morada. O rapaz morre com a falsa convicção de que o seu sonho de ir à escola será concedido pelo tio, evitando, assim, a desilusão dolorosa de descobrir que o seu parente lhe mentira. No momento da sua morte, socorre-se de uma verdade falsa e passa por uma sublimação que o transporta até ao mundo cultural e inconsciente do mito, depositando-o em segurança no meio primordial, e o útero de todas as formas de vida. No momento da morte da criança, o *ndlati* transporta-a para as águas do inconsciente.

Neste conto particularmente comovente, Mia Couto recorre a uma panóplia de recursos culturais que procuram devolver a Azaria o seu direito a sonhar no meio de uma guerra civil terrível e que vitimiza crianças e camponeses, mesmo após o cessar fogo, através da proliferação de minas anti-pessoais. O mito africano do *ndlati* é associado com a característica uterina da água para devolver à criança, claramente indefesa, a sua capacidade de ação. A sua morte pode ser interpretada como uma fusão com o inconsciente e Couto parece querer sugerir que, nos anos oitenta, a única solução para lidar com o trauma nacional moçambicano seria recomeçar a sonhar.

Também em "Os Pássaros de Deus", o destino do protagonista, Ernesto Timba, o transforma em rio e lhe concede a realização dos seus sonhos. O seu fim é tão ambíguo quanto o de Azarias. Ambos se socorrem de crenças, de algo não comprovável. Ambos parecem também concretizar os seus desejos apenas quando são fisicamente destruídos. Timba revela-se um profeta e, à semelhança das figuras bíblicas, é punido devido às suas convicções. As suas palavras são ignoradas e as suas ações são associadas a atos de loucura pelo mundo do consciente que o rodeia e cuja esperança fora confiscada num cenário de seca severa. Qual Jeremias, Timba não poderá contar com o apoio da sua família. Apesar disso, ele continuará devoto ao seu Deus e irá ser recompensado com uma entrada no mundo do inconsciente, representado pela água, onde consegue finalmente realizar os seus sonhos. Nas últimas frases do conto, o rio é antropomorfizado mas, ao contrário do que acontece com o rio de Azarias, o rio onde entra Timba assume uma posição de sujeito consciente: "plácido, o rio foi ficando longe, a rir-se da ignorância dos homens. Ernesto Timba, corrente abaixo, a mostrar-lhe os caminhos que ele apenas tinha aflorado em sonhos" (64).

O rio é portanto um espaço ambivalente: um túmulo e um útero, que o embala suavemente e o carrega, qual criança, para um mundo além do ceticismo dos vizinhos.

Desde o início do conto que surgem indícios sobre o fim de Timba enquanto parte do rio. O seu destino está traçado quando ele especula que "vão-me tirar um dia, engolido no rio" (58). Tudo sobre a sua vida aponta nessa direção, já que toda a sua experiência de vida se tem resumido a "água, água, só mais nada" (58). A sua existência percorre uma trajetória teleológica à qual a conceção de um Deus está intrinsecamente ligada e continuamente confundida, tal como as marés e as correntes de água no conto. O lugar para o seu descanso final – o seu paraíso, conseguido no final da história – será o rio. Por outro lado, em termos narrativos, a água é o início de tudo, como é também o início das crenças de Timba. As primeiras linhas do conto indicam, de imediato, a associação do rio com a peregrinação que Timba irá fazer: "mais peregrino que o rio não conheço.

As ondas vão, vão nessa ida sem fim" (57). De facto, o verdadeiro peregrino da história é Timba, que entrará no (dis)curso do rio, fisicamente – quando morre –, mas também metafisicamente – ao acreditar. A sua capacidade de acreditar em algo que não se vê surge logo na infância, quando se decide por uma profissão que tem por base um elemento neutro. Nas palavras de seu pai, "o pescador credita uma coisa que não vê" (58). Mas Mia Couto utiliza a expressão "credita uma coisa" (58), o que Timba faz, mas também não faz, à medida que a história se desenrola. Isto porque "credita uma coisa", fora de contexto, significaria "dar crédito" ou "garantir" algo, como por exemplo dinheiro, o que significaria quantificar, limitar o seu valor, conhecer absolutamente, o que tem uma conotação muito diferente de "acreditar num deus" e que pressupõe sempre um elemento de dúvida e de uma dependência da infinitude Dele ou Dela.

O rio esconde o peixe do pescador da mesma forma que o inconsciente é mascarado pelo consciente. Mas, por outro lado, é o rio que constitui o meio através do qual o pescador consegue peixe. Se os deuses forem concebidos como parte do inconsciente coletivo, esse *locus* onde a prova racional e a lógica do consciente fracassa, então a água do rio transforma-se num sinal externo do que resta, transforma-se na fé através da qual Timba atinge o inconsciente onde afinal o seu deus reside.

O mundo em redor de Timba perdeu toda a fé e a esperança, e apenas ele compreende o significado do pássaro que, certo dia, poisa no seu barco: é um enviado de Deus. Timba leva-o para casa, e como vivem esfomeados, a sua mulher exige que se cozinhe e se coma o pássaro. Mas Timba proíbe-o e a sua mulher fica cada vez mais enraivecida ao ver o marido afeiçoar-se ao pássaro, considerando-o uma nova companhia, ao mesmo tempo que a sua família definha de fome. Quando os pássaros são profanados, confrontado com a fúria divina, ele implora por perdão pelo pecado cometido em nome da sua comunidade. Neste momento do conto, a palavra "pescador" é substituída pela palavra "pecador". Nesse momento, Timba procura expiar a culpa dos outros. Mas apenas após a sua morte, quando ele fica "colado à superfície do rio" (63), é que aqueles que o rodeavam no mundo do consciente começam a duvidar do seu próprio ceticismo. Formam-se nuvens de tempestade mas, em vez de se regozijarem pela chuvada iminente que acabará com a seca, a comunidade teme que a tempestade resulte num dilúvio como castigo pela sua falta de fé: "pela primeira vez, se uniram as crenças suplicando que não chovesse" (64). Esta reação é curiosamente irónica porque, se eles não tivessem atingido o ponto sem retorno ao matarem os pássaros, a chuva teria sido a feliz solução para a seca, a causa de todos os seus problemas. A partir de um certo ponto, a lógica inverte-se e a solução, a água, transforma-se no problema. Assim, no final da narrativa, o mundo de Timba parece triunfar a dois níveis. Uma inundação iminente irá varrer toda a região e o símbolo do inconsciente, muito associado também a Timba, inundará o mundo do consciente. E, numa tentativa de evitar a inundação, o mundo do consciente, do pensamento racional e do ceticismo radical, apela aos poderes do inconsciente, unindo-se em redor das suas crenças.

Ambos os contos, "O Dia em que Explodiu Mabata-bata" e "Os Pássaros de Deus", apresentam finais moralmente ambíguos. Os seus protagonistas morrem no mundo do real e do consciente após vidas cheias de dificuldades. Porém, simultaneamente, Timba e Azarias realizam os seus desejos no final das histórias. Uma dimensão perturbadora nesta estratégia narrativa – bastante frequente na obra inicial de Mia Couto – são os ecos cristãos e de auto-flagelação, ou seja, a conceção de que o sofrimento humano neste mundo é, de certa forma, recompensado no mundo seguinte e, consequentemente, justificável como parte de um percurso. Em defesa do autor deve dizer-se que Mia Couto não institucionaliza o sofrimento como um meio para atingir um fim; o sofrimento é antes descrito como uma realidade e os sonhos são realçados como uma forma de projetar uma realidade alternativa.

"A Fogueira" e "De Como O Velho Jossias Foi Salvo das Águas": Inundando o Consciente

O primeiro conto de *Vozes Anoitecidas*, "A Fogueira", à semelhança dos dois contos anteriormente analisados, sublinha a necessidade de manter o direito a sonhar, mesmo que se seja muito pobre. Nele, também a água se apresenta como um símbolo de um líquido que auxilia o acesso ao mundo inconsciente dos sonhos. O enredo centra-se na história de uma velha mulher que vive num mundo do "nada" (VA: 23). A sua existência resume-se ao espaço vazio das louças e dos cestos que a rodeiam. Os filhos já não vivem com ela e o marido vai-se tornando cada vez mais ausente. Nas suas próprias palavras, "Meu marido está diminuir... É uma sombra" (23) Certo dia, o marido informa-a de que vai começar a cavar uma campa para ela; como tudo o resto na sua vida, a sua última posse será um espaço vazio. É dado a saber ao leitor que "durante duas semanas o velho dedicou-se ao buraco. Quanto mais perto do fim, mais se demorava" (25). Apesar de constituir o seu novo objetivo de vida, a criação de mais um espaço vazio para a sua mulher revela-se uma tarefa difícil porque, ao cavar, começa a chover e a água preenche o buraco criado para ela. O projeto do marido é, assim, ameaçado pela invasão da água, que não pára de cair durante dias. Mas o homem não cede e não pára o seu trabalho. Quanto mais o homem tenta criar este espaço, mais a água o enche, aos poucos derrotando o homem e acabando por o levar à própria morte. Porém se, por um lado, a chuvada causa a morte do marido, por outro, enche a vida da mulher de sentido, porque, ao vencer o marido e preencher o espaço de morte inicialmente criado para ela, lhe devolve a capacidade de sonhar tornar-se uma mulher diferente. As águas ativaram o seu inconsciente: "sonhou dali para muito longe: vieram os filhos, os mortos e os vivos, a machamba encheu-se de produtos, os olhos a escorregarem no verde" (28). No mundo paralelo do inconsciente, a vida avança "grávida de promessas" (28), numa associação clara com nascimento e reinício. Contudo, o conto termina com o regresso involuntário da velha ao mundo do consciente, "pediu à noite que ficasse para demorar o sonho" (28), e, ao acordar, descobre a morte do marido. Por um lado, o conto é muito pessimista: a mulher começa e termina sem nada. Mas, a um outro nível, pode afirmar-se que, no conto, lhe é reconhecida a capacidade de sonhar, de imaginar um mundo diferente. Mais uma vez, Couto pretende transmitir a ideia de que o primeiro passo para concretizar a transformação é ter a capacidade de conceptualizar uma alternativa à realidade, motivo pelo qual o autor valoriza tanto a dimensão onírica na sua obra. É através do seu inconsciente, recuperado pela intervenção da água, que a velha mulher dá o seu primeiro passo neste sentido.

Um outro conto em que as inundações são protagonista é "De Como O Velho Jossias Foi Salvo das Águas". Esta história está dividida em três secções e a água prevalece em todas. Na primeira secção, a água estimula a memória de Jossias e permite-lhe conceber um futuro melhor. As suas previsões de uma tempestade iminente constituem o momento iniciático da sua entrada no mundo dos sonhos: "Enquanto profetizava, amoleciam-lhe os olhos de promessas, uma procissão de verde a tomar-lhe conta dos sonhos" (VA: 122). A sua primeira afirmação é de que "a água vai andar ler o chão" (121). Como analisarei mais adiante neste capítulo, em algumas das suas obras, Mia Couto relaciona de diversas formas a água e a escrita. Particularmente no mundo de Jossias, a água torna-se uma leitora com capacidade de compreender os problemas do mundo e de fornecer soluções. Jossias afirma que a água "vai lamber as feridas da terra" (121), atribuindo a esta substância potencialidades terapêuticas pela sua capacidade de diagnóstico e de resposta à situação da terra. Efetivamente, se a água representa uma corrente com origem no inconsciente, então o que Jossias descreve é equivalente a uma sessão de psicanálise para os que habitam a terra. Os sofrimentos do mundo na esfera do consciente são compreendidos e tratados através de um canal de acesso ao inconsciente.

Esta experiência de terapia, através de leituras que não podem ser entendidas simplesmente com o reino do consciente como referência, é análoga à experiência de Jossias. Para ele, a água auxilia a sua memória, ligando-o de novo e fazendo-o ir ao encontro de traumas passados. As chuvadas iminentes transportam-no para uma existência passada, recordando-o de uma grande perda: o amor de Armanda. Ele é invadido pelas memórias de uma seca anterior e dos métodos usados para tentar vencê-la: fora oferecido vinho aos mortos, os residentes permanentes no inconsciente coletivo, e que, como tal, "mandam na vontade da chuva" (122), controlando também os fluxos entre os dois mundos. A duração excessiva da seca de então fora explicada pela falha da comunicação entre os vivos e os mortos. As preces dos mais velhos tornaram-se significantes esvaziados, "palavras sem mais além" (122), como se eles já não acreditassem nas suas próprias tradições e rituais. Acreditava-se, portanto, que o contacto fosse restabelecido através das ofertas de vinho aos antepassados. Jossias oferece-se para carregar o *ngovo*, mas trai a confiança da comunidade ao não conseguir controlar a vontade de beber o vinho em sua posse. Para conseguir esconder o facto de ter bebido todo o álcool oferecido, decide encher os cântaros com águas do fundo de um poço, já podres. Nesse momento, ele cai no poço – um acidente igual ao seu futuro destino de encurralamento numa mina sul-africana – de onde seria fisicamente salvo apenas para ser imediatamente ignorado e esquecido. Esta é a sua cicatriz psíquica: o sucessivo abandono. Regressando ao tempo presente, as chuvas inundam a terra e uma equipa é enviada para salvar Jossias, mas agora é ele que já não deseja ser salvo. As memórias reavivadas sobre a sua salvação de uma morte iminente convencem-no a não consentir mais um salvamento em vão. Jossias deseja permanecer nas águas onde se encontra e diz aos seus salva-vidas: "dentro de água não está frio. Porquê não me deixam lá?" (129).

Há vários símbolos na história que tornam as águas atraentes e profundamente tentadoras para Jossias. As águas restituem as suas memórias. A sua breve permanência dentro de água também o rejuvenesce já que no final do conto, ele observa o pôr-do-sol "com olhos de menino" (129). Estar temporariamente nas águas significou para ele um renascimento; as águas ofereceram-lhe um segundo útero. Uma outra característica atrativa das águas é a sua infinitude. Inicialmente, Jossias recusa o salvamento pelo seguinte motivo: "depois da água é só água" (126). Parece que a água está em todo o lado, sem início nem fim, infinita. Depois de ser salvo e transportado num barco, "desejou que a viagem não tivesse fim como se o salvassem do tempo e não das águas, como se o tivessem liberto não da morte mas da sua terrível e solitária espera" (129). Finalmente, Jossias deseja a certeza do infinito, necessitando abandonar o fluxo do tempo. Porém, o seu desejo é paradoxal. A água servira para lhe recordar a sua solidão e a perda das suas raízes. Num primeiro momento, a água provocou o seu exílio, pois fora precisamente o seu comportamento durante uma cerimónia a pedir chuva que levou ao seu ostracismo. No seu exílio, aguarda solitariamente o regresso de Armanda. Assim, o seu desejo pela água é o desejo de que um infinito maior o cubra e lhe afogue a dor do seu degredo interminável. Ao mesmo tempo, são também as águas que lhe recordam a perda que está na base dessa espera. Sem as águas, não teria memória; mas, sem as águas, ele também não consegue escapar a essa memória. A água é, simultaneamente, a causa e a cura da dor de Jossias.

Há duas conclusões a tirar destes dois contos. Em ambos os contos, o ciclo das cheias em Moçambique é usado para dar conta do círculo vicioso que constitui a pobreza no país. Pode dizer-se que a natureza escreve a nação e as características geográficas do território são metáforas dos problemas sociais de Moçambique. No caso da velha, em "A Fogueira", o seu marido pretende perpetuar o ciclo de esvaziamento. Aqui, o cerne da crítica de Mia Couto constitui um ataque à desigualdade de género e um desejo de libertação da velha mulher de um mundo patriarcal que lhe nega os seus legítimos sonhos. No caso da história de Jossias, a crítica de Couto dirige-se a vários grupos – às tradições africanas que acabam por separar Armanda de Jossias; aos alcoólicos cujas vidas ficam arruinadas; e, de forma mais acutilante, às agências de ajuda humanitária, que entram no país para salvar pessoas, mas que, no processo, desumanizam os indivíduos porque, no final das missões de salvamento, os salva-vidas partem e esquecem os que salvaram. No centro do problema está a cultura de dependência que tais missões promovem já que, com frequência, um resultado das suas boas intenções é a negação da capacidade de ação aos supostamente auxiliados. A solução que Mia Couto propõe é alimentar a capacidade de ação dos pobres pelo menos nos seus sonhos, para que, quando a crise terminar, haja uma base sobre a qual se possa construir algo novo.

"As Baleias de Quissico": Sonhar para além do Neocolonialismo

À semelhança do conto "De Como O Velho Jossias Foi Salvo das Águas", também "As Baleias de Quissico" critica, a determinados níveis, o papel neocolonial das agências de ajuda internacional em Moçambique. Couto associa o mar ao processo de colonização para tornar a sua crítica mais mordaz, ecoando a representação do mar feita por Manuel Rui em *Memória de Mar*. Adicionalmente, no conto em análise, o mar funciona como um armazém de sonhos. A água promove, novamente, a interação entre os mundos do consciente e do inconsciente, mas com a adicional conotação colonial do mar, ou seja, a da via utilizada por intrusos estrangeiros.

A personagem principal do conto é Bento João Mussavele, que decide lançar-se na aventura de procurar umas baleias misteriosas que, segundo rumores, apareceram na praia de Quissico carregadas de bens de consumo. O tio da personagem tenta convencê-lo de que tudo não passa de "miragens" (VA: 111), apenas invenções desesperadas de gente esfomeada. Porém, da mesma forma que Ernesto Timba, em "Os Pássaros de Deus", Bento tem fé no meio de céticos racionalistas, acreditando em algo que ainda não viu. Como explica a Agostinho, "eu acredito na baleia, tenho que acreditar" (112), porque, se perder a esperança, perde tudo. Contudo, deposita a sua fé numa criatura falaciosa, um mamífero que se parece com um peixe, como esclarece Agostinho: "a baleia não é o que à primeira vista parece. Engana muito a baleia" (112). Apesar dos conselhos que recebe, Bento resolve ir para Quissico. Quando chega, "tudo aquilo lhe parecia familiar" (113), como se as águas fizessem já parte da sua memória. A primeira sensação suscitada por aquele lugar familiar é a de "aquele azul a dissolver-se nos olhos" (113). O azul dissolve-se, portanto, acabando por transformar a própria visão de Bento. A água passa, assim, a ser o meio através do qual Bento olha e vê o mundo. Se o mar representa o inconsciente, então a perspetiva de Bento passa a ser mediada por esse outro mundo.

Bento mantém a esperança, enquanto outros tentam explicar a presença das baleias como símbolos dos exploradores sul-africanos que apoiaram a RENAMO militarmente durante grande parte da guerra civil ou como a tentativa de manipulação imperialista sobre Moçambique, que queria manter o país dependente da ajuda externa. Além disso, a sua fé é recompensada pela sua unificação com a água, tal como acontece com Timba. Certa noite de tempestade, Bento desaparece no mar, onde renascerá, pelas águas do inconsciente, "completamente nu" (117), como um bebé na barriga da mãe. Porém, ao entrar nas águas, é invadido por dúvidas: "não há nenhuma baleia, estas águas vão-te sepultar, castigar-te do sonho que acalentaste" (117). O lado mortal da água é apenas reconhecido neste momento narrativo: a fonte de vida também pode matar. Apesar deste momento de dúvida, um elemento porém fundamental da crença, a fé de Bento parece ser recompensada no final, quando ele entra no inconsciente. Abandonando um mundo onde apenas se vê "as réstias de um sonho" (118) pela sua mala e as suas roupas, e que o repudiara como a um louco irracional, Bento "foi seguindo mar adiante, sonho adiante" (118).

"As Baleias de Quissico" é um conto que funciona a dois níveis. Para Bento, o mar simboliza o inconsciente: é o depósito dos seus sonhos e a sua união com os oceanos representa o culminar do seu desejo de transcendência pessoal; para ele, as baleias são símbolos de esperança, no entanto, na perspetiva das personagens secundárias, elas representam processos neocolonialistas. A crítica de Couto à ajuda internacional como promotora da cultura da dependência é tão poderosa neste conto como em "De Como O Velho Jossias Foi Salvo das Águas". Ao mesmo tempo, o seu retrato positivo do sonhador Bento repete, novamente, a mensagem de que, não obstante o agravamento das condições de vida, ninguém deve nunca desistir do seu direito a sonhar.

A água, enquanto um instrumento simbólico através do qual se consegue acesso ao mundo do inconsciente, está presente em todos os contos de *Vozes Anoitecidas* analisados até aqui. No cerne dos retratos esboçados por Mia Couto prevalece a mensagem de que, independentemente de quem somos, de onde estamos e do grau de degradação do nosso mundo, estamos sempre aptos a imaginar uma realidade diferente. Porém, afirmar esta capacidade de sonhar das suas personagens nunca inibe Couto de representar a sua miséria atroz ou de apontar as causas da sua pobreza. E é esta dimensão da sua obra que a distingue da mensagem cristã. Ele deseja que as suas personagens e, por extensão, a sua nação sonhem, para que se consiga eventualmente concretizar uma realidade melhor. É óbvio que esta mensagem é problemática. Por um lado, é importante ter em conta a posição privilegiada do autor da mensagem. Por outro, é uma proposta sem resultados imediatos. No entanto, esta mensagem ofereceu, sem dúvida alguma, esperança, numa altura em que a nação se afundava cada vez mais na guerra civil. Convém analisar esta obra nessa perspetiva e compreender que a proposta de Mia Couto não constitui uma desculpa para a pobreza, mas sim uma tentativa de capacitação, uma tentativa de reagir à pobreza, desafiando o *status quo*.

"A Menina Sem Palavra": Água e Oralidade

Um elemento crucial do enredo de "A Menina Sem Palavra" é o contar de uma história. Este conto apresenta o mar como uma reserva infinita de mitos e lendas, um inconsciente capaz de devolver a voz aos silenciados. À semelhança do rapaz em "O Coração do Menino e o Menino do Coração", que abordámos no capítulo anterior, nesta história, a rapariga também comunica numa linguagem incompreensível para o resto das pessoas, padecendo de uma incapacidade de relacionar coerentemente o significante com o significado: "Quando lembrava as palavras ela esquecia o pensamento. Quando construía o raciocínio perdia o idioma. Não é que fosse muda. Falava em língua que nem há nesta atual humanidade" (CDNT: 87). A sua dificuldade em relacionar o conceito com a palavra significa que ela não é capaz de veicular um pensamento racional e que, consequentemente, vive além das restrições da lógica humana. Os seus pais representam o mundo do consciente, onde os signos linguísticos funcionam coerentemente. Por isso, sentem-se ansiosos para que ela comece a falar e, dessa forma, se una a eles no seu mundo.

A linguagem é a forma de expressão *sine qua non* do pensamento consciente. No momento em que elementos do inconsciente são atraídos para o domínio linguístico, esses elementos deixam de pertencer apenas ao seu universo, aproximando-se do território do consciente. Uma vez que a menina não consegue exprimir-se linguisticamente, o seu mundo permanece incompreensível para as mentes conscientes dos seus pais. Ao mesmo tempo, porém, ela constitui o centro da atenção das suas vidas, particularmente quando (não) articula, uma vez que a "sua voz era bela de encantar. Mesmo sem entender nada as pessoas ficavam presas na entonação" (87). Percebe-se, contudo, que a menina domina os complexos signos paralinguísticos da linguagem, mas não possui a estrutura básica das vogais.

A ansiedade do seu pai aumenta cada vez mais, até que começa a chorar. Quando a criança beija a água salgada das suas lágrimas, é o momento em que a menina murmura a sua primeira palavra inteligível: mar. Ao beber as lágrimas do pai – uma metonímia do mar, o símbolo do universo inconsciente que ela habita – é finalmente estabelecida uma ligação entre a menina e o mundo paternal e consciente. Provar o pequeno pingo do inconsciente do pai incita-a a pronunciar o monossílabo, um ato que é logo assumido como uma prova da sua capacidade de integrar o mundo do consciente.

De imediato, o pai leva-a até ao "mar", pensando que, sendo essa a única palavra que ela alguma vez pronunciara, seria também a chave para abrir a porta do inconsciente que a impedia de comunicar. Ao chegar ao lugar onde "havia mar e mar depois do mar; o mundo que ela pretendera infinito era, afinal, pequeno?" (88), também a menina começa a chorar. De facto, se ela abandona o seu mundo do inconsciente, se ela consente falar, de imediato estabelece limites. Desta forma, a menina passaria a integrar o mundo do possível, o que pressupõe o exílio do "impossível" para um lugar recôndito e distante, inalcançável a partir da ordem do consciente. Assim, a menina fixa-se na areia e recusa afastar-se enquanto a maré sobe ameaçadoramente, ignorando os apelos do pai para que seja racional. Finalmente, o pai tem uma intuição, "sua filha só podia ser salva por uma história!" (88), e percebe qual é o problema: ela não quer abandonar o seu mundo do inconsciente. Contar uma história constitui uma solução viável, porque permite que a imaginação permaneça enraizada no inconsciente de onde o "impossível" não foi ainda exilado, onde tudo está em aberto, onde tudo pode ainda acontecer. Contando uma história, o seu pai revela que ainda possui a capacidade de aceder ao mundo dos mitos – do inconsciente coletivo – a que a sua filha pertence. Mas à medida que a água fria do mar vai cobrindo os pés do pai, ele perde-se na história, pois o seu consciente impede-o de se render totalmente ao universo do inconsciente. Ambos parecem estar condenados com a subida do mar, mas, de repente, a menina corre para dentro do mar e representa um final para a história. Ao completá-la, a criança consente enfim falar, porque sabe que a história pode ser contada repetidamente e que, para que se imagine e alcance outros mundos, a realidade pode ser suspensa. Neste conto, dedicado à filha de Mia Couto, Rita, reitera-se a mensagem de tantos outros contos de sua autoria: todos têm o direito de sonhar, de entrar no inconsciente, e todos devem praticá-lo. Uma outra mensagem inerente a este conto parece ser a de que contar histórias constitui um elemento importante na transmissão de conhecimento entre gerações, pois ensina-se o ouvinte a imaginar mundos para além da sua realidade imediata. Nesta medida, entrar no mundo do inconsciente constrói uma ligação entre o passado e o futuro, e ajuda a lidar com a presente ordem do consciente, uma ordem nada fácil no Moçambique que a Rita vai herdar.

Terra Sonâmbula: Uma viagem ao inconsciente

A dificuldade e os mecanismos para lidar com o presente são também uma preocupação central no primeiro romance de Mia Couto, *Terra Sonâmbula*. Nesta parte, pretende-se centrar a análise na forma como Mia Couto representa a interação entre o consciente e o inconsciente, e no modo como o autor incita as personagens e, por extensão, os leitores e a nação, a reestabelecer uma ligação entre os dois mundos. Compreender a importância simbólica que Couto atribui à água enquanto elemento mediador entre as duas esferas psíquicas é crucial nesta leitura que se faz de *Terra Sonâmbula*.

No romance, o universo do consciente compõe os capítulos e, inicialmente, apresenta-se bastante seco; por seu turno, os cadernos encontrados pelas personagens representam o inconsciente e são caracterizados como húmidos. Mas gradualmente, ao longo da história, os dois mundos interligam-se.

Como referi anteriormente, no romance, um dos tópicos é a restituição da memória a Muidinga através dos cadernos de Kindzu, um processo que funde os mundos da oralidade e da escrita. Agora, tentarei demonstrar que Kindzu habita um mundo molhado, que gradualmente vai também humidificando o mundo de Muidinga. Se se concordar com a sugestão de Jung de que o inconsciente pode ser representado pela água, então o processo de humidificação simboliza a ação do inconsciente sobre o consciente. Esta leitura é reforçada pela inicial falta de memória de Muidinga: ele não tem qualquer contacto com o seu inconsciente devido ao trauma que sofreu, vivendo a dorida realidade de um país destruído pela guerra. Por seu turno, Kindzu habita o mundo onírico onde tudo pode acontecer e onde, efetivamente, tudo acontece.

No início, o mundo de Tuahir e de Muidinga apresenta-se extremamente árido. Por um lado, a região que as personagens atravessam vinha sofrendo uma seca severa. Para além disso, na sua deambulação, as personagens encontram um autocarro queimado – também símbolo de aridez – e transformam-no na sua casa. Pelo contrário, o mundo de Kindzu é extremamente húmido: o seu pai era pescador, tendo sido deitado ao mar quando morreu, e o próprio Kindzu viaja pelo mar ao longo do romance. A interação entre os dois mundos é um processo constante de seca e humidificação mútuas. De todas as personagens, Tuahir destaca-se como o representante máximo da consciência, pois só ele conhece verdadeiramente a realidade da situação de guerra. Quando descobrem os cadernos numa mala abandonada, a sua primeira reação é pedir a Muidinga que tire os papéis da pasta e os utilize para fazer uma fogueira. Tuahir quer queimar o primeiro símbolo do inconsciente que surge no texto – os cadernos escritos por Kindzu. Inexplicavelmente, a reação de Muidinga a este pedido é começar a chorar. As suas lágrimas são, assim, o primeiro sinal de humidade no cenário seco em que se encontram e prenunciam o seu primeiro contacto com o mundo do inconsciente de Kindzu.

Ao longo do romance, vão surgindo outros momentos em que a humidade vai entrando no espaço de Muidinga. Logo no segundo capítulo, Muidinga imagina ser Junhito, o irmão de Kindzu, que certa vez quase se tinha afogado, como é revelado num dos cadernos. A água entrara dentro dos seus ouvidos de tal forma que, de vez em quando, se ouvia um chapinhar dentro da sua cabeça. O seu cérebro, o lugar do inconsciente, transformara-se literalmente em água, um cérebro molhado que Muidinga indicia querer penetrar.

No terceiro capítulo, o leitor fica a saber que "Muidinga repara que a paisagem, em redor, está mudando suas feições. A terra continua seca mas já existem nos ralos capins sobras de cacimbo" (TS: 53). A seca no mundo árido de Muidinga começa a ser afetada pela sua interação com o inconsciente, simbolizado pelos cadernos de Kindzu. O "cacimbo" também surge no capítulo seguinte, desta vez fortemente relacionado com o inconsciente do mundo dos sonhos. No início do capítulo, Muidinga está a pensar em Farida que, como se defenderá em seguida, é a personagem mais associada à água e aos sonhos. Quando Tuahir descobre, sorri e diz que o mundo das mulheres é divido em duas partes: "há mulheres que são chuva, outras cacimbo" (70). Na sua opinião, as mulheres habitam o inconsciente e, como tal, estão sempre num ambiente húmido. Como vimos em *Vinte e Zinco*, Mia Couto qualifica a feminilidade como humidade, em parte como uma crítica à ordem colonial patriarcal e dicotómica. Em *Terra Sonâmbula*, apesar de decorrer num diferente período histórico de Moçambique, já no final da guerra civil, a população vivia ainda num ambiente de violência semelhante. Ao eliminar as mulheres dos contextos causadoras do conflito, o autor apoia-se num feminismo que atribui a responsabilidade do sofrimento de Moçambique aos valores tradicionalmente associados ao sexo masculino: inflexibilidade e demarcação rígida.

Ao ouvir o conselho de Tuahir, Muidinga adormece e tem um sonho, a sua primeira experiência pessoal no mundo do inconsciente. Sonha que é uma criança a sair de uma escola e parece-lhe ouvir alguém chamar o seu nome, mas não consegue ouvir corretamente. O que ele consegue ouvir são sons indefinidos que parecem dizer "cacimbo" (71), mantendo ainda o segredo da sua identidade fechado no seu inconsciente. Ao acordar, Muidinga está rodeado de "cacimbo" (71), uma marca temporariamente abandonada devido à sua viagem ao mundo do inconsciente. Porém, a ordem do consciente sobrepõe-se de forma rápida e, com a chegada ameaçadora do violento Siqueleto, o "cacimbo" desaparece com um sopro de vento (71), reafirmando simbolicamente o domínio da consciência e da violência através da desidratação do mundo dos sonhos.

No quinto capítulo, a humidade invade a narrativa mais intensamente. No início, sente-se uma humidade intensa no ar antes de Tuahir e Muidinga encontrarem Nhamataca, uma personagem que se dedicara ao esforço claramente inútil de escavar um rio, nomeando-o Rio "Mãe-água" (95), um nome que realça o desejo de regressar ao seio materno. Mas essa mesma água maternal provoca a sua morte, depositando-o, como todos os rios fazem, no mar, o protótipo máximo do útero materno. Tal como Ernesto Timba e Bento João, em *Vozes Anoitecidas*, também Nhamataca tem uma fé no seu projeto que mais ninguém partilha. Esta é mais uma das personagens de Mia Couto cuja fé é recompensada: uma chuvada torrencial dá vida ao seu desejado rio. Porém, e à semelhança de outros casos, a recompensa custa-lhe a sua destruição física: o rio arrasta o seu corpo à medida que o mundo molhado invade o ressequido. É então que, de repente, "no inacreditável mudar de cenário, a seca volta a imperar. Onde a água imperara há escassas horas, a poeira agora esfuma os ares" (98). A ordem do consciente, o lugar da violência e onde os sonhos são destruídos, é simbolicamente restabelecida e a seca reinstala-se. Muidinga reflete sobre o que se passara: "morreu um homem que sonhava" (98). Nhamataca, enquanto sonhador, pertencia ao universo do inconsciente, ao qual foi conduzido pelas águas diluvianas. Por vezes, na ficção de Couto, o preço a pagar pela possibilidade de sonhar é incoerentemente alto, em especial nas suas obras escritas durante o conflito. Todavia, as personagens aceitam os seus destinos de boa vontade, já que não dispõem de qualquer outra opção.

Muidinga começa a perceber que a sua interação com o mundo do inconsciente presente nos cadernos de Kindzu altera progressivamente a sua perceção do mundo e a sua nova perspetiva sobre as coisas vai afectando o contexto em que se encontra. No sexto capítulo, o mundo ressequido vai dando lugar a um Moçambique húmido, com vegetação. Ao mesmo tempo, renasce em si a criança, ou melhor, a sua perspetiva rejuvenesce: "os olhos de Muidinga se meninam" (109), um processo de rejuvenescimento que é conseguido pela sua interação com o mundo húmido do inconsciente. No início do sétimo capítulo, já "a chuva timbilava no tecto do machimbombo" (133). A partir desse momento, o mundo de Muidinga e de Tuahir é inundado, culminando na transformação do seu contexto num imenso pântano. Tuahir, que inicialmente era o guardião máximo da consciência, irá agora insistir na ideia de se arrastarem até ao mar para poderem morrer. O seu desejo parece refletir o complexo de Ofélia de Bachelard: o mar, sendo um lugar de calma, representa a união com o infinito (Bachelard, 1983: 12). Através dessa união, Tuahir consegue, finalmente, entrar no mundo do inconsciente, onde poderá sonhar de novo: "começa então a viagem de Tuahir para um mar cheio de infinitas fantasias. Nas ondas estão escritas mil estórias, dessas de embalar as crianças do inteiro mundo" (TS: 209). Também ele, assim como tantas outras personagens das histórias de Mia Couto, termina a sua vida integrando-se no mundo aquático. As várias representações da água – a liquidez, o infinito, a maternidade, o renascimento e o inconsciente – intervêm e expurgam o cenário árido do início do romance. Para Ana Mafalda Leite, neste romance, o fascínio exercido pelo mar enquanto local perfeito para o descanso final prende-se com o facto de ele constituir a única opção que resta aos habitantes de uma terra tão assolada pela morte (Leite, 2000: 255). O fim de Tuahir, apesar de doloroso como qualquer perda, está impregnado de esperança, uma vez que ele era a personagem com maior conhecimento dos horrores da realidade moçambicana; apesar disso, ele consegue enfim ingressar no universo dos sonhos e imaginar uma alternativa.

Em *Terra Sonâmbula*, as sombras funcionam como uma dimensão que indica o inconsciente. As sombras representam réplicas do inconsciente no mundo psíquico. Assim, o objetivo de Muidinga é encontrar a sombra que perdera e, dessa forma, restabelecer a ligação com o seu inconsciente. Jung denomina o lado do inconsciente de qualquer *persona* consciente "a sombra", um conceito que Couto vai utilizar aqui. A pessoa consciente é a imagem que todos representam para o mundo (Fordham, 1990: 47-49). Muidinga é uma criança traumatizada pelas suas experiências durante a guerra e, por isso, apaga a sua memória do sucedido. Quando Tuahir o encontra, Muidinga consegue beber apenas água. Para além de ser um líquido vital à sua sobrevivência, o consumo de água representa uma restituição incipiente da ligação da criança ao seu inconsciente, uma ligação que tinha sido danificada pelo trauma. De facto, Muidinga tinha perdido qualquer contacto com o seu inconsciente; independentemente da sua posição, "não produzia nenhuma sombra" (56). Tuahir explica esta falha como sendo "mantakassa", uma doença causada pela ingestão de mandioca venenosa, uma ingestão diretamente relacionada com a seca, visto que a falta de água provocara falta de comida e levara ao consumo de um produto que, em situação normal, seria classificado como não comestível. Também aqui se pode concluir que a falta de água é a causa, simbólica e literal, da desconexão com o universo do inconsciente. Como o já citado prefácio de *Vozes Anoitecidas* refere, "confrontados com a ausência de tudo, os homens abstêm-se do sonho" (VA: 19). Mia Couto parece estar aqui, e mais uma vez, a demonstrar que a privação reduz a capacidade de sonhar. A seca corta a ligação com o universo do inconsciente e, consequentemente, leva à perda de contacto com a sombra.

As relações entre as personagens do romance são variadas, o que reflete um processo de circulação entre os universos do consciente e do inconsciente. Por exemplo, Kindzu, apesar de estar predominantemente associado ao inconsciente, é uma personagem assombrada pelo seu pai já morto e, ao longo do romance, procura enquadrá-lo no seu espaço consciente. Taímo, o pai de Kindzu, é "sepultado nas ondas" (20), tal como acontece a Tuahir. Este é um paralelo muito significativo já que as personagens são o reflexo uma da outra, em mundos opostos. Tuahir representa a consciência extrema; Taímo, por sua vez, representa o mais profundo inconsciente. Quando morre, Taímo arrasta, temporariamente, consigo todo o universo do inconsciente: "o mar todo secou, a água inteira desapareceu na porção de um instante" (20). Este poder exercido sobre o mar fortalece o simbolismo da sua ligação à ordem do inconsciente. Adicionalmente, um feiticeiro diz a Kindzu que construa uma casa para o seu pai e que coloque um barco lá dentro porque, assim, "meu pai poderia regressar, vindo do mar" (22). Ao contrário das outras personagens, que se sentem atraídas pelo universo do inconsciente, a trajetória de Taímo é inversa, pois ele visita várias vezes Kindzu no seu mundo do consciente. Taímo representa o desejo do inconsciente de restaurar um contacto com o mundo do consciente – um diálogo que tinha sido interrompido pela guerra. Um outro corte também causado pela guerra, e que a trajetória de Taímo tenta reparar, resulta da perda de respeito pela tradição. Utilizando o antepassado de Kindzu, que fala a partir da sua sepultura marítima, Mia Couto desenvolve mais uma das suas mensagens predilectas: perder o respeito pelos mais velhos e pela tradição custou caro a Moçambique. À semelhança dos velhos em *A Varanda do Frangipani*, também Taímo reclama o seu direito a ser considerado e ouvido pela nação, numa altura em que esta opta por uma fuga em direção à globalização do mercado livre.

Neste romance, Farida é a personagem mais associada com a água, pois a sua casa são os destroços de um navio e Kindzu encontra-a ao largo da costa de Matimati, "a terra da água" (59). Na sua juventude, as pessoas da sua aldeia apenas a contatavam quando precisavam dos seus serviços para realizar cerimónias para fazer chover. Para além disso, quer Kindzu quer Muidinga apenas a conseguem alcançar através da água: Muidinga sonha com ela através da água e Kindzu navega literalmente até ela. De certa forma, Farida age como uma sombra de Kindzu, explicando-lhe: "nós somos sombras no teu mundo" (91). Ou seja, ela está dentro dele, habitando os recônditos da sua mente, "como o bicho que mora dentro do fruto" (91). Por sua vez, ele está "do lado de fora da casca" (91), ele é a projeção dela no mundo do consciente, a sua *persona*. Os dois acabarão por se unir num só, reunindo elementos dos universos do consciente e do inconsciente, e, ao fazerem amor, "os dedos dela parecia eram de água" enquanto "as vagas ondeavam nossos corpos, indo e vindo" (107). Kindzu explica no seu caderno que "os dois éramos já só um, emergindo como uma ilha num imenso nada" (107). De facto, a cena de amor entre os dois está impregnada de metáforas aquáticas, representando a união de Kindzu com a sombra do seu inconsciente. Nesta medida, Farida restitui a Kindzu a sua capacidade de sonhar, da mesma forma que Kindzu restitui a Muidinga o seu inconsciente. À semelhança do que acontece em *Vinte e Zinco*, Mia Couto decide representar a protagonista feminina de *Terra Sonâmbula* como indissociável da humidade. Mais uma vez, a flexibilidade feminina torna-se um antídoto poderoso para o mundo masculino conflituoso.

Como Patrick Chabal referiu, em *Terra Sonâmbula* o processo é pelo menos tão importante quanto o resultado; a viagem é tão importante quanto o destino (Chabal, 1996: 84). De facto, este romance conta a história de duas viagens paralelas que acabam por se unir. Um vidente diz a Kindzu, que viaja pelo mar, "não é o destino que conta mas o caminho" (TS: 32); ele "falava de uma viagem cujo único destino era o desejo de partir novamente. Essa viagem, porém, teria que seguir o respeito de seu conselho: eu deveria ir pelo mar" (32). O mar será a sua terapia, o meio através do qual conseguirá lidar com o seu falecido pai. A sua viagem marítima constitui uma exploração do seu inconsciente e um modo de lidar com a experiência destruída e destruidora de uma nação em guerra. Sendo o mar a metáfora do local onde reside o inconsciente coletivo e também o palco dos principais momentos da história moçambicana, a sua caminhada marítima representa, igualmente, a restituição de uma ligação com o passado. O mar trouxe os colonizadores e levou para longe os escravos e os condenados a trabalho forçado nas plantações de São Tomé e Príncipe. O sangue e os sonhos de Moçambique flutuam no mar. Os motivos para a luta de libertação, espelhados pelo mar, foram obscurecidos pela guerra civil, que opôs moçambicanos a moçambicanos, esquecendo as suas tradições. Como explica Taímo a seu filho, os seus sonhos não serão realizados enquanto houver um "divórcio com os antepassados" (46). Mia Couto pretende veicular a mensagem de que o passado tem que ser analisado no presente para que um futuro seja possível. Ambos, Tuahir e Muidinga, apercebem-se disso durante os capítulos referentes ao mundo do consciente e procuram o repouso do "mar, com seus infinitos" (187), o depósito simbólico das tradições e dos mitos.

Em *Terra Sonâmbula*, Mia Couto recorda os ideais de um passado imaginário e, simultaneamente, desconstrói os mitos da hegemonia marítima de Portugal. O lamento de Tuahir pela perda de ligação aos antepassados faz parte da crítica de Couto às ideologias impostas ao país por entidades externas. Efetivamente, segundo as ideias estrangeiras impostas à nação, esta teria que se dissociar das suas raízes tradicionais. Ao mesmo tempo, o autor desconstrói os discursos coloniais oficiais, segundo os quais os portugueses desempenhavam um papel especial enquanto elo de ligação entre os povos do mundo e eram donos de um império transatlântico. Antes de a perder, a Índia tinha sido a joia da coroa imperial portuguesa. O imaginário sobre tal território impulsionara Portugal a realizar explorações nos séculos XV e XVI, abrindo rotas marítimas ao mundo europeu. No romance de Mia Couto, Surendra Valá, um comerciante indiano, torna-se amigo de Kindzu com base na partilhada "pátria: o Índico" (26). Como explica Kindzu, "era como se naquele imenso mar se desenrolassem os fios da história, novelos antigos onde nossos sangues se haviam misturado" (26). E acrescenta: "eis a razão por que demorávamos na adoração do mar: estavam ali nossos comuns antepassados, flutuando sem fronteiras" (26). Para Marie-Françoise Bidault, a amizade entre o indiano e o africano, tendo por base a herança marítima comum, representa a fusão das duas culturas (Bidault, 2000: 246-47). Contudo, o raciocínio de Bidault e de Kindzu perpetua o mito de uma identidade lusotropical, a ideologia proclamada nos anos 40 pelo antropólogo brasileiro Gilberto Freyre, apropriada e manipulada, mais tarde, pelo regime salazarista para justificar a perpetuação do colonialismo português em África. Segundo esta ideologia, os portugueses haviam criado um paraíso multirracial e transcontinental, no qual não persistia qualquer hierarquia de cor. Mas, como Gerald Bender demonstra, a realidade da experiência colonial portuguesa estava bem longe desse cenário mítico que, apesar disso, alastrou a todos os níveis do discurso oficial adotado durante os últimos dias do colonialismo português. Kindzu cede inocentemente a esse mito lusotropical e encara o mar como um símbolo de uma identidade lusófona comum e de uma história partilhada. Contudo, essa história representada pelo mar está banhada de sangue e repleta de famílias destruídas pela escravidão, uma realidade oposta à ideia da harmonia talássica de Kindzu. Pelo contrário, Surendra, o indiano que supostamente partilha essa identidade com Kindzu, não tem qualquer dúvida sobre o verdadeiro significado do mar, acabando com a inocência da criança. Para Surendra, o mar representa sempre uma separação da pátria, a Índia onde nascera. Ele destrói a noção simplista de Kindzu sobre uma suposta herança lusotropical comum quando o abandona após o incêndio criminoso, motivado por ódio racial, que lhe destrói a loja. Kindzu confessa: "eu não queria entender o lojeiro. Porque suas palavras matavam a miragem de um oceano que nos unira no passado" (28-29). O mar oferecera a Kindzu um mito de uma identidade partilhada. A dura realidade de Surendra é que, afinal, agora não pertence a lugar nenhum.

No que diz respeito à sua auto-definição, Surendra personifica uma das mensagens de *Terra Sonâmbula*. A sua necessidade de captar uma identidade é paralela à de Muidinga, o que, por sua vez, reflete o momento de crise identitária da nação moçambicana. Efetivamente, durante a luta de libertação contra o colonialismo português, seria "fácil" definir "moçambicanidade" por oposição ao imperialismo europeu. A presença de um inimigo claramente identificado facilitara bastante a tarefa de definir culturalmente a nação, alicerçada numa oposição ao "outro" rival. Mas a guerra civil, que eclodiria pouco tempo após a independência, dificultou a consolidação dessa identidade. Como se pode definir culturalmente uma nação que se encontra em guerra consigo própria, onde não pode existir um consenso sobre a essência nacional? Uma das possibilidades é precisamente recorrer aos valores de uma era passada, anterior ao período colonial, por exemplo, na dimensão atavista que surge no romance através das afirmações de Taímo sobre a necessidade de restituição de uma ligação ao passado, uma parte do que Maria Manuel Lisboa identifica como sendo uma "preocupação neo-romântica com a recuperação do mito" na obra de Couto (Lisboa, 2000: 195). Maria Manuel Lisboa fornece uma crítica muito perceptiva sobre as ambiguidades inerentes à posição política de Mia Couto, um escritor nacional que se expressa num estilo linguístico quase impenetrável para a vasta maioria da população de uma nação praticamente analfabeta. Mas, retomando a citação de Lisboa, a associação que faz ao Romantismo é muito pertinente, uma vez que esse foi precisamente um período de definição nacional na Europa, durante o qual se reclamaram e reinventaram heranças culturais. As equivalências com o Moçambique dos anos 90 são claras: o país encontrava-se numa fase de definição cultural e de redescoberta de mitos nacionais. Apesar disso, o trabalho de Mia Couto, particularmente em *Terra Sonâmbula*, não se limita a relembrar o passado. Pretende projetar um futuro capaz de lidar com um passado, e de se construir a partir dele, que trouxe a Moçambique um presente desagradável. A guerra civil, na verdade, não surgiu historicamente descontextualizada: em parte, foi resultado do colonialismo e de sistemas políticos que se desenvolveram fora do país, impostos, de forma intransigente, a toda a nação. Neste contexto, o recurso de Mia Couto a uma autenticidade ancestral constitui uma crítica aos danos causados pela imposição de sistemas políticos estrangeiros sobre a nação. Mais do que um desejo de capturar uma essência passada, ao longo do trabalho de Couto percebe-se uma preocupação em imaginar um futuro melhor. Mesmo nas obras que publicou depois do final dos combates, seja em *Mar me Quer* ou em *Vinte e Zinco*, o autor apresenta um ajuste de contas com o passado, apenas como meio para projetar no futuro uma realidade melhor. Nas duas obras, o mar representa quer elementos do legado colonial, quer uma projeção de um amanhã capaz de restaurar para a nação o direito a sonhar. Um direito, aliás, defendido constantemente por Mia Couto em toda a sua produção literária, de modo particular nos contos escritos durante os piores momentos da guerra civil. Sonhar rejuvenesce e é criativo. Sonhar elimina fronteiras e possibilita outras realidades. A associação feita entre a água e o renascimento, e entre a água e o inconsciente – uma constante no discurso da psicanálise – torna-a efetivamente a metáfora perfeita para Couto simbolizar o meio de entrada no mundo dos sonhos. A sua fluidez desafia demarcações, tornando-se assim mais um símbolo da aliança de Couto com o pós-modernismo, com o sonho de um mundo sem fronteiras. Como já se viu, um dos aspetos mais interessantes na representação que Mia Couto faz da humidade é a forma como ele a caracteriza em termos de género. Irene, Jessumina, Farida, Luarmina, Nãozinha, a velha mulher em "A Fogueira" e a rapariga em "A Menina Sem Palavra" são todas personagens com uma particular proximidade com a água. Simultaneamente, todas elas transgridem fronteiras e flutuam entre várias possibilidades, entre o consciente e o inconsciente. A distinção que o autor faz entre os géneros reflete o mesmo que atribui ao feminino. Como discutirei em seguida, ser homem, no universo de Couto, não significa que se seja masculino, ou vice-versa. O jogo de subversão da distinção entre os sexos constitui um dos seus ataques mais ferozes à lógica da ordem dicotómica e define-o claramente como um escritor pós-moderno num espaço pós-colonial.

6.

JOGAR (AOS SOLDADINHOS) COM O GÉNERO: SUBVERTER A ORTODOXIA PELA AMBIGUIDADE SEXUAL

Na introdução a *Cronicando*, assinada por Fernando Dacosta, o jornalista descreve Mia Couto como "um jovem apesar de ter nome feminino" (C: 8). Na realidade, Mia Couto confessa que a sua alcunha tem origem felina e não feminina, uma vez que lhe terá sido atribuída, ainda em criança, devido à sua paixão por gatos (Mota Ribeiro, 1999: 15). Mas independentemente dos mitos em torno da sua origem, é bastante interessante que o nome Mia provoque uma discussão em torno da categoria género, antes mesmo de o leitor se debruçar sobre os textos assinados por tal nome.

Na tradição ocidental, o género constitui um dos fundamentos da identidade, sendo correlacionado frequentemente com o sexo, mesmo nos casos em que essa suposta correlação é subvertida. De facto, o género é visto pela ortodoxia dicotómica como determinante da ordem natural das coisas. No discurso colonial, era frequente a manutenção da divisória racial estar intrinsecamente relacionada com a imposição de uma normatividade de género. A chegada de mulheres brancas às colónias levou a uma imposição ainda mais rígida das hierarquias raciais, uma vez que elas eram vistas como as portadoras da moral colonial e a sua presença tornaria intoleráveis ligações sexuais inter-raciais. Contudo, Stoler alerta para a falácia de se responsabilizar as mulheres pelo racismo colonial. As mulheres brancas viveram o colonialismo de forma diferente dos homens, visto que elas ocupavam uma posição oficial e ambígua de subalternidade na ordem patriarcal mas, simultaneamente, de superioridade na hierarquia racial. Elas chegaram às colónias num período em que o sistema político colonial e os colonos homens precisavam de utilizar as suas esposas como portadoras e, portanto, potenciais redefinidoras da moral nas colónias. Assim, ao atacar a adopção rígida das definições ocidentais de género, Mia Couto destrói igualmente as premissas patriarcais que sustentaram o projeto colonial em Moçambique. Como tentarei demonstrar neste capítulo, o autor correlaciona explicitamente a subversão da fronteira de género com a dissolução das fronteiras raciais.

Os preconceitos de género característicos da ordem colonial foram herdados pelo Moçambique independente que se seguiu. A visão limitada da masculinidade enquanto competência, poder e conquista sexuais permaneceu, especialmente, na cultura popular, delimitando o significado de "homem moçambicano" no discurso oficial adotado. Samora Machel condenou reiteradamente a homossexualidade no mesmo tom moralista dos discursos de Salazar sobre a protecção dos valores da família. Foram promovidas campanhas de estímulo à monogamia heterossexual e campanhas de erradicação dos vícios nos espaços públicos. Claro que, apesar das aparências, permaneceram práticas sexuais e de género muito diversas, como Mia Couto refere numa entrevista concedida a Anabela Mota Ribeiro. Nessa entrevista, o autor descreve uma prática dos mineiros moçambicanos que trabalham sazonalmente no Monte Rand, para onde levam um parceiro masculino durante a sua estadia na África do Sul. Ao regressar a Moçambique, retomam a sua vida de matrimónio com as suas mulheres e "não se convertem em homossexuais" (Mota Ribeiro, 1999: 12). O caráter transitório desta prática sexual desafia o pensamento ocidental predominante, que obriga os indivíduos a optar por uma de duas categorias e a assumi-la em definitivo. Porém, na realidade, a orientação sexual é um fenómeno muito mais complexo, que se altera, se desenvolve e não se fixa necessariamente. Na base do conceito de orientação sexual encontra-se, claro, a questão da construção de género. Segundo Joan Wallach Scott, que faz uma análise da evolução do conceito no discurso ocidental, o conceito "género" começou por ser uma categoria gramatical, parte da regulação dos sistemas linguísticos, alargando depois o seu sentido para tornar clara a "dimensão social das distinções com base no sexo" (Scott, 1999: 28-29). Scott argumenta ainda que as mulheres têm sido reescritas nos discursos da história paralelamente a uma reavaliação dos papéis de "raça" e classe, uma estratégia que aliás demonstra uma "interpretação académica de que as desigualdades de poder se organizam em torno de três eixos" (30). Na ficção de Mia Couto, as expectativas ocidentais sobre os papéis de género são constantemente subvertidas – expetativas essas que, nos primeiros anos do governo FRELIMO, também se tentou perpetuar. A recusa do autor de uma ordem restrita de género é paralela à dissolução que faz de outras fronteiras, particularmente de "raça" e de classe. A forma como se representa o género reforça a ideia do empenho de Mia Couto em afirmar uma identidade em fluxo e uma diversidade saudável e instável na definição cultural da sua nação. Curiosamente, a única palavra que o autor considera ser sagrada é "mulher" (Mota Ribeiro, 1999: 15). Contudo, isto não o impede de distorcer a conotação tradicional do conceito, como mais adiante se verá. A atribuição do género recorre, de forma estereotipada, aos universos do vestuário, do comportamento, das práticas religiosas e do desejo sexual. É uma estratégia cultural que penetra profundamente no inconsciente dos indivíduos. Contrariar os paradigmas ortodoxos de género pode desestabilizar ou mesmo reforçar as expectativas de género, como revela a utilização do *travestismo* pelo autor, que também adiante analisarei. O desvanecimento da fronteira de género corresponde frequentemente a uma perda de autoridade em relações binárias correlatas. A identidade daí resultante evita o apartheid racial, taxinomias rigorosas ou hierarquias definidas.

Muitos teóricos concordam com a distinção de Robert Stoller entre "sexo" e "género". Segundo o autor, é importante referir, em abono do rigor, que "*sexo* (masculino e feminino) se refere ao universo do biológico"; enquanto que "*género* (identidade de género) é um estado psicológico – masculinidade e feminilidade" (Stoller, 1985: 6). Stoller afirma que sexo é um binómio biologicamente definido, mas que género é um binómio de natureza cultural. A sua afirmação de que ambos não estão inevitavelmente relacionados é explicada, de modo curioso, com a afirmação de que "experiências pós-parto podem modificar e, por vezes, superar tendências biológicas existentes à partida" (6). Está implícito que o sexo predetermina naturalmente o género e que apenas a intervenção violenta de uma qualquer situação penosa e perversa perturba o isomorfismo entre os dois binómios fixados.

Pelo contrário, teóricos como Terrell Carver e Martine Rothblatt questionam se as categorias sexo e género poderão ser definidas em termos dicotómicos, mesmo que de forma independente uma da outra. Carver afirma que "é demasiado simplista transpor a categorização básica e dicotómica de sexo como masculino/feminino para a categoria género, mesmo na área da biologia e da medicina", apresentando como prova o facto de "existirem variações e síndromes cromossomáticas, para não mencionar as morfológicas, que criam indivíduos genuinamente ambíguos" (Carver, 1996: 5). Rothblatt refere o estudo de Anne Fausto-Sterling, uma geneticista da Universidade de Brown, segundo o qual uma média de um em cada vinte e cinco recém-nascidos são "até certo ponto 'inter-sexuais', ou seja, os bebés têm elementos de órgãos sexuais masculinos e femininos" (Rothblatt, 1995: 9). Quer Rothblatt quer Carver pretendem questionar a validade dos binómios convencionais de Stoller. Rothblatt vai ainda mais longe, afirmando que existem "cinco biliões de sexos", o que poderá ser lido como um apelo a que se dê atenção ao indivíduo e não a uma categoria.

Como se verá, Mia Couto parece aderir ao apelo de Rothblatt e individualiza os géneros de várias das suas personagens através de processos que minam o próprio conceito de uma categoria.

"Lenda de Namarói": A subversão do mito da criação

Se os transsexuais forem definidos como um grupo de pessoas que sente que a sua identidade de género não é compatível com a sua identidade sexual, então o transsexualidade é um fenómeno especificamente cultural. Nas culturas ocidentais, o género é entendido como dicotómico; assim, nas palavras de Judith Shapiro, os transsexuais "correspondem simplesmente aos critérios de género impostos pela sua cultura" (Shapiro, 1991: 260). Para que a transsexualidade e o travestismo sejam considerados transgressivos, a correspondência de um com um entre os dois sistemas binários tem de ser entendida como uma ortodoxia. Contudo, há muitas culturas que têm mais do que dois géneros. Nessas culturas, a atribuição de um género é um processo bem mais complexo do que na cultura ocidental e, estritamente falando, a mudança de género não é possível. Os Xanith, por exemplo, seriam considerados homossexuais masculinos segundo os critérios ocidentais, mas são encarados como um terceiro género em Omã. Nas comunidades Lovedu, na África do Sul, e Nandi, no Quénia, as mulheres casam com mulheres e a parceira dominante é considerada como um género diferente, tornando-se num marido feminino.

Esses terceiros géneros estão frequentemente relacionados com rituais religiosos. Na Índia, os Hijras, por exemplo, não são considerados femininos nem masculinos, mas algo de intermédio. Como refere Kate Bornstein, historicamente, o seu papel tem sido "espiritual, presidindo a casamentos e nascimentos" (Bornstein, 1994: 131). Também em várias tribos índias norte americanas existem mais de dois géneros. O termo "berdache", por exemplo, refere-se ao que na cultura ocidental seria considerado um homem a comportar-se como uma mulher. Segundo Judith Lorber, os berdaches desempenham um "papel sagrado" nas suas comunidades. À semelhança dos hijras, também os berdaches realizam determinados rituais nas suas tribos para os quais apenas o seu género tem autoridade.

Na cultura ocidental, é viável argumentar que existem também pessoas com um terceiro género e que desempenham rituais paralelos: os padres na Igreja Católica. De forma geral, pode dizer-se que os votos de celibato enfraquecem a sua categorização enquanto pertencentes ao género masculino e as suas vestes para celebrar a missa, quando lidas à luz da interpretação contemporânea dos códigos de vestuário, simbolizam uma certa feminilidade. Na tradição literária portuguesa, existe um exemplo muito pertinente que representa esse "terceiro género sacerdotal", personificado por um membro do clero sexualmente frustrado e que veste roupas de mulher: Amaro Vieira.

Em *O Crime do Padre Amaro*, Eça de Queirós funde a batina e a sotaina com o próprio sacerdócio. No romance, que constitui um ataque humorístico à hipocrisia da Igreja Católica, o clero é representado de uma forma muito pouco lisonjeira. Amaro Vieira, o protagonista, seduz, subjuga e, finalmente, destrói a vida de uma jovem rapariga, Amélia. O género dos membros do clero é representado por Eça como altamente ambíguo. De facto, Amaro e os seus colegas autodefinem-se e são definidos pelas pessoas que os odeiam com base nas suas vestes peculiares. Por exemplo, Amaro queria que "os escreventes e as Amélias tremessem da sombra da sua batina" (140). A sua sotaina torna-se a marca da sua diferença e do seu poder. O Dr. Godinho, cuja cirrose o faz associar a Igreja ao cemitério, "odiava a sotaina" (163). Borges, um clérigo secularista, "detestava sotainas" (205). Uma crítica infame contra o clero, publicada num jornal liberal, termina com as palavras: "cuidado, sotainas negras!" (166). Em todos os exemplos, a ambiguidade de género denotada pela veste clerical, símbolo de poder e de estatuto, substitui o clericalismo, personificando aqueles que a usam. Eça joga também com os limites da categoria de género quando descreve os serões na Rua da Misericórdia, onde Amaro inicia a sedução de Amélia, como a "reunião de saias e batinas" (151; 185). Durante estes serões, homens "normais", ou seja, jovens livres de quaisquer votos de castidade, como por exemplo João Eduardo, um pretendente de Amélia, sentem-se excluídos. Parece haver um elo de ligação entre o sacerdócio e o mundo feminino, metonimicamente representado pela cumplicidade no modo de vestir. Em todos estes exemplos, a sotaina torna-se o próprio padre, distinguindo os fardados dos outros. Ao mesmo tempo, Eça funde os atributos consignados, de forma estereotipada, a cada um dos dois géneros nos clérigos que se dedicam à tarefa "feminina" de conversar sobre a vida dos outros e, simultaneamente, à tarefa "masculina" de seduzir mulheres vulneráveis. Mais, Eça atribui a Amaro o percurso de vida de um travesti, quando este, na sua infância passada na casa da Marqueza d'Alegros, era vestido pelas criadas como uma menina. Estas experiências de travestismo ainda em criança pressagiam a sua futura "des-masculinização" pelas vestes da sua profissão. Enquanto um padre adulto e sexualmente frustrado, Amaro apercebe-se de que não é masculino nem feminino mas sim "neutro", ou seja, um terceiro género.

O Padre Amaro abre um precedente muito interessante para a análise centrada na perspetiva de um homem do clero nos contos de Couto. Segundo a epígrafe de "Lenda de Namarói", este conto é "inspirado no relato da mulher do régulo de Namarói, Zambézia, recolhido pelo padre Elia Ciscato" (EA: 139). Na vida real, Elia Ciscato é um padre católico que estudou durante muitos anos as tradições das tribos do norte de Moçambique. Enquanto tropos literário, Elia Ciscato complexifica a história que Mia Couto lhe atribui precisamente por ser um homem religioso. Antes de ler a história, estabelece-se uma rede de diferentes perspectivas. O mito da criação dos dois géneros será aperfeiçoado por Mia, escritor ambíguo no que ao género diz respeito. O autor recorre ao conhecimento de Elia Ciscato, o padre cristão, e o homem que, enquanto tal, pode ser interpretado como ocupando um lugar no referido terceiro género – o celibato assexuado, que veste a batina para celebrar a eucaristia, mas que, em simultâneo, é o guardião da ortodoxia cristã que se encontra fundada, precisamente, sobre o mito de Adão e Eva, criador da dicotomia de género. Ciscato, por outro lado, baseia-se na narrativa de uma mulher que se define em relação a um homem enquanto esposa apenas. O homem define-se em relação à sua região, a Zambézia, que tem uma tradição peculiar no que diz respeito à política de género.

Em histórias moçambicanas, um conceito associado frequentemente à Zambézia é o de "prazo". A definição exata do que eram os "prazos" é uma discussão complexa, porque estes tinham significados diferentes para pessoas diferentes. De facto, Malyn Newitt compara-os a "hologramas, que apresentam uma imagem diferente consoante o ângulo de visão" (Newitt, 1995: 217). No sistema legal português, os "prazos" eram vistos como contrato enquanto muitos dos africanos que se encontravam sob a sua jurisdição os consideravam zonas de chefia. Tecnicamente, eram pedaços de terra arrendados pela coroa portuguesa por três gerações, mas o elemento curioso da lei que governava os "prazos" era o facto de serem transmitidos de mãe para filha, uma estratégia que o poder colonial utilizava para tentar promover o povoamento europeu na região da Zambézia. Por outro lado, os "prazos" são também um exemplo perfeito de como os homens colonizadores utilizaram as mulheres para impor nas colónias uma noção redefinida da moral tendo por base um espaço doméstico heterossexual, sólido e racista. Contudo, esta instituição tornou-se peculiarmente híbrida, "nem portuguesa nem africana" (Henriksen, 1978: 74). Os *prazeiros* "eram essencialmente os convertidos, em vez de os *convertores*" (Isaacman, 1972: 47). Antes ainda da instituição oficial dos "prazos", já o regime matrilinear constituía um dos padrões sociais na maioria dessa região. As tribos do Império do Maravi, os Tsonga, os

Yao e os Makua são todas matrilineares. Newitt argumenta que, por esse motivo, o poder transmitido às conhecidas "donas zambezianas" – as mulheres titulares dos "prazos" – tem de ser lido à luz da tradição africana. Como afirma o historiador, "é evidente que surgira entre os afro-portugueses um sistema híbrido de heranças que unira a sucessão patrilínea na tradição portuguesa a noções locais do primado do clã da mãe" (Newitt, 1995: 231). Newitt também argumenta que a matrilinearidade evita frequentemente a institucionalização de sociedades patriarcais. O poder da herança feminina "representa frequentemente mais poder para os membros femininos dessa linhagem" (Newitt, 1995: 230). Existe, contudo, uma outra interpretação dos efeitos e motivações subjacentes a uma sucessão matrilinear em algumas sociedades africanas em que esta sucessão é entendida como um meio de proteger a genealogia familiar. A chefia e a propriedade não são transmitidas de mãe para filha, mas de um homem para o primogénito da sua irmã mais velha. Os homens continuam, portanto, a ter o poder. Esta insistência numa herança indireta revela uma desconfiança implícita sobre a fidelidade da mulher ou das mulheres. Isto porque a única forma de um homem ter a certeza de que partilha o mesmo sangue com alguém da geração seguinte é ter a certeza de que o descendente provém do ventre de uma mulher com quem esse homem partilhou uma mesma mãe. A legislação dos "prazos" é interessante, porque não se regulava totalmente, nem pela prática patrilinear nem pela matrilinear, tendo sido precisamente nos interstícios dos dois paradigmas que surgiram mulheres poderosas.

Como Newitt refere, na prática, os "prazos" eram frequentemente controlados por pais ou maridos, tornando-se apenas uma mais-valia que valorizou as mulheres enquanto mercadorias. No século XIX, o sistema de "prazos" decaiu e, com ele, desaparecia uma prática que poderia ter alterado de forma significativa – e que modificou efetivamente numa minoria de casos – as relações de poder entre homens e mulheres, dando lugar a mini-impérios liderados por homens. Estes desafiavam o Estado colonial e foram um elemento significativo na origem das guerras zambezianas.

A Zambézia é, portanto, uma região marcada por esta história particular em torno das questões de género. Em "Lenda de Namarói", essa região, que historicamente, atribuiu às mulheres um estatuto e de forma particular, idiossincrático e ambíguo, é dos primeiros elementos a entrar em cena antes de se chegar ao corpo principal do texto. As primeiras linhas do conto alertam o leitor para o facto de a voz falada ser a de uma mulher e, como tal, uma voz tradicionalmente silenciada. Devido a uma doença é-lhe permitido divagar: "Aproveitei a doença para receber esta sabedoria: o que vou contar me foi passado em sonho pelos antepassados. Não fosse isso nunca eu poderia falar. Sou mulher, preciso autorização para ter palavra" (EA: 141). Nesta fase, a mulher alega não perceber o conteúdo das suas palavras, que são, na verdade, um efeito da febre que sente e que, pelos vistos, lhe são transmitidas pelos seus antepassados masculinos. Esta ordem masculina ancestral não só comanda a articulação da linguagem, autorizando-a a falar, como também é soberana no processo linguístico de determinação ao conferir a autoridade sobre os nomes. Eles "nos fazem existir e nos dão e retiram nossos nomes" (141). Todo este processo se encaixa na versão judaico-cristã do mito de Adão e Eva, segundo o qual Adão nomeia tudo o que existe antes ainda da criação de Eva, ela própria desenhada por Deus recorrendo a uma das costelas de Adão. Em última instância, o homem, criado em primeiro lugar, tem o direito a nomear a mulher. Em "Lenda de Namarói", a mulher subjuga-se de forma total ao quadro linguístico controlado pelos homens quando pede ao autor, presumivelmente através do padre, que traduza tudo o que diz. Há uma certa urgência na situação da mulher. Ela alia-se à voz e ao momento, sem tempo a perder, porque a sua capacidade de articulação é efémera e depende dos homens, quer para autorização, quer para eternizar a sua fala, transmitindo-a por escrito no papel numa linguagem inteligível. Este processo de tradução adiciona mais uma perspetiva a um conto já de si incluindo múltiplas dimensões, uma vez que a língua em que as suas palavras são lidas não é a mesma língua em que as palavras são oralmente pronunciadas.

Apesar das ambiguidades em relação ao género que povoam intensamente estes cenários no texto, através das associações relacionadas com o autor, o padre, e com a região, no final do primeiro parágrafo os limites de género parecem estar bem demarcados, definindo as mulheres como sem voz e como secundárias em relação ao homem. Porém, a primeira frase do segundo parágrafo destrói essa ilusão cuidadosamente criada através de uma distorção estratégica de uma citação intertextual: "No princípio, todos éramos mulheres. Os homens não haviam" (141). A diferença entre esta versão do Génesis e o seu equivalente bíblico consiste no facto de Deus surgir como prescindível, uma vez que as mulheres terão existido desde sempre. Deus parece ser necessário apenas para assegurar a primazia do homem, para explicar como é possível Adão ter precedido Eva, uma explicação, aliás, redundante, segundo a versão de Mia Couto, uma vez que o homem só pode nascer do ventre da mulher. Para reforçar a despromoção do homem a um nível secundário, o leitor desde logo é informado de que o milagre da criação masculina está intimamente relacionado com a infertilidade. De facto, parece que os homens são fruto de uma abominação: mulheres inférteis que são de imediato consumidas pelos parceiros férteis. Após três dias de *(di)gestação*, nascem os homens. Ao contrário de Adão na versão tradicional e religiosa do mito da criação, na versão de Couto, o homem não é criado à imagem do seu Deus. Pelo contrário, é muito diferente dela, o que lhe causa vergonha. Rapidamente, os homens reduzem-se a um nível de selvajaria, tornando-se óbvio que são eles os culpados pela perda do Paraíso, o que constitui mais uma distorção da versão da Bíblia. Na versão de Mia Couto, o afastamento dos homens em relação às mulheres continua quando eles atravessam um pequeno riacho, que posteriormente adquire um enorme caudal e que vai separar as criaturas das suas criadoras, ou seja, os homens das mulheres. Este distanciamento pela água constitui uma regressão: os homens tornam-se incivilizados e obrigados a comer carne crua por não possuírem o segredo do fogo, ao contrário das mulheres, que sabem "colher" chamas. Esta incapacidade dos homens dá lugar a um desejo masculino de obter o que lhes falta, antevendo-se assim a inveja uterina que estimulará os rituais de iniciação masculinos. Os homens atravessam o rio para se juntarem às mulheres. Os dois géneros unem-se mais uma vez e tudo parece entrar em equilíbrio até uma mulher dar à luz. Nesse momento, os homens sentem de novo um sentimento de imperfeição, que, desta feita, é suprimido através de uma tentativa de imitar o corte do cordão umbilical, nascendo assim a circuncisão. O resultado desta "castração", em resposta à inveja uterina, constitui-se como um sentimento de compensação e consolo dos homens. Assim, pelo menos, eles conseguem dar origem a um segundo nascimento. Através do ritual da circuncisão, os homens procuram eliminar a diferença que os separa das suas criadoras – as mulheres. Querem acreditar que também eles podem criar, ou seja, querem crer que são semelhantes às suas criadoras. Porém, e como se vai tornando claro através da voz da mulher narradora, os homens vivem num estado de auto-equívoco vazio ou mesmo paliativo, uma vez que apenas as mulheres conseguem cortar um cordão que produz uma vida a partir de outra. Além disso, neste momento da história, é possível concluir que os seus ancestrais e, portanto, os primeiros antepassados, eram mulheres. Assim, a fonte para a autoridade das mulheres é, na verdade, feminina.

Nesta versão do mito da criação, Mia Couto joga com as noções de primordialidade e artifício de construção nas atribuições de género. Inicialmente, o leitor é levado a acreditar que está num mundo de homens, onde o universo linguístico é masculino e supremo. O mundo feminino parece, assim, ser definido segundo e a seguir a esse universo. Contudo, rapidamente se demonstra que essa sequência pode ser revertida. Os homens podem, na verdade, estar em segundo lugar; a criação pode ser feminina. A ordem masculina torna-se assim uma construção, elaborada a partir do feminino, e não o contrário. Não só as mulheres surgiram em primeiro lugar, como os homens as procuram imitar. Todavia, esse nascimento, que os homens procuram reproduzir, é sempre "um segundo parto", um equívoco em que se reclama o elemento mais essencial da mulher num espetáculo de masculinidade.

O jogo de Mia Couto com a atribuição de género acarreta implicações profundamente subversivas, baseando-se e indo além do que Eve Sedgwick, Andrew Parker e Judith Butler discutiram como o performativo, ou seja, a forma como nós somos culturalmente programados para agir sempre segundo as expetativas relativas ao nosso sexo. Ao apresentar a mulher como antecessora do homem, Mia Couto sublinha a declaração de Zaratrustra sobre a mortalidade do divino, na forma como Ele é concebido na tradição ocidental. As várias distorções da versão bíblica minam igualmente essa tradição. A ameaça à teologia patriarcal assemelha-se à ameaça da teoria psicanalítica: na história de Mia Couto, o sentimento de vazio não é provocado pelo falo, mas pelo útero. A humanidade não evolui num desejo de equiparação ao que é masculino; pelo contrário, os homens são reduzidos ao estatuto de pobres paródias da mulher.

"Sapatos de Tacão Alto" e "A Filha da Solidão": A Hermenêutica dos Saltos Altos (ou o Travestismo como Tropo Pós-moderno)

O mito da criação de Mia Couto subverte a primazia do masculino na tradição judaico-cristã. Os elementos mais conservadores dessa tradição, particularmente nas Igrejas Católica e Evangélica, impuseram aos seus crentes normas rígidas na definição de género num esforço de impor uma ordem dicotómica e atingir alguma coerência para a sua crença numa ordem maquiavélica (bem/mal; homem/mulher). Ironicamente, apenas os seus clérigos têm permissão para se travestir durante os rituais religiosos. Contudo, noutras tradições, sempre houve rituais que matizaram as distinções ocidentais de género. Judith Ochshorn afirma que, na antiga Suméria, "esse lugar do mundo consensualmente considerado o berço das religiões ocidentais", a mudança de género estava associada a celebrações de culto (Ochshorn, 1996: 52). Sabrina Petra Ramet refere a existência de costumes semelhantes nos rituais dionisíacos que perduraram até ao século XVII (Ramet, 1996: 4). Também Nicole Loraux menciona vários traços de travestismo comuns a muitos rituais sociais gregos, tais como festivais e cerimónias de iniciação. Como exemplos, aponta o festival de *Hubristika*, no qual os homens trocavam as roupas com as mulheres, um ritual de iniciação do efebo que, na véspera da sua ascensão a homem, "encena a sua entrada na virilidade total representando momentaneamente uma mulher"; e a cerimónia dos casamentos em Esparta, na qual a noiva masculinizava a sua aparência cortando o cabelo (Loraux, 1995: 8). A autora argumenta que as interpretações modernas destas práticas as determinam como inversões e como um meio de preservar a estrutura binária atribuída ao género.

> Constatamos que a noção de inversão satisfaz a mente na medida em que não introduz nenhuma ruptura na divisão binária das categorias na Grécia. Uma vez aplicada a estas práticas transitórias, a distribuição canónica é aperfeiçoada e purificada, e o regulamento do funcionamento da ordem cívica consegue controlar plenamente as inversões temporárias assim incapazes de abalar os seus pilares (8).

Esta crítica ecoa a observação de Judith Lorber sobre a incapacidade de o travestismo eliminar a dicotomia de género enquanto for reconhecido apenas como uma transgressão temporária. À semelhança da noção de travesti-paródia de Bakhtin, cuja existência era vital para os romanos para que, assim, fosse possível conceptualizar um discurso sério, o travestismo constitui uma paródia às "formas" do masculino (e feminino), tornando-se no "contrapartida cómica" que permite que se concretize "o pleno do todo" no discurso de género (Bakhtin, 1981: 58).

De acordo com Bakhtin, o objetivo da paródia romana nunca era o herói ou os seus súbditos, mas sim o modo como a história era contada. Por isso, se os acessórios como o vestuário, a maquilhagem, o cabelo ou o perfume fazem parte do discurso de género, o travestismo pode ser lido como uma paródia, mas sem contudo desacreditar a lógica que está na base desse sistema semiótico. O significado de "masculino" e "feminino" permanece e tem de permanecer igual, antes, durante e depois da *imagem* do feminino ser devolvida ao guarda-vestidos. Contudo, mesmo que a intenção por detrás do vestido do travesti seja de uma suspensão temporária do género apropriado e culturalmente atribuído, essa suspensão deixa marcas no discurso sério com que brincou, como é função da paródia. O motivo base desta característica indelével reside na "heteroglossia" desencadeada pela paródia. A determinação do género é fundamentalmente relativizada no momento em que a arbitrariedade, que se encontra na base do seu sistema comunicativo, é revelada pela interrupção da semiótica do vestuário, de tal forma que as roupas se tornam num "discurso duplo". Se a mulher é uma construção, então o travesti é uma cópia dessa construção. Ao apresentar-se como uma construção tão óbvia, o próprio travesti reforça ainda mais o caráter de constructo do género, em geral. É esta a marca permanente deixada pela transitoriedade do travesti. O género é apresentado como "uma performance em constante repetição: uma performance diária que constrói a identidade" (Cream, 1995: 38).

Foi no início do século XX que o sexólogo alemão Magnus Hirschfeld patenteou o conceito de "travesti". Hirschfeld foi dos primeiros a concluir que o travestismo, pelo menos quando feito por homens, é um fenómeno geralmente heterossexual. Mais tarde, Stoller observou que o travesti masculino "prefere ter relações sexuais apenas com mulheres e não é nada efeminado quando não está vestido de mulher" (Stoller, 1968: 177). É, porém, aconselhável ter algum cuidado com dados estatísticos quando estes pretendem generalizar práticas individuais. Não é possível saber com rigor quantos travestis existem ou como eles definem a sua orientação sexual. Contudo, é bastante óbvio que há quem recusa a ideia de que os travestis possam não ser *gay*. De acordo com David Brez Carlisle, uma das razões para a relutância em aceitar que a maioria dos travestis poderão ser heterossexuais prende-se com "o estereótipo da *drag queen*" (Carlisle, 1998: 57). Além disso, qualquer afastamento da cultura hegemónica (leia-se heterossexual) é, na generalidade, assumida como adequada e parte perfeita do outro lado da dicotomia: a cultura não ortodoxa, ou seja, homossexual. Na verdade, o travestismo é problemático para a cultura *gay*, que por vezes oprime os travestis. Marjorie Garber sublinha o conflito, nos EUA, entre os grupos de travestis heterossexuais e os homossexuais, afirmando que "o efeito cultural do travestismo é desestabilizar todas as dicotomias: não só 'homem' e 'mulher', como também 'homo' e 'hetero', ou 'sexo' e 'género'. É neste sentido – num sentido radical – que o travestismo é um 'terceiro'" (Garber, 1992: 133).

Dado o efeito de destabilização que o travestismo exerce sobre as fronteiras de género, não surpreende, portanto, que Mia Couto inclua personagens travestis em muitos dos seus textos. Estes constituem o mecanismo literário perfeito para assinalar a era pós-moderna e para rejeitar o universo maniqueísta. Em "Sapatos de Tacão Alto", o narrador autobiográfico, um jovem rapaz, conta a história da sua paixão pela amante secreta do vizinho, cuja existência apenas é confirmada pelo som dos seus sapatos de salto alto a andar pela casa. O vizinho, Zé Paulão, é fisicamente caracterizado por uma masculinidade extrema, mas, ao mesmo tempo, percebe-se nele um certo maneirismo feminino.

A primeira informação veiculada pelo narrador refere que tudo acontece ainda no tempo colonial, quando a hierarquia patriarcal, apoiada pela Igreja Católica, procurava definir o mundo, de forma violenta, em termos binários. Assim, qualquer ataque do texto a tais dicotomias coloca em causa a validade desse mundo. O próprio narrador está a entrar na idade da adolescência, uma fase que funciona como uma fronteira pela qual se transita da infância para a maturidade adulta. E, apesar de ele argumentar que não entrou ainda nessa fase, o enredo nega-o, tendo em conta que a história se baseia na sua perda de inocência e numa paixão fantasiada.

O bairro onde a história se desenrola, cheio de portugueses sem qualquer ambição, chama-se Esturro. O tópico favorito das conversas dos coscuvilheiros o bairro é precisamente Zé Paulão cuja virilidade se estende, de forma metonímica, à grua com que trabalha. De facto, ele é a única pessoa que se destaca num contexto bastante homogéneo. Apesar da sua muito cobiçada masculinidade, a sua esposa abandona-o por razões que ninguém conhece, deixando-o só aos olhos de todos e objeto de piedade dos seus vizinhos. Mas a família do narrador sabe a verdade ou, pelo menos, acredita conhecê-la, guardando e desfrutando egoisticamente o segredo das atividades noturnas de Zé Paulão. De vez em quando, veem roupas de mulheres a secar no estendal do quintal. Estas roupas, avistadas durante o dia, assinalam a presença nocturna de uma amante, presença essa confirmada também pelo som dos seus sapatos femininos.

Algumas pessoas na família do narrador dedicam-se a especular sobre a aparência da amante e apoiam-se nesses signos vazios da presença de uma mulher para reforçar a ideia que têm de Zé Paulão enquanto ser francamente masculino. O próprio jovem narrador imagina, nos seus sonhos, uma mulher de extraordinária beleza, que projecta na realidade e por quem se apaixona. O fascínio que exerce sobre o narrador é paralelo à atração poligâmica que Zé Paulão exerce sobre as mulheres do bairro.

Certo dia, ao jogar aos cowboys e aos índios – um jogo estereotipadamente masculino – o narrador vai para o quintal de Zé Paulão, escondendo-se até chegar a mulher misteriosa, cuja presença é notada através do som dos seus sapatos de salto alto. O seu desejo de visualizar finalmente a mulher dos seus sonhos vence a sua prudência, levando-o a sair da sombra e a enfrentar a materialização da sua própria sombra, a ocupante do seu inconsciente: "A fascinável dama estava de costas. Não era afinal tão alta, nem tão gorda como as suposições da minha família. De repente, a mulher se virou" (EA: 113). O mundo do narrador desfaz-se nesse momento, porque a estrutura em que assentava é contrariada na sua essência: perante ele "os olhos de Zé Paulão, ornamentados de pinturas, me fitaram num relâmpago" (113-14). A mulher dos seus sonhos mostra-se como presença concreta que, afinal, é uma construção imersa nos excessos atribuídos ao género feminino ocidental: roupa, sapatos e maquilhagem. O travesti desafia o que significa ser mulher e ser homem. Ele/Ela não é nem uma coisa nem outra, sendo ambas simultaneamente, rejeitando e reforçando a distinção dicotómica entre as duas. À luz deste conto, o travesti/mulher/homem está intermitentemente ausente e presente, uma vez que todo o bairro continua convencido de que Zé Paulão está só e a família do narrador continua certa da existência de uma mulher. É o próprio narrador que descobre, enfim, a verdade desconfortável de ambas as versões – as duas possibilidades mutuamente excludentes podem afinal operar em simultâneo através do travestismo.

A reação do narrador à descoberta do travestismo de Zé Paulão é muito semelhante à reação da esposa deste, que se sentira chocada e chorara bastante, não conseguindo contar o que sucedera. Na verdade, quando um travesti entra em cena, os dois géneros reagem da mesma forma. Quer a mulher de Zé Paulão quer o narrador insistem em manter em segredo essa desordem nas questões de género. O mundo a que pertencem baseia-se em delimitações inflexíveis, mundo esse que, porém, não voltará a ser o mesmo. A imagem de Zé Paulão como excessivamente masculina será reforçada a cada uso dos sapatos de salto alto, mas começa a haver uma suspeita de que o segredo sobre a ambiguidade de género de Zé Paulão terá sido descoberto pela mãe do narrador. Quando o seu filho chora a "morte" de uma "rapariga" indefinível – e "incerta", em todos os sentidos da palavra (114) –, a mãe sorri sabiamente, tomando de imediato medidas para que o filho jamais ouça o som dos sapatos de salto alto. Se a mãe conhece efetivamente o segredo, ou não, nunca é dito ou revelado, uma incerteza que denota um final apropriado para um conto cuja principal categoria de género se revela ambígua.

Mia Couto utiliza novamente o travestismo no conto "A Filha da Solidão" para atingir o mesmo objetivo: destruir as definições dicotómicas estabelecidas pela sociedade colonial. A destabilização das demarcações de género é complementada por um ataque à legitimidade de um outro sistema de classificação apócrifo: o sistema racial. Neste conto, uma mulher branca veste-se de homem e será suspeita de engravidar uma outra mulher branca. Mas, na sombra desta afronta à lógica da categoria de género, parece existir a possibilidade de o pai verdadeiro ser negro e, como tal, ser desprezado pela família da mulher grávida. O preconceito é de tal forma cego que a possibilidade de o pai ser feminino, mas branco, se apresenta como mais viável do que "os outros, de outra cor", que "se reduziam a uma palavra, soprada entre a maxila do medo e a mandíbula do desprezo: o preto" (CDNT: 46).

A rapariga chama-se Meninita. O seu pai, Pacheco, por razões que apenas ele conhece, decide ir viver para Sofala, "condenando a família a não conviver mais com gente de igual raça" (45-46). A sua decisão significa que a sua filha não poderá apaixonar-se por ninguém, uma vez que "aqui só há pretalhada" (46). A rapariga vai desanimando aos poucos por causa da ausência de rapazes brancos nas cercanias, o que a leva a fechar-se no quarto onde embarca em orgias solitárias e insatisfatórias na companhia de revistas. Aos olhos de Pacheco, a ideia de a filha casar com um negro é ridícula, seguro, como está, de que Meninita "cumpria os ensinamentos da raça" (46). O único empregado da casa é o jovem Massoco, que "achava graça aos modos desdenhosos da pequena patroa" (46). Massoco é da mesma idade de Meninita e substitui-a ao balcão da loja do pai de todas as vezes que ela se auto-impõe uma solitária reclusão. Certo dia, no final de um dia de trabalho comum, Massoco faz um pedido curioso que não obtém resposta durante toda a narrativa: "peço licença ir lá ver a patroinha..." (47). As reticências no final desta solicitação tão estranha denotam uma continuação que nunca é revelada. Este fio condutor da história é deixado em aberto, instigando o leitor a decifrar por si próprio o texto quando a narrativa chega ao final. Mas antes disso, e logo após as reticências que sinalizam uma omissão ou a perspetiva de uma prossecução, entra em cena uma mulher veterinária, cuja curiosa característica é a de se assemelhar muito a um homem. Inicialmente, a androginia da veterinária tranquiliza Dona Esmeralda por não poder constituir uma tentação de adultério para o marido. Certa noite, a sua filha adoece e o casal decide pedir auxílio médico à veterinária. A decisão de chamar um veterinário para tratar a filha baseia-se em razões para além da mera necessidade terapêutica, pois, desta forma, estão a reduzi-la ao estatuto de animal, o que, no seu quadro de raciocínio, a relaciona e a aproxima dos "pretos". A sua filha consegue adormecer, mas não sem antes demonstrar à visita feminina o seu desejo por um homem. Ela confunde a veterinária com um homem, e beija-o/a intensamente. Este comportamento, que quebra uma fronteira tabu, causa um grande embaraço aos seus pais. Até este momento da história, a veterinária masculinizada vestira-se sempre de mulher, sendo identificada, de facto, como mulher apenas pelas suas roupas, pois fisicamente parece-se muito com um homem. Porém, depois do seu primeiro contacto com Meninita, a veterinária desencadeia um plano destinado a curar a rapariga que implica a inversão deste paradigma de significação. A veterinária resolve disfarçar-se de homem, plano a que os pais acedem com relutância. Começa a vestir as roupas antigas de Pacheco e a visitar a sua filha durante várias noites. Agora, a sua roupa indica que ela é um homem, ainda que, por baixo, seja, ou pelo menos pareça ser, uma mulher. Os pais de Meninita continuam pouco à vontade com a terapia indicada para a doença da filha. A única vantagem consiste no facto de não envolver negros e de, claramente, começar a resultar. De facto, pouco tempo depois de a veterinária se ir embora, Meninita regressa ao seu trabalho na loja e age de forma mais cáustica do que nunca com os clientes negros. Neste momento, o ausente Massoco reaparece no conto, sorrindo para si mesmo e pensando sobre como "a vida se retomou, em novelo que procura o fio" (48). Contudo, o fio condutor continua ausente; a história continua sem fazer sentido. É então que Dona Esmeralda descobre que Meninita está grávida.

A raiva de Pacheco cresce contra a veterinária ausente, partindo janelas e gritando "eu mato o cabrão da doutora!" (48). Aqui, a veterinária instiga Pacheco a corromper a pureza das classificações de género ao fazê-lo fundir o masculino e o feminino no mesmo insulto irracional que lhe dirige. Ela/ele permite também que o óbvio permaneça escondido e possibilita a continuação da corrupção da fronteira racial, porque, ao abandonar a casa em busca de vingança pela perda de virgindade da sua filha, os pais de Meninita deixam-na sem qualquer supervisão e a rapariga "subiu ao quarto, abriu a revista das velhas fotos. Vencida pelo sono se ajeitou no colchão em rodilha de lençóis. Antes de adormecer, apertou a mão negra que despontava no branco das roupas" (49). Debaixo dos lençóis, a construção das diferenças raciais dissolve-se numa união sexual pressagiada no texto por um outro ato sexual: aquele, entre a veterinária e a rapariga, que assinalara o colapso das divisões de género.

Em "Sapatos de Tacão Alto" e "A Filha da Solidão", Mia Couto recorre à dissolução das dicotomias de género através do travestismo para cumprir o objetivo de romper com as premissas da sociedade colonial. O colonialismo português, particularmente sob a liderança de Salazar, foi uma construção profundamente patriarcal e o Moçambique que emerge da era colonial, com a presidência de Samora Machel, conservou muitos dos preconceitos dicotómicos característicos da era anterior, manifestando intolerância a qualquer desvio à norma sexual. A representação solidária de possibilidades alternativas de género, bem como a reavaliação que o autor faz das fronteiras raciais que marcam profundamente a sociedade moçambicana revelam uma atitude rara num homem educado em Moçambique.

O tópico complexo de "raça" surge também interligado com as questões de género nos dois contos que analisarei em seguida, narrativas que envolvem indianos, um grupo bastante problemático na África Oriental devido ao seu poder no setor do comércio.

"De Como Se Vazou a Vida de Ascolino do Perpétuo Socorro" e "O Viúvo": Transformando o Criado em Esposa

Os contos "De Como Se Vazou a Vida de Ascolino do Perpétuo Socorro" e "O Viúvo" têm vários pontos em comum. Ambos os protagonistas nasceram em Goa, vivem em Moçambique e sofrem de uma crise identitária. Ascolino define-se da seguinte forma: "Indo-português sou, católico de fé e costume" (VA: 67). Por seu turno, Jesuzinho "se chamava de Indo-Português. Lusitano praticante" (CDNT: 79). Ambos são abandonados pelas esposas e bebem demais, o que os leva a, em momentos cruciais, confundir os seus fiéis criados com as suas esposas, transformando homens em mulheres e assinalando o colapso dos mundos ordenados e classificados a que pertencem.

"De Como Se Vazou a Vida de Ascolino do Perpétuo Socorro" narra a história de como o mundo do anti-herói epónimo se esvazia de sentido aos poucos, principalmente devido à falsidade dos fundamentos que se pressupõe estarem na sua base. Ascolino aspira a pertencer ao grupo dos colonizadores, um desejo que indicia desde logo exclusão porque, para pertencer, a própria "não-pertença" tem de ser reconhecida. Assim, para Ascolino, o significado do seu mundo fundamenta-se no binómio de inclusão-exclusão. Mas o mundo a que Ascolino reclama pertencer é o paraíso lusotropical de Gilberto Freyre, um mundo cujo sangue comum é a língua em comum. De facto, a sua língua de adopção, a língua portuguesa, é a sua pátria. Mas é também o primeiro elemento que o exclui, porque o marca como um dos "monhés" que ele tanto despreza (VA: 75), porque o seu português caracteriza-se por uma voz claramente estrangeira. Ascolino não utiliza a sua língua materna e, à medida que tropeça nas palavras, regurgitando conjunções arbitrárias, o interlocutor percebe quem ele é, de onde vem e onde é que ele (não) pertence. A alienação implícita na sua fraseologia idiossincrática é complementada pelo seu sotaque, tornando claro que, à partida, jamais pertencerá ao grupo a que aspira. Apesar disso, Ascolino, ao longo da sua vida, age e rege-se por imitação dos colonizadores com quem pretende identificar-se. Vive numa casa colonial, usa um "fato de linho branco, sapatos de igual branco, chapéu de idem cor" (67) para compensar a sua cor de pele, e, claro, canta o fado.

Tal vulnerabilidade da dicotomia inclusão-exclusão vivida por Ascolino reflete-se no seu relacionamento com as outras duas personagens principais, Vasco e Epifânia. Respetivamente, Criado e Esposa, as duas personagens funcionam como pólos paralelos na estrutura patriarcal, estabelecendo e determinando os papéis de Ascolino como Patrão-Marido. Esta complexa relação parece análoga às dinâmicas de poder entre o Mestre e o Escravo de Hegel. A existência de Ascolino depende do reconhecimento por parte do seu Criado e da sua Esposa dos papéis dele enquanto Patrão e Marido, respetivamente. A estrutura ética implícita nesta relação triangular impede qualquer confusão entre os três elementos. Para que seja considerado parte dos colonizadores, é necessário que o Patrão-Marido domine sempre o sistema. Para além disso, a autoridade do Patrão-Marido deriva, em grande parte, das definições claras de papéis de género e, nesse sentido, o Criado não deverá nunca ser confundido com a Esposa. Assim que essa distinção desaparece, o seu império de Patrão e Marido também se esvanece.

Se a teoria de Jung for aplicada a esta construção – ela própria baseada em dicotomias simples –, verificar-se-á que Epifânia e Vasco são dimensões complementares da sombra de Ascolino. Epifânia é a sua mulher e, como tal, deverá supostamente "receber sem hesitações a projecção da sua alma" (Jung, 1990: 163). Ela é uma manifestação do seu interior mas, à medida que a história progride, essa manifestação vai desaparecendo gradualmente. De facto, logo no princípio da história, ela é "tão magra que nem se sentia chegar" (68), e, no final, desaparece juntamente com todo o mobiliário, deixando atrás dela apenas uma casa vazia. Como o próprio nome da personagem sugere, funciona como uma revelação do vazio interior de Ascolino.

A primeira descrição, que surge no texto, de Vasco João Joãoquino é a de um "fiel e dedicado empregado" que "surgia da sombra das mangueiras" (68). Fisicamente, ele habita um espaço de fronteira. À semelhança do Escravo de Hegel, é Vasco que permite a Ascolino autodefinir-se como Patrão. Por exemplo, Ascolino bebe na sala principal do bar, enquanto Vasco se junta aos negros na parte de trás, demonstrando uma diferença obediente. O bar frequentado diariamente por este par representa a quintessência histórica da "Portugalidade", pois seu nome é "Viriato", o herói lusitano que lutou contra os romanos.

Enquanto Criado, Vasco parece constituir o extremo oposto de Ascolino, que é o Patrão e, enquanto tal, representa também aquilo que este pretende inibir no seu inconsciente. O goês tenta inserir-se no grupo dos outros patrões – ou seja, os portugueses – repetindo os seus insultos à Índia. Porém, também a dicotomia Patrão-Criado, de que Ascolino depende para manter o estatuto desejado, é extremamente vulnerável. Em primeiro lugar, porque o nome Vasco marca o Criado como um símbolo da grandeza historicamente atribuída aos portugueses (por ser homónimo de Vasco da Gama, um dos heróis da expansão portuguesa), enquanto Ascolino carrega o fardo de um nome que o destina a um suplício eterno (Perpétuo Socorro). As alcunhas estão, portanto, trocadas no seu sentido, ou seja, são contrárias à realidade. Em segundo lugar, a linguagem fortemente marcada e a cor de pele de Ascolino impedem-no de passar por português, apesar dos seus esforços para tal. Em terceiro lugar, o Criado, de quem Ascolino depende para ser reconhecido como patrão, imita ameaçadoramente a sua voz para divertimento dos seus colegas negros, uma estratégia que Homi Bhabha identifica como sendo subversiva. Por fim, mas mais relevante ainda, a pretensão de Ascolino em ser incluído no grupo hegemónico desfaz-se quando ele confunde as próprias categorias em que a hegemonia se baseia, gritando "sou caneco de cu lavado", e continuando: "Viva Nehru!" (77). Logo após esta troca ébria entre lealdades nacionalistas lusitanas e indianas, "Ascolino troca o empregado pela mulher, chama-lhe Epifânia" (77), desaparecendo a fronteira tabu entre Esposa e Criado na mente dele. Ao renomear Vasco, Ascolino começa a projetar no Criado o seu desejo de um reconhecimento conjugal que Epifânia não conseguira cumprir. Inicialmente, Vasco continua a agir enquanto mero Criado e obedece à ordem do Patrão para que se sente na parte da frente da bicicleta que partilham. Mas, nesse instante, quando Vasco ocupa o lugar da esposa pretendendo apenas obedecer a uma ordem, Criado e Esposa fundem-se num só. Ambas as dicotomias se desintegram imediatamente quando "o goês excitado agarra o criado pela cintura" (77). Ascolino toma o homem por mulher e, ao tentar beijá-la/lo, o Criado revolta-se, deitando o Patrão ao chão e gritando: "não sou tua mulher" (77). A partir de então, nada voltará a ser igual. Apesar de a masculinidade de Vasco vir a ser reconhecida e de este voltar a chamar "patrão" a Ascolino, a normalidade não é totalmente restaurada. De facto, a sua masculinidade vacila quando Ascolino o confunde com Epifânia por mais duas vezes. Mas, de qualquer forma, no que diz respeito ao género, basta apenas um momento de hesitação para que os fundamentos da ordem patriarcal sofram danos irreversíveis. As trocas de género de Vasco obviam a perda de autoridade de Ascolino nas duas esferas que sempre procurara controlar para conseguir satisfazer a sua ambição de pertença. As duas personagens pedalam estrada fora no encalço do terceiro elemento da tríade de poder, já absolutamente ausente. Concomitantemente, a arbitrariedade das categorizações rígidas reguladoras do grupo colonial a que Ascolino aspirara é revelada pela transgressão de uma das dicotomias mais elementares: a distinção entre homem e mulher.

Analisando o conto "O Viúvo", também o mundo de Jesuzinho da Graça depende da ordem e de categorias lineares. A sua unha do dedo mindinho, grotescamente grande, representa mesmo esse mundo utilitário: tudo cumpre um determinado objetivo, tudo tem o seu lugar definido, para que toda a estrutura opere de modo eficiente. A própria unha, aliás, transforma o dedo num "simples acessório" (CDNT: 80) pela sua importante função disciplinadora de folhear papéis metódica e silenciosamente. A sua vida define-se pela rotina, ao ponto de a expressão que usa diariamente na sua língua materna para se despedir dos seus colegas, "ram-ram", ser entendida como "ramerrão", um termo que assinala uma rotina desgastante e que acabará por causar a sua morte (79). De facto, desde as primeiras linhas do conto que se percebe que Jesuzinho não é uma personagem viável, pelo menos não num mundo bem regulado, porque ele é descrito como um arrepio que "nos mostra como a febre se parece com o frio" (79). Dois elementos opostos, supostamente bem afastados, são assim reunidos patologicamente na sua pessoa.

A unha, representativa de uma segurança taxonómica, também afasta a sua mulher que, tal como acontece a Ascolino, abandona Jesuzinho. A diferença, porém, é que este conseguirá juntar-se a ela mais tarde, porque desiste da sua dependência de uma ordem categórica. Quando a sua mulher morre, parte da sua definição pessoal esvai-se, porque ela era a sombra da sua sombra: "Se Jesuzinho era sombra, a esposa Vitória era crepúsculo dessa sombra" (80). Vitória simboliza o lado da personalidade de Jesuzinho que não é limitado por categorias. Durante a vida de Vitória, Jesuzinho pode reprimir essa dimensão da sua psique, porque esta estava personificada na sua sombra. Mas quando a sua mulher morre, "aos poucos, o goês deu sinais de maior desarranjo: as horas se perdiam dele" (81); antes, um "funcionário do zelo, eterno cumpridor de regulamento, deixou de espremer o mata-borrão sobre os escritos de sua lavra" (81). Mas, no meio do caos em que se tornava a sua vida, permanecia uma rotina: as idas ao bar às terças-feiras, cuja relevância reside na performance que sempre lhes sucedia. Apesar de a sua atividade semanal reter claros vestígios de uma certa ordem pela periodicidade inflexível na vida de Jesuzinho, o travestismo do seu fiel criado, Piquinino – que faz parte central da rotina –, afronta tabus e levanta problemas a várias categorias fundamentais: o "homem" torna-se "mulher" quando "o empregadito se esforçava em aflautinar a voz, copiando os esganiços de Vitorinha" (82). As suas ações ultrapassam mesmo a mera imitação de trejeitos femininos, resvalando para uma ação afetada e afetuosa quando "o empregado copiava os modos da antiga senhora e brilhantinava os cabelos do patrão, acertando a risca em diagonal no cabelo" (82). Ao restituir a ordem ao cabelo do seu patrão, Piquinino mina a ordem, porque a sua ação representa erradamente o género.

Ao contrário de Vasco, Piquinino não sente qualquer inibição em desempenhar um papel de género diferente. O seu desconforto emerge, sim, perante a destruição de uma outra categoria. Ao fingir ser a mulher falecida, Piquinino joga perigosamente com a fronteira entre o mundo dos mortos e o dos vivos, o único motivo que o leva a recusar continuar com a charada. Quando Jesuzinho lhe pede que finja ser Vitorinha uma outra vez, Piquinino fica em silêncio. Porém, por esta altura da história, já várias fronteiras tinham sido superadas pelo goês, a ponto de ele desistir da sua aspiração ao mundo da ordem e abdicar do seu último símbolo, pedindo a Piquinino que lhe corte a unha do dedo mindinho. Ao cumprir o desejo do patrão, Piquinino desaparece no ar. Nesse momento, Jesuzinho e a sua crença num mundo de ordem, restringido por categorias, desvanece-se.

Estes dois contos partilham uma temática e um tropo. Ambos rompem com as determinações de género com o objetivo de minar estruturas de poder. Tendo em conta a afirmação de Scott de que o género tem sido "um mecanismo persistente e recorrente de determinar o poder no ocidente" (Scott, 1999: 45), a estratégia de Mia Couto constitui também um ataque aos dogmas dominantes da sociedade ocidental. Mas, para além disso, o próprio sistema de classificação na sociedade africana tradicional – pelo menos aquele que surge na sociedade moçambicana, em particular – também é questionado pelo seu jogo com o género. A subversão humorística que Mia Couto faz dos papéis de género não permite aquela leitura do seu trabalho que o interpreta como uma simples busca de uma restauração da tradição africana. Se é verdade que, em alguns trabalhos, o autor parece lamentar um certo distanciamento e a perda de contacto com um passado anímico, essa valorização de raízes e de tradições não implica, no universo de Couto, um consentimento inquestionável dos constrangimentos fossilizados que essas tradições frequentemente pretendem impor. Para Mia Couto, o género é uma das fronteiras mais fluidas que se herda. Jogar com o género cria assim novas possibilidades, como se verá em seguida, discutindo mais dois contos do autor, "Joãotónio, no Enquanto" e "Mulher de Mim".

"Joãotónio, no Enquanto" e "Mulher de Mim": Rupturas nos papéis

Em "Joãotónio, no Enquanto", o género é representado como um fluxo, algo sempre em trânsito, nunca uma entidade estável. O título deste conto sugere que o protagonista ou, pelo menos, o seu nome, habita um espaço temporal intersticial. "Enquanto" é uma conjunção que normalmente designa simultaneidade mas, aqui, resvala para uma outra categoria sintáctica, passando a funcionar como um substantivo abstrato e pressagiando a ideia subjacente à primeira frase do texto: "Por enquanto, sou Joãotónio" (EA: 123), uma frase que indicia, em simultâneo, temporaneidade e permanência. De facto, o verbo "ser" é utilizado aqui na sua forma que indica uma condição inata e duradoura. O próprio Mia Couto, numa entrevista, explorou a distinção entre "ser" e "estar", mostrando como o primeiro verbo indica uma condição mais permanente. Contudo, Couto utiliza a forma "estar" para se definir como escritor, transmitindo a ideia de que ser escritor não é uma condição "genética" ou "definitiva" (Silva, 1994 :16). Num processo de dedução inversa, o leitor pode assumir que o narrador deste conto se auto-identifica, "geneticamente" e "definitivamente", com Joãotónio. Porém, o seu estado é predefinido adverbialmente como transitório com a expressão "por enquanto", aliás, a primeira informação recebida pelo leitor. À medida que a história se desenrola, torna-se óbvio que o género do narrador é o parâmetro que se encontra sujeito a variações.

O narrador assume que todos os seus encontros com mulheres são uma batalha, definindo assim a interação com o género feminino em termos militares, uma situação que pressupõe, portanto, um conflito entre adversários. O objetivo desta batalha é revelar a essência da voz da mulher. Uma vez mais, Mia Couto relaciona o feminino com a humidade e, adicionalmente, com a oralidade. Por outro lado, o autor parece atribuir o processo de escrita e de leitura ao mundo masculino, quando de forma consciente, dirige a sua história a um leitor masculino, "mano" (123), e a escreve, "ainda e por enquanto", sob o pseudónimo, também masculino, Joãotónio (124).

Este escritor masculino afirma que os homens jamais conseguirão compreender as mulheres, porque "as ideias delas nascem num lugar que está fora do pensamento" (123). Joãotónio enquadra a masculinidade como parte do mundo racional e apresenta estereotipadamente a feminilidade como algo para além da razão. Porém, as delimitações que tenta fixar estão desde logo condenadas ao fracasso, porque, quando escreve, ouve-se a voz de uma mulher vinda da sua caneta, uma mulher que dita o seu pensamento, determina as suas razões e inspira a sua escrita. O domínio da oralidade de Maria Zeitona, nome com que designa a página, contamina a escrita, que se torna a corporização da sua carne e, como tal, algo palpável.

Maria Zeitona era uma mulher de uma beleza imensa com quem Joãotónio casa, para descobrir depois que ela é frígida. Todas as estratégias que empregava para tentar alterar o seu estado de uma espécie de cadáver na cama falhavam. Por fim, Joãotónio envia-a a uma prostituta para aprender as artes do sexo e Maria regressa uma outra mulher. Uma mulher tão diferente, que é quase um homem; mas não completamente; é sim uma criatura que combina características femininas e masculinas. Ela é "masculina" e não, "masculino", e mantém uma ligação à humidade, o símbolo de Couto para o feminino, mas, desta vez, através da enorme transformação que o autor faz do termo "manda-chuvas" para "manda-bátegas". O primeiro conceito, ainda que denote a ideia de "chefe", etimologicamente tem o significado de "aquele que envia a chuva", o que é substituído pelo autor por "bátega de água", hiperbolizando assim a ideia de chefe. De facto, a própria voz de Zeitona, que encarna a sua feminilidade, regressa alterada do estágio em que, supostamente, aprende as artes do sexo.

Como resultado da metamorfose de Maria, o próprio Joãotónio começa a duvidar da sua masculinidade, a ponto de literalmente coçar as partes íntimas para se reassegurar. O narrador, que, no início, procurara assumir rigorosamente os limites arbitrários do género, ao definir atributos estereotipados para os dois sexos, descobre, de repente, que aprecia o estado de ambiguidade em que se encontra, porque lhe dá acesso a uma nova verdade. Ele afirma que "nos amores sexuais não há macho nem fêmea. Os dois amantes se fundem num único e bipartido ser" (126). E, quando os dois sexos se fundem num só, revelam características de um no outro. Os dois géneros deixam de ser opostos, passando a ser complementares. A exclusão mútua do universo da lógica dicotómica dá lugar a uma fusão profícua quando a história termina com a confissão do narrador de querer tornar-se "irracional". Todos os dias Joãotónio anseia pela noite, pelo momento em que se torna, simultaneamente, Joãotónio e Joanantónia, a fêmea nos braços viris da sua mulher. Define-se como "masculina" e "feminino", um oximoro que rejeita liminarmente o paradigma bipolar da razão. Quando um dos mecanismos de classificação humana mais fundamentais e controversos falha – com a transformação pontual de "Joãotónio" em "Joanantónia", num processo de rasura e reescrita –, a verdade que fundamenta todo o edifício denominativo enfraquece, iniciando-se, simultaneamente, um processo de esmorecimento do poder que define as categorias.

"Mulher de Mim" constitui mais um dos contos de Mia Couto em que os dois géneros se fundem num só. Esta narrativa é particularmente surreal pela indefinição dos limites entre opostos: a separação entre vivos e mortos, entre existência e inexistência, entre o mundo dos sonhos e o da realidade, entre o passado (dos que já faleceram) e o futuro (dos que ainda estão para nascer). A principal dicotomia que permeia o texto parece ser, inicialmente, reforçada, mas só para, mais tarde, ser desconstruída. De facto e mais uma vez, o autor começa por recorrer e, aparentemente, defender estereótipos de género antes de fundir, de modo sagaz, os opostos, numa estratégia que bem desafia certezas estabelecidas.

A epígrafe do conto propõe a dicotomia inicial: "O homem é o machado; a mulher é a enxada" (CHER: 117). Os homens são assim associados à destruição pela analogia com o machado, um instrumento que derruba árvores, enquanto que as mulheres são associadas à fertilidade através da imagem da enxada, que cultiva a terra. Se conseguir resistir à sedução da mulher misteriosa que vem ao encontro da sua vida, o narrador candidata-se a uma recompensa: merecer "o nome da gente guerreira" (120), que constitui mais uma associação entre a masculinidade e a destruição. Por outro lado, uma outra possibilidade que lhe invade o pensamento, para conseguir resistir à sua influência, é matá-la. Contudo, a misteriosa mulher constitui um outro exemplo da fusão que Mia Couto faz entre a feminilidade e a humidade (a matéria-prima da vida), como se vê na primeira descrição da personagem: "Era uma mulher de olhos lisos que humedeciam o quarto" (119). Também a sua voz "lembrava o murmurinho das fontes, a sedução do regresso a dantes quando não havia antes" (120). Para além da analogia com a humidade, esta frase também se inspira no apelo da água enquanto elemento primordial e relaciona o poder de sedução das mulheres com o desejo de regresso ao ventre materno. A sua voz leva-o a afirmar que "me irrealizava. E quando me apelava, rumo à razão, nem sequer eu chegava a meu cérebro, o austero juiz" (120). O efeito exercido pela mulher sobre o narrador é de contaminação do seu mundo ordeiro por uma fluidez irracional, simbolizado na narrativa por um sólido cubo de gelo. Este mundo, de facto, tem o seu fim determinado desde o início da narrativa, quando o narrador se compara a um cubo de gelo a derreter no copo: "ambos nós transitórios, convertendo-nos na prévia matéria de que nos havíamos formado" (119). A analogia é bastante significativa pois anuncia a efemeridade do seu estado masculino: o gelo tornar-se-á novamente água; a rigidez masculina, nascida a partir da mulher, reconverter-se-á novamente em humidade feminina, indiciando um regresso ansiado à matéria-prima primordial – a água, origem de toda a humanidade. Se, na linha da argumentação do capítulo anterior, o útero e a água forem considerados como oniricamente permutáveis, então este sentimento veiculado pelo narrador prenuncia uma preocupação que surgirá mais tarde na história, quando o narrador descreve cada domicílio como uma reedição do ventre materno. De facto, a presença da misteriosa mulher permite ao narrador aperceber-se de que jamais conseguirá regressar pacificamente ao ventre materno, porque os constrangimentos rígidos impostos pelo seu mundo lhe impedem o acesso.

A mulher misteriosa funciona como uma sombra do narrador, invadindo e abandonando o seu espaço do consciente para impor dúvidas sobre ele próprio e sobre a ordem rígida que ele representa na solidez do cubo de gelo. É então que o narrador começa a duvidar da sua própria existência: "Por artes da intrusa, eu desaparecia, intermitente, da minha existência" (120). Por sua vez, a mulher aparece intermitentemente no universo das sombras. O seu objetivo é provocar uma regressão do narrador ao tempo da sua infância, levá-lo a reingressar no ventre materno para começar tudo de novo. A componente fundamental da sua estratégia ecoa as táticas utilizadas já por tantas outras personagens de Mia Couto, pois "ela contou sua história, seus episódios. Variantes de verdade, me davam o doce gosto do fingimento" (120). Mais uma vez, a vida de uma personagem é narrada como sendo uma recriação constante, como uma peça de ficção que facilita o acesso à verdade da verdade, ou seja, à sua natureza relativa e incerta. Em constante fluxo, a história instável da vida da mulher seduz o narrador porque é infinita, nunca atinge um fim, recomeça constantemente e reproduz a sua própria conclusão sobre a natureza da vida: "a vida, ela toda, é um extenso nascimento" (121).

A própria conclusão do conto é a descrição de uma viagem e, como tal, sugere que o processo é sempre mais importante do que o objetivo final. À semelhança de Fortin em "A Princesa Russa", também as pegadas bissexuais do narrador percorrem a narrativa até chegar a um fim que, na verdade, constitui um novo começo, ou melhor, constitui a continuação eterna de uma viagem. Os constrangimentos teleológicos são sacrificados no altar da recriação constante, cujo objetivo nada mais é do que isso mesmo – recriar. A lógica da temporalidade sofre com o desaparecimento de um "Fim", à medida que "o tempo" perde a noção do tempo e se arrasta eternamente.

O desaparecimento da categoria "finito" é pressagiado pela apresentação dos objetivos da mulher. Ela diz ao narrador que "eu venho procurar lugar em ti" (124), porque "só ela guardava a eterna gestação das fontes. Sem eu ser ela, eu me incompletava, feito só na arrogância das metades" (124). Assim, a ordem binária de género é questionada pela sua presença. A dicotomia sexual sempre exigira uma reprodução das suas lógicas em todas as dimensões da existência humana; porém, os seus fundamentos são, eles próprios, fraudulentos, meros artifícios disfarçados de ordem natural das coisas. O narrador apercebe-se, finalmente, que "nela eu encontrava não mulher que fosse minha mas a mulher de mim" (124). Possessão e hierarquia são, assim, substituídos por uma complementaridade mútua.

Em ambos os contos, "Mulher de Mim" e "Joãtónio, no Enquanto", Mia Couto parece querer começar por definir os estereótipos de género, apenas para, posteriormente, os desconstruir numa repetição da mesma estratégia usada em "Lenda de Namarói", em que se confirma a versão patriarcal e padronizada sobre a criação antes de a destruir. Mesmo em "Sapatos de Tacão Alto", a masculinidade de Zé Paulão é exagerada antes de se revelar o seu gosto pelo travestismo e de se parodiar o paradigma de género. Na sua abordagem às questões de género, Mia Couto revela a sua grande afinidade com o projeto do pós-modernismo. Ao liquidificar uma das fronteiras mais sagradas, o autor renuncia à legitimidade dita inata de todas as limitações. A jurisdição das várias categorias não é um dado adquirido no universo de Couto. Pelo contrário, qualquer fronteira que surge como óbvia apresenta-se como porosa à medida que a história vai progredindo. Um aspeto bastante interessante na forma como Mia Couto aborda as questões de género prende-se com a maneira como o escritor politiza a abolição das delimitações fixas de género, em si, uma estratégia diegética claramente pós-moderna. Em contos como "De Como Se Vazou a Vida de Ascolino do Perpétuo Socorro" e "A Filha da Solidão", as fronteiras raciais são atravessadas e as aspirações racistas são minadas, à medida que se despoletam as diversas variantes de género. Ao estabelecer a ligação entre a denúncia de preconceitos racistas e a desconstrução dos estereótipos de género, Mia Couto subverte quer os paradigmas discriminatórios presentes na sociedade moçambicana contemporânea, quer os pilares da sociedade colonial. Esta estratégia é extremamente perspicaz uma vez que o discurso contra o racismo tem sido, em parte, bem sucedido no Moçambique independente, enquanto, pelo contrário, permanece na sociedade moçambicana uma aversão profunda e irracional às orientações sexuais e às práticas de género minoritárias, bem como uma grande dificuldade em promover uma igualdade de género significativa, o que resulta, por exemplo, no facto de famílias com falta de recursos optarem quase sempre por educar os filhos em detrimento da educação das filhas. Por último, a prostituição, uma profissão a que muitas mulheres recorrem devido à tremenda pobreza que as rodeia, surge no quarto romance do autor, em que, como se verá no próximo capítulo, o autor utiliza a voz marginalizada de uma prostituta para revelar "verdades" à sociedade dominante.

7.

AS NAÇÕES UNIDAS, AS OPERAÇÕES DE PAZ E A LITERATURA

No início dos anos 90, Moçambique tornou-se alvo da atenção das Nações Unidas uma vez que a comunidade internacional exigia desesperadamente uma história de sucesso no continente africano, após uma série de embaraçosos falhanços. A missão para a marcação de um *referendum* no Sahara ocidental, lançada em 1991, extinguiu-se sem ter ido além do seu acrónimo, MINURSO. A operação das Nações Unidas na Somália (UNOSOM), iniciada em Abril de 1992, desintegrou-se desastrosamente; e a missão de verificação do processo de paz em Angola assistiu à recusa de Jonas Savimbi em aceitar a sua derrota eleitoral e ao catastrófico regresso do país à guerra civil, que só terminou com a morte do líder da UNITA, em 2002. Contra este cenário, o Acordo de Paz Moçambicano, assinado em 4 de Outubro de 1992, oferecia às Nações Unidas um exemplo de sucesso na resolução de um conflito armado que tinha devastado a nação moçambicana ao longo de quase duas décadas. Em 16 de Dezembro de 1992, a resolução 797 do Conselho de Segurança estabelecia a ONUMOZ, a operação de paz que custou à comunidade internacional mais ou menos meio bilião de dólares, e que teve lugar nos dois anos subsequentes aos acordos de paz.

O mandato da ONUMOZ expirou a 9 de Dezembro de 1994, o dia em que Joaquim Alberto Chissano tomou posse como presidente da República, na sequência das primeiras eleições democráticas da história da nação moçambicana. As Nações Unidas tinham assim uma história de sucesso para contar e podiam apontar a jovem, mas ainda frágil, democracia da antiga colónia portuguesa como um exemplo dos benefícios de uma ação concertada e levada a cabo pela comunidade internacional. A guerra civil terminara; Afonso Dhlakhama passava de um abominável líder de um "dos mais brutais movimentos terroristas existentes", nas palavras de Margaret Thatcher (citado por Vines, 1991: 1), a um aceitável líder parlamentar da oposição, com resultados consideráveis nas primeiras eleições multipartidárias do país. Os quatro milhões de dólares que recebeu pessoalmente eram apenas o preço a pagar pela sua cooperação no processo.

Os dois anos que mediaram a assinatura do Acordo Geral de Paz em Roma e a aceitação por parte da RENAMO da vitória de Chissano caracterizaram-se por uma série de iniciativas de diplomacia arriscada, ameaças, boicotes e violações de acordos. Todavia, o resultado final foi a libertação de Moçambique do conflito e, portanto, o fim da guerra. Uma democracia de características ocidentais instalou-se, deixando para trás o modelo socialista de inspiração soviética, não mais viável e não mais sustentável após a queda do muro de Berlim, e as Nações Unidas supervisionaram a transição. É claro que, enquanto a retórica do governo da FRELIMO ia mudando na mira de responder às expectativas da comunidade internacional, muitas caras do governo mantinham-se. Para além disso, em vários aspetos, a presença das Nações Unidas em Moçambique ecoava o paradigma de uma intervenção estrangeira, que "apavorava" a memória do país, desde há cinco séculos, com a chegada dos portugueses. Assim, a operação das Nações Unidas juntamente com a ação das múltiplas agências de ajuda internacional, que afluíram à região nos últimos anos, tornaram-se sintomáticas da mudança global em direção ao "Império", como definido por Michael Hardt and Antonio Negri. Para estes autores, "Império" é o resultado de um estado avançado do capitalismo liberal, uma era em que as fronteiras e as soberanias nacionais cedem à economia mundial, em que a diversidade pós-moderna é festejada e em que a diferença cultural se torna um fetichismo celebrado. De modo paradoxal, no processo, uma nova ordem mundial profundamente homogeneizante estabelece-se ou, como hoje é já possível ver na sua faceta mais beligerante, começa a sua afirmação e o seu estabelecimento.

Apesar de todos os subterfúgios pós-modernos facilmente identificáveis, a presença internacional em Moçambique, através das ONGs (Organizações Não Governamentais) e das Nações Unidas, era sentida como uma continuação do processo de neocolonialismo, como foi assinalado por Margaret Hall e Tom Young. É claro que a experiência colonial de Moçambique se tornava mais complexa devido a situação semiperiférica de Portugal como nação imperial – como Boaventura de Sousa Santos sublinhou, socorrendo-se da metáfora shakespeariana, em que classifica a antiga metrópole entre a atuação de um Caliban e a de um Próspero ou, mesmo, mais de um Caliban do que de um Próspero. A incapacidade de Portugal satisfazer as exigências de um "colonialismo hegemónico" – caracterizado pelo modelo britânico, contra o qual todos os outros foram, de alguma forma, avaliados e classificados – diminuiu em alguns aspetos o ambiente suspeito que rodeou a saída de Portugal das suas colónias e as suas próprias intenções enquanto antiga potência colonial. Na verdade, mesmo que a antiga metrópole pretendesse seguir um modelo e uma agenda neocolonial, após ter desistido das suas intenções coloniais – o que está longe de ser claro, dado o processo revolucionário em que Portugal mergulhou e em que não se podia desprezar a influência determinante da guerra que se viveu nas colónias africanas –, Portugal, pura e simplesmente, não estava em posição de o fazer. Contudo, se o neocolonialismo for definido como um exercício de continuada manipulação de uma antiga colónia, cujo resultado prático se traduz em bloquear o efetivo desenvolvimento nacional e, de modo particular, a independência económica, Moçambique tornou-se rapidamente um dos objetos e mais uma vítima de uma das mais poderosas armas do arsenal neocolonial: a ajuda internacional.

Mesmo quando utilizam uma linguagem radical, o discurso das ONGs, bem como o das próprias Nações Unidas, é fundamentalmente o mesmo discurso do Banco Mundial e dos Estados ocidentais. Todos têm "dúvidas sobre a capacidade dos governos do Terceiro Mundo" e mostram "desconfiança em relação a tradições culturais que não se enquadrem nas noções ocidentais de 'direitos' e de 'justiça'" (Hall e Young, 1997: 225). Eles são parte intrínseca da comunidade internacional, uma designação imperfeita que, inevitavelmente, aponta em exclusivo para os interesses ocidentais e que encontra a sua primeira manifestação histórica relativa a África na Conferência de Berlim de 1884-85, em que os impérios coloniais europeus dividiram África sob o pretexto de levarem a ordem e a civilização ao continente. As palavras podem ter mudado, uma vez que as Nações Unidas e as ONGs se colocam sob o manto protector do discurso da comunidade internacional. Hoje, já não é possível, nem aceitável, falar de uma missão civilizadora. Mas, infelizmente, o tom de superioridade protetora ocidental e a defesa prioritária dos seus exclusivos interesses não se modificou, como foi dito, de forma clara, em *O Último Voo do Flamingo* de Mia Couto, pela voz de uma prostituta, personagem do romance.

Um traço comum aos três primeiros romances de Mia Couto (*Terra Sonâmbula*, *A Varanda do Frangipani*, e *Vinte e Zinco*) é a denúncia da constante intervenção estrangeira a que o país foi e é sujeito: primeiro, com o colonialismo e, depois, com a guerra civil, muito encorajada pelo exterior, o que terá impedido o desenvolvimento de uma identidade cultural moçambicana. Contudo, o quarto romance de Mia Couto quebra este ciclo de acusação do exterior pela infelicidade interna e pela incapacidade de Moçambique construir a sua própria identidade, ao mesmo tempo que, paradoxalmente, coloca em primeiro plano de análise a intervenção estrangeira no território moçambicano e os seus efeitos. De facto, *O Último Voo do Flamingo* constitui uma poderosa e, por vezes, crítica humorista à invasão do seu país pelas Nações Unidas e, por extensão, pelas agências de ajuda humanitária e de desenvolvimento que, na generalidade, colocam enviesadamente a responsabilidade da resolução dos problemas nos ombros dos moçambicanos. O mandato de dois anos da ONUMOZ, para além da supervisão do processo de paz, teve uma série de consequências, sendo a mais importante a confirmação do poder de uma agência internacional num país frágil como Moçambique, que foi vendo a sua soberania diminuída. A arrogância das Nações Unidas e os abusos associados a esta atitude – que abordarei na minha análise de *O Último Voo do Flamingo* – constituem uma manifestação aguda da ideologia subjacente à cultura da "ajuda internacional", que se instalou em Moçambique, hipotecando – de forma diferente do colonialismo ou da guerra civil – o efetivo desenvolvimento do país. As agências ocidentais presentes em Moçambique são atravessadas por um paradoxo que recusam assumir e que, inevitavelmente, torna a sua posição hipócrita, como perpassa nos seus discursos. O discurso sobre o desenvolvimento manifesta um paradoxo essencial: ao mesmo tempo que privilegia a diferença cultural e o respeito pelos valores locais, dinamiza claramente uma agenda ocidental, que em raros casos se preocupa com o real desenvolvimento sustentado do país de modo a torná-lo de facto independente, ou mesmo viável, em termos políticos e económicos e indo ao encontro das suas características culturais e sociais. Assim, enquanto pensadores progressistas ocidentais podem concordar com a necessidade de, por exemplo, atingir uma política de igualdade de género, até que ponto é que esta posição é compatível com o respeito pelas tradições patriarcais da sociedade em questão? Tal como os colonizadores católicos, que usaram a espada e a cruz para impor uma crença baseada no celebrado amor ao próximo, as agências da idade pós-moderna procuram ignorar as contradições inerentes às suas próprias atividades, ignorando qualquer aspeto local que possa comprometer ou desviar a sua ação.

A presença da ONUMOZ em Moçambique não foi uma excepção. Na verdade, nem a ONU nem as ONGs se incomodaram muito com o conhecimento e o respeito pelos costumes e os hábitos dos locais onde a sua ação se exercia. Isto deveu-se, por um lado e em parte, ao tempo limitado da sua missão, que não se compadecia com uma agenda de efetivo desenvolvimento, e, por outro lado, à arrogância do pessoal envolvido na missão. A experiência moçambicana da ONUMOZ acabou, de facto, por se revelar uma clara manifestação do novo paradigma mundial, mais discreta e contraditoriamente praticada pela comunidade de agências de ajuda, em que a jurisdição dos governos é transposta e substituída pela vontade da chamada comunidade internacional. Como assinala

Richard Synge relativamente ao mandato da ONUMOZ em Moçambique, "como um todo, as atividades e as operações das Nações Unidas e da Comunidade Internacional tenderam a ser invasivas e desestabilizadoras, em vez de criativas e apoiantes das frágeis estruturas do Estado e da sociedade moçambicanos" (Synge, 1997: 145). De facto, no segundo ano do seu envolvimento em Moçambique, "as Nações Unidas passaram a ser encaradas como uma administração paralela. Por vezes, tinha quase a configuração de uma operação colonial, executando uma agenda de interesses estrangeiros e não de interesses domésticos" (148). Depois de a ONUMOZ ter terminado o seu mandato, Moçambique continuou a ceder a sua soberania às agências de ajuda internacional que, de alguma forma, substituíram subtilmente a operação das Nações Unidas e que são, de igual modo, representativas do paradigma pós-moderno da mudança na re-configuração do termo e do conceito de "Império", que inicialmente referi. A crítica que Mia Couto tece às atividades da ONUMOZ resvala, por extensão, da mera missão de questionar a legitimidade e o direito da comunidade internacional e dos seus agentes para o questionamento dos direitos destes mesmos agentes e das instituições que eles representam de ditarem uma agenda para Moçambique e para o seu povo.

O Último Voo do Flamingo é, resumidamente, uma história de pénis que explodem. À semelhança do que sucede em *A Varanda do Frangipani*, também o seu protagonista, Massimo Risi, encarregado de resolver um mistério, descobrirá uma variedade de verdades, nem todas confortáveis. A história desenrola-se em Tizangara, um espaço alegórico, que congrega as experiências da terra moçambicana nos anos 90 e em que os soldados das Nações Unidas vão desaparecendo, deixando falos cortados no seu lugar. Uma equipa das Nações Unidas, liderada pelo italiano Massimo Risi, é enviada para o local a fim de investigar os alarmantes acontecimentos. O nome do italiano traduz-se, significativamente, por "Riso Máximo", como que indicando que a ação da agência que representa em Moçambique é uma autêntica farsa. Ana Deusqueira, a prostituta da cidade, é chamada pelos investigadores para identificar os donos dos falos espalhados na estrada nacional. Nesse momento, ela coloca ao italiano uma pertinente questão, que, em si, denuncia a duplicidade dos padrões estabelecidos pela comunidade internacional: "Morreram milhares de moçambicanos, nunca vos vimos cá. Agora, desapareceram cinco estrangeiros e já é o fim do mundo?" (UVF: 34).

Mia Couto não escolheu a nacionalidade de Risi por acaso. A Itália teve um envolvimento profundo no processo de paz moçambicano e os seus soldados constituiram o maior contingente de forças de manutenção de paz. Enviados para supervisionar o cumprimento dos termos do Acordo de Paz, os soldados italianos ganharam uma amarga reputação por requisitarem os serviços de prostitutas e abusarem sexualmente de raparigas jovens nas áreas sob sua jurisdição. Não é provavelmente uma coincidência que o batalhão italiano, Albatroz, tenha regressado a Itália na sua totalidade, na sequência da confirmação destas alegações por parte de uma comissão das Nações Unidas estabelecida para os investigar. Ninguém foi judicialmente condenado, mas em seguida, e nos termos da presença das Nações Unidas em Moçambique, foram garantidas imunidade diplomática e isenção de todos os impostos ao pessoal das missões. O desastroso comportamento dos soldados italianos manchou o que até então tinha sido um envolvimento louvável da Itália no processo de paz. O acordo de paz tinha sido negociado sob os auspícios da Comunidade de Santo Egídio, uma organização católica italiana, e assinado em Roma. Fundada em 1968, a comunidade explorou a sua ligação com o arcebispo da Beira, D. Jaime Gonçalves, que era do mesmo grupo étnico de grande parte da liderança da RENAMO e, paralelamente, tinha uma relação próxima com Afonso Dhlakama por casamento de um familiar. Estas ligações ajudaram bastante e facilitaram um longo e frutífero diálogo entre o governo e o movimento rebelde. A Itália, ao enviar a sua força de manutenção de paz para Moçambique, limpava a sua imagem no cenário internacional, no momento em que o debate sobre o seu recente envolvimento na Somália, ao abrigo da missão das Nações Unidas, agitava velhos fantasmas relacionados com as relações coloniais que tinham ligado os dois países. Mas, na mente dos moçambicanos, a Itália será sobretudo recordada através de Aldo Ajello, a controversa figura que dominou a televisão moçambicana durante a sua missão de dois anos como representante especial do Secretário-Geral das Nações Unidas em Moçambique. Político e diplomata, Aldo Ajello era perito na manipulação dos *media* moçambicanos, conduzindo os dois partidos, em nome dos acordos de paz, por um terreno escorregadio e através de práticas pouco dignas.

A relação entre a personagem do romance de Mia Couto, Massimo Risi, e Aldo Ajello ultrapassa a mera semelhança acidental. Ajello – que tinha uma relação de trabalho muito difícil com Boutros Ghali, o então Secretário-Geral das Nações Unidas – era, antes da sua nomeação para Moçambique, um dos mais velhos italianos na competitiva estrutura das Nações Unidas. Secretário-Geral assistente, Ajello foi destacado do seu posto de diretor do gabinete de relações externas do Programa de Desenvolvimento das Nações Unidas, em Genebra, para a chefia das Nações Unidas em Moçambique na sequência do acordo de paz. Apesar de ter desempenhado a sua missão com sucesso, as apreciações sobre o seu trabalho são variáveis e mesmo alguns membros do seu grupo de trabalho mais próximo consideram-no um homem "rude e grosseiro", atreito a "variadas explosões temperamentais" (Synge, 1997: 153). De facto, Ajello interferia no processo político moçambicano sem qualquer espécie de constrangimento ou pudor, comprometendo seriamente a soberania do governo de Maputo, defendendo por vezes os interesses da RENAMO contra os da FRELIMO. Embora muitos moçambicanos possam estar-lhe gratos pela sua intervenção, o uso que fez da sua posição de Representante Especial das Nações Unidas realçou o tom neocolonial das relações da comunidade internacional com Moçambique. Muito do pessoal da ONUMOZ parecia entender que tinha sido enviado para Moçambique para impor e ensinar aos moçambicanos como viver em harmonia. Mas, pura e simplesmente, não entenderam o quanto também eles podiam, de facto, aprender com Moçambique. Esta é a lição que Mia Couto inflige a Massimo Risi, o seu boneco-de-vodu literário de Ajello, através de uma série de personagens marginais, ainda que intelectualmente coerentes, sendo a prostituta, que já referi, a mais radical e direta.

O romance critica exaustivamente a arrogância das Nações Uinidas. Desde a fala inicial do tradutor de Tizangara, a partir da qual a narrativa flui, Mia Couto deixa claro o seu ponto de vista crítico em relação à actuação das Nações Unidas no processo, utilizando para isso uma estrutura narrativa intermediada por um segundo nível, o da tradução do narrador, que distancia o leitor daquilo que acontece na realidade e que pincela a história com uma subjetividade que, apesar de discreta e oficialmente ausente do discurso, o domina por completo. O tradutor explica que a narrativa que se segue é um testemunho do que viu nos primeiros anos do pós-guerra civil. O seu compromisso de contar a história prende-se com o facto de viver a necessidade pessoal de "livrar-me destas lembranças" (UVF: 11). Esta afirmação é, em tudo, semelhante à explicação proposta por Kindzu, uma das personagens principais de *Terra Sonâmbula,* o primeiro romance de Mia Couto. Kindzu escreve uma série de notas como forma de assegurar que as suas penosas memórias do conflito ficam "presas no papel, bem longe de mim" (TS: 214). O paralelo que se pode estabelecer entre Kindzu e o tradutor de Tizangara é contudo incerto e perturbador, na medida em que *Terra Sonâmbula* lida com os horrores da guerra e com as suas consequências, ao passo que, em *O Último Voo do Flamingo,* há uma continuação da narração do horror, não mais da guerra, mas daquele que diz respeito ao processo de paz. Como se verá em *O Último Voo do Flamingo,* Mia Couto deixa evidente a sua ideia de que Moçambique falhou no período pós-independência e no pós-guerra ao não ter conseguido quebrar o ciclo paradigmático de injustiça social e da interferência estrangeira que sempre dominou a área desde os primeiros tempos do colonialismo. A chegada dos soldados das Nações Unidas, definidos como uma força de ocupação que chega "com a insolência de qualquer militar" (UVF: 12), é sintomática do fracasso da nação moçambicana, incapaz de abandonar a mentalidade de colonizado e de tomar as suas responsabilidades nas suas próprias mãos.

Esta mensagem vai sendo repetida por Andorinho, o feiticeiro, e pelo pai do tradutor, Sulplício, e sendo inextricavelmente sujeita a um jogo entre oralidade e escrita. Mais uma vez, Mia Couto recorre à dissolução da distinção entre as duas para desestabilizar as certezas da ortodoxia dominante. Na sua introdução, o tradutor afirma ter sido condenado por escrever as confissões do que testemunhou, sendo acusado de as ter falsificado. Assim, qualquer verdade única, subjacente ao seu texto escrito, é desde logo questionada e preterida novamente por Mia Couto, a favor de uma multiplicidade de interpretações e de narrações.

O leitor nunca fica a saber o que aconteceu em Tizangara. Todavia, e tal como acontece no segundo romance de Mia Couto, *A Varanda do Frangipani,* há uma série de personagens que assumem a responsabilidade pelo desaparecimento de matéria sujeita a investigação. A tarefa de Massimo Risi é descobrir a verdade sobre este processo e redigir um relatório para ser lido na sede da ONU, em Nova Iorque. Para Risi, todo o trabalho é feito tendo como objetivo principal a sua promoção enquanto funcionário das Nações Unidas, servindo portanto de base a Mia Couto para criticar o visível carreirismo do pessoal das Nações Unidas, envolvido na missão de paz em Moçambique, mais vocacionado para defender os seus pessoalíssimos interesses do que os do povo moçambicano e os da própria paz no país onde trabalham. Para o universo relativista de Mia Couto, a única e legítima actuação de alguém envolvido numa investigação deste género é contar a sua própria história, uma lição que Massimo Risi aprenderá no final da narrativa.

Mas, ao mesmo tempo que Mia Couto critica a ação das Nações Unidas, mostra-se inflexível no ataque e na denúncia da corrupção que assola a FRELIMO, espelhando, desta forma, a visão defendida por Patrick Chabal e Jean-Pascal Daloz na sua provocadora e estimulante tese sobre o uso da desordem política e institucional em África como arma política. Em *Africa Works: Disorder as Political Instrument,* os autores denunciam isso mesmo e demonstram que há, hoje em dia, uma clara perceção nas elites governativas africanas de que o aproveitamento das rivalidades dos tempos da Guerra Fria já não é mais passível de dividendos políticos e económicos em seu proveito. Daí que tenham passado a comprometer o seu discurso e a centrá-lo na retórica das ONGs, cuja agenda é indubitavelmente mais rentável (Chabal e Daloz, 1999: 22-23). Estêvão Jonas, o corrupto administrador de Tizangara, que utiliza o gerador do hospital em proveito próprio ao mesmo tempo que invoca as credenciais revolucionárias de alguém que sofreu a inconveniência e a indignidade de ter de comer pasta dos dentes para libertar o povo, mostra-se muito consciente da necessidade de mostrar a pobreza a fim de extorquir dólares aos doadores e assim encher os seus próprios bolsos. A sua personagem é o elo central na narrativa entre a essência moçambicana, que Mia Couto constantemente torna mais complexa, e a interferência estrangeira no país. Na era marxista da Operação Produção, em que se tentava eliminar o vício e a pobreza da vista do público, o governo não podia permitir que a mendicidade e a prostituição fossem publicamente visíveis para não contradizer a sua retórica de progresso do modelo do socialismo científico. Por oposição, a FRELIMO, convertida à economia de mercado e dependente dos "donativos da comunidade internacional" (UVF : 77), precisa de "juntar os destroços, facilitar a visão do desastre" (77), mantendo-se sempre atenta ao facto de que "a nossa miséria está render bem" (77). As imagens televisivas tornam-se o cerne desta cultura de agências de ajuda e Estevão Jonas vê vantagens pessoais em encenar múltiplas formas de destruição para consumo fácil dos Ocidentais, cuja angústia frente a imagens televisivas de crianças esfomeadas conduz ao catártico ritual de doação de dinheiro sem questionar grandemente os seus próprios privilégios no sistema económico global.

Através de Jonas, que medeia a imagem de Tizangara (isto é, a imagem de Moçambique) para o exterior, Mia Couto ataca acutilantemente as duas ideologias extremas que assolaram Moçambique no período pós-independência. Em *O Desejo de Kianda* (1995), o autor angolano Pepetela tece uma crítica semelhante às elites revolucionárias angolanas de pendor marxista, que se converteram nos grandes empresários dos anos de abertura do país à economia de mercado. Como Pepetela, Mia Couto demonstra que, independentemente da ideologia adotada, as mesmas personagens lucram à custa da população que proclamam servir. E, por isso, Mia Couto adapta, distorcendo, o intemporal verso do famoso soneto de Camões "mudam-se os tempos, mudam-se as vontades" para "mudam-se os tempos, desnudam-se as vontades" (38). O autor coloca esta piada pouco depois de revelar que o hotel onde Massimo Risi estava hospedado tinha mudado o seu nome de "Martelo Proletário" para "Martelo Jonas" (38). Um símbolo soviético da era marxista da nação era assim recodificado de acordo com a ideologia capitalista recentemente adotada pela elite nacional.

A propriedade privada pode agora ser nomeada e defendida; os *apparatchiks* do partido não precisam de continuar a ocultar os seus privilégios por detrás de uma linguagem de luta de classes. Debaixo do símbolo mudado, a mesma personagem (Jonas) beneficia à custa dos outros. Inspirando-se nos versos de Camões e invertendo o seu significado, uma vez que não eram as vontades que tinham mudado, apenas se tinham tornado mais evidentes, Mia Couto realça o quão pouco se mudou, excetuando o invólucro retórico; a sua inspiração no maior ícone da expansão portuguesa sugere que esta situação de injustiça e desigualdade tem uma espessura de cinco séculos. Mas, ao contrário de *Vinte e Zinco*, *O Último Voo do Flamingo* não é um ataque ao colonialismo português. Vai bastante mais longe ao sugerir que Moçambique ainda não se libertou da mentalidade de colonizado. A crítica reveste-se de um sentido mais interno do que externo na medida em que a interferência externa não serve mais de desculpa para o estado da nação: a constante interferência estrangeira a que Moçambique está sujeito e do desejo de muitos "exteriores" intervirem na política moçambicana não ajudam a ultrapassar esta mentalidade.

Sulplício, o pai do narrador, compreende o bloqueio mental que impede o desenvolvimento da nação. Mia Couto complexifica a caracterização de Sulplício ao semear a dúvida relativamente à sua efetiva paternidade em relação ao narrador. Não é claro se o homem a quem o narrador chama pai tem uma efetiva relação biológica com ele. Ao mesmo tempo, o narrador revela que nunca nasceu completamente da sua mãe: "parte de mim ficou lá, grudada nas entranhas de minha mãe" (47). Seguindo Lacan, o reino da mãe pode ser lido como uma fase pré-linguística do desenvolvimento da criança, em que a diferença entre símbolos e referentes ainda não foi compreendida. Por contraste, a esfera paternal representa a linguagem e a ordem simbólica. À medida que o romance avança, o narrador vai-se emancipando da mãe e vem a acreditar na paternidade do seu pai: "Me fabricava descendente. Se eternizava, fosse em ilusão. Porém, eu aceitava. Afinal, tudo é crença" (167). Esta crença adquirida na paternidade do seu pai, com base na ideia de Mia Couto de que a falsidade é apenas uma perspetiva diferente de verdade, representa a maturidade nacional por parte do narrador. A aceitação do seu pai é uma aceitação da nação em que o seu pai acredita. Assim, uma personagem que começa por ser marginal, condenada pelos serviços prestados à administração colonial e pela recusa em aceitar ser conivente com os corruptos do governo. Sulplício, tal como Zeca Andorinho, o feiticeiro, apresentará à justiça aqueles que foram responsáveis pelo declínio de Moçambique e que, literalmente, ameaçam afundar Tizangara. A imagem de uma potencial cheia que ameaça destruir Tizangara é rica em significado cultural. Para além do eco mitológico e teológico das cheias como o castigo divino que permite novos (e purificados) inícios, as cheias de 2000, tal como o final do conflito dos anos precedentes, foi um outro pólo que chamou a atenção internacional e dos *media* do mundo em relação a Moçambique. A catástrofe natural legitimou a interferência internacional na antiga colónia portuguesa e providenciou poderosas imagens televisivas para serem consumidas e lamentadas, e rapidamente esquecidas, nas casas dos países do Ocidente. No romance de Mia Couto, as ações dos moçambicanos travariam as cheias mesmo antes de elas começarem, o que alegoricamente representa o desejo dos moçambicanos de limitar a antropofagização do seu país pelo exterior. Para além disso, ou talvez por isso, a justiça deve ser levada a cabo por moçambicanos, sem a assistência ou interferência de um representante da comunidade internacional. Isso faz parte do processo de ultrapassar "o escravo que vive dentro de nós" (141). Suplício recorda as promessas feitas pelos revolucionários, que mais tarde o torturaram: "íamos ficar donos e mandantes" (141) mas, de facto, "só mudámos de patrão" (141), uma vez que os governantes de Moçambique são "colonos de dentro" (168).

Andorinho, uma outra personagem que a FRELIMO marginalizou pela sua crença no animismo – um anátema para o socialismo científico, protagonizado pelo regime da FRELIMO –, retoma e repete a crítica de Sulplício à nação moçambicana pós-independência, denunciando também que o colonialismo foi muito mais além do que a mera ocupação de terras. Ele ocupou, "colonizou", e tomou conta da mente das pessoas. A interferência externa modificou a mentalidade das pessoas, tornando-as dependentes e infantilizando-as, um processo que só pode ser ultrapassado e superado no interior, a partir do momento em que o povo moçambicano tomar nas suas mãos a responsabilidade das suas próprias vidas e da sua nação, começando por colocar sob suspeita os seus próprios líderes. Na essência, a astuta mensagem de Mia Couto, nesta obra, revela que é tempo de Moçambique se tornar uma nação à imagem do narrador da estória e de crescer enquanto tal.

Encontrar uma explicação para os falos explodidos, que referi anteriormente, no contexto do amadurecimento nacional, é, no contexto da narrativa, uma parte essencial do processo de emancipação da nação. Os múltiplos pénis encontrados na estrada nacional foram descobertos ao pé de bóinas azuis, o emblemático uniforme dos soldados das Nações Unidas, a última força de ocupação. A chegada desta força desencadeou a chegada da prostituição a Tizangara, onde "até recentemente não existira uma prostituta [...] Nem palavra havia na língua local para nomear tal criatura" (30). De facto, Ana Deusqueira é também um produto da anterior ordem estrangeira que dominou Moçambique. Foi transferida para Tizangara como parte de uma operação de limpeza do vício da chamada Operação Produção, que enviava para o campo pessoas indesejáveis ao regime marxista. Assim, ela representa aqueles que foram colocados nas margens da sociedade durante a era marxista. Ana Deusqueira, a prostituta, é especialista em apontar verdades para as quais as outras personagens, ligadas ao *status quo*, parecem estar cegas ou não querem ver. Por último, Ana Deusqueira revela que Jonas é o responsável pelas mortes na área por estar envolvido na replantação de minas, que tinham sido desminadas como forma de acentuar, junto dos estrangeiros, a necessidade de ajuda.

A caracterização das prostitutas nas obras de Mia Couto, como Juliana Bastiana, a prostituta cega de *Terra Sonâmbula*, e Ana Deusqueira é, invariavelmente positiva, pela simples razão de que, ao serem marginalizadas pela sociedade, elas desafiam a falsa moralidade judaico-cristã e a ideologia marxista. Mia Couto dá-lhes a palavra para que digam as verdades, o que constitui uma forma de recentrar o que foi condenado a ser periférico, numa manobra aliás análoga ao recentramento da periférica identidade nacional do seu país. Ao longo da sua história como entidade política, Moçambique foi uma margem de um centro distante: primeiro, como colónia de uma metrópole frágil; depois, como uma experiência de um marxismo eurocêntrico; e, finalmente, como receptor da generosidade dos doadores internacionais. A mentalidade instalada de colonizado periférico tem de ser abolida para que Moçambique possa tornar-se uma nação.

Os falos cortados da ocupação estrangeira fornecem uma estratégia para reclamar a identidade nacional. Mia Couto castra o tótem do poder estrangeiro e da violência masculina, e usa a prostituta marginalizada para tornar claro que o falo, ou a ordem simbólica a ele associada e sob a qual a nação vive, vem do exterior. Depois de Deusqueira inspecionar o objecto amputado, declara "com a máxima e absoluta certeza" que este falo "não pertence a nenhum dos homens daqui" (32). Esta revelação, que ocorre quase no início da narrativa, é um desafio para que Tizangara (isto é, Moçambique) descubra o seu falo para, assim, assumir a sua ordem simbólica própria. A resolução da questão da paternidade do narrador, a sua crença no seu pai, é paralela à descoberta da comunidade de Tizangara de que é capaz de resolver os seus próprios problemas e de construir a sua identidade própria distinta. Neste processo, o respeito pelas tradições, desprezadas por Massimo Risi que, ao chegar a Tizangara, afirmara "não quero blá-blá, estou cansado de folclore" (33), é restaurado. O representante da comunidade internacional, que começa por subscrever o preconceito ocidental que menospreza as tradições africanas vendo-as como um impedimento do progresso, acabará por se afastar das suas próprias ideias. Massimo Risi é a personagem que mais se modifica e que mais evolui ao longo da narrativa. Enquanto os habitantes de Tizangara assumem simplesmente as identidades que tinham sido suprimidas pela intervenção estrangeira, Mássimo Risi descobre que tem mais afinidades com a população de Tizangara do que a sua inicial condição de ocidental superior lhe teria permitido ver e aceitar. À medida que se apaixona por Temporina, Mássimo Risi torna-se menos obcecado com a sua promoção e mais interessado em tirar proveito das perspetivas alternativas da realidade que a sua vivência e a sua experiência em África lhe facultaram. O relatório final para o Secretário-Geral das Nações Unidas demonstra o seu novo entendimento da lógica nacional que libertará a nação moçambicana do exterior, se de facto Moçambique for capaz de, no seu interior, se tornar uma nação:

> Cumpre-me o doloroso dever de reportar o desaparecimento total de um país em estranhas e pouco explicáveis circunstâncias. Tenho consciência que o presente relatório conduzirá à minha demissão dos quadros de consultores da ONU, mas não tenho alternativa senão relatar a realidade com que me confronto: que todo este imenso país se eclipsou, como que por golpe de magia. Não há território, nem gente, o próprio chão se evaporou num imenso abismo (223).

Assim que Moçambique deixar de ser um palco para a intervenção estrangeira e assumir as suas responsabilidades com vista a um desenvolvimento construído sobre o passado, que respeite as tradições sem, contudo, delas ficar refém, as perspetivas de progresso rumo a uma sociedade mais igualitária e mais livre, como prometido, mas nunca alcançado, pelos revolucionários da FRELIMO, poderão dar passos significativos. Mia Couto usa a tradicional figura da excluída, mas intemporal, da prostituta para impor ao seu leitor uma lição simbólica ou, em termos mais prosaicos, para lhe oferecer a moral da sua história: é tempo de a nação crescer e reivindicar a sua própria independência ou, para recorrer à metáfora sexual explorada ao longo do livro, é tempo de a nação encontrar o seu próprio falo.

O Último Voo do Flamingo marca uma viragem radical na trajetória literária de Mia Couto. Na sua obra anterior, são despoletadas técnicas pós-modernas de interrogação subversiva das metanarrativas, é afirmada a recusa da ordem dicotómica entre escrita e oralidade, tal como se recusa a definição natural entre os géneros. Estes são mecanismos para delinear uma identidade nacional que rompa com as dicotomias impostas a Moçambique por entidades externas:

primeiro, pelo colonialismo; e, depois, pelo socialismo científico. Porém, o novo dogma que iria invadir a nação, o ultra-neoliberalismo, expresso na presença das Nações Unidas e das agências doadoras em Moçambique, constitui, em si mesmo, uma faceta do mundo pós-moderno. Não é, portanto, de surpreender que Mia Couto, cuja preocupação é desenvolver uma identidade moçambicana independente, inicie uma crítica profunda aos agentes do "Império", a ordem mundial pós-moderna acutilantemente descrita por Hardt e Negri, uma vez que ela repete o padrão de ingerência externa na política moçambicana, que a caracteriza desde o início. Naturalmente, não há nenhuma contradição nesta mudança de tática, uma vez que o pós-modernismo, cujas premissas fundadoras foram a crítica às metanarrativas, se tornou, ele próprio, numa metanarrativa na viragem para o século XXI.

Como discutirei no próximo capítulo, o século XXI começou a assistir a uma mudança de ênfase na obra de Mia Couto, ainda que apoiando-se sempre em tropos literários semelhantes. Assim, por exemplo, a questão das mulheres e da subalternidade feminina na sociedade moçambicana sempre esteve presente na sua obra, mas foi sem dúvida nas suas últimas obras que a questão ganhou não apenas centralidade, mas também contornos de intervenção política pela via da literatura. Entre outros, esse é um dos aspetos que irei abordar no próximo capítulo.

8.

AS MULHERES E A ESCRITA

Jesusalém: Paternidades esvaziadas e textos de mulheres

Jesusalém constitui uma das mais fortes críticas que Mia Couto escreveu ao patriarcado em Moçambique. Parte-se de um conjunto de tropos que o escritor tem vindo a utilizar ao longo do seu trabalho: a fluidez de todas e quaisquer fronteiras; o papel das mentiras e das inverdades na construção das verdades; a centralidade da escrita enquanto processo estético que permite a imaginação de outras realidades; a ligação entre a água e o inconsciente; e o potencial subversivo do apagamento das limitações impostas pelos papéis pré-designados a desempenhar pelo homem e pela mulher.

Todavia e também numa linha cara a Mia Couto, a força da mensagem deste romance é dada pela representação de uma nação de paternidade disfuncional, visível em grande parte pela corrupção e pela complexa, mas agora bem-vinda, influência estrangeira, que questiona certos hábitos da sociedade moçambicana e que inibem a liberdade das pessoas, particularmente a das mulheres. A prova desta situação é dada pela presença de uma mulher branca que, ao partilhar as suas experiências e os seus valores, desafia os excessos do patriarcado na sociedade rural de Moçambique.

A história tem início em Jesusalém, um lugar onde não há mulheres. Cinco personagens masculinas preenchem o espaço: Silvestre Vitalício, o patriarca, Mwanito, o seu filho narrador, Ntunzi, meio-irmão de Mwanito. Aproximado, o tio materno de ambos, e Zacaria Kalash, o guarda. Por ordem de Vitalício, as mulheres são um assunto tabu. O patriarca defende que não restam mais pessoas no mundo e que Jesusalém se transformou numa espécie de oásis onde o tempo parou, não havendo portanto memórias do passado, nem aspirações de futuro.

A história que Vitalício conta e desenvolve torna-se falsa devido à presença de Marta, uma mulher portuguesa branca, cujos escritos são lidos por Mwanito. O seu conhecimento do passado revela o trauma que está na origem de Jesusalém: o que aconteceu a Dordalma, a bonita mulata, mãe de Mwanito.

Vítima de uma violação coletiva, Dordalma suicida-se após o marido lhe ter dito que nunca mais poderia envergonhar a família daquela maneira. Na evolução da trama, as personagens deixam Jesusalém rumo à cidade, onde as mulheres protestam contra a aceitação social da violência de que são vítimas.

O romance questiona o papel do patriarcado como responsável por criar as condições para que esta violência exista e seja exercida. Não se trata de um tema novo na obra de Mia Couto. Na sua obra, o patriarcado tem vindo a ser caraterizado como uma força de bloqueio à capacidade, humana e individual, de sonhar. Mesmo num conto hoje já tão remoto como "A fogueira" (VA), há uma condenação explícita do marido no que diz respeito à mulher e ao seu destino previamente determinado quando esta exprime o desejo de transcender a sua situação sonhando cenários alternativos.

Porém, em *Jesusalém*, a condenação é mais absoluta e audível, alicerçada na denúncia das alianças que constituem esta estrutura patriarcal – uma família disfuncional, chefiada por um homem irracional e desarticulado, uma tradição religiosa misógina e uma conspiração de silêncio –, que interfere e compromete a vida de todas e cada uma das pessoas. No centro desta disfunção está a função paterna, uma paternidade esvaziada que tem vindo a jogar um papel decisivo em Moçambique, tanto no sentido individual como no coletivo.

O conceito de "paternidade esvaziada" na tradição literária portuguesa foi desenvolvido por mim no ensaio que deu origem ao livro *A Canon of Empty Fathers*. Define-se pela complexa conjugação da projeção de uma imagem de um pai que é pai-messias-e-lei. Esta relação configura-se na imagem mais extrema do misticismo português que é o estéril rei-messias D. Sebastião e, na maioria das vezes, não configura uma efetiva relação biológica, mas uma puramente espiritual.

No caso agora em análise, em *Jesusalém* de Mia Couto, esta figura de um pai esvaziado manifesta uma disfuncionalidade da paternidade e expressa-se na personagem de Silvestre Vitalício. Esta disfunção paterna carateriza-se por um desequilíbrio entre a afirmação e o interdito. No sentido lacaniano e num retorno a Freud, o exercício da função paterna não requer a figura efetiva de um pai biológico. Trata-se, de facto e como a designação sugere, de uma função que faz parte de uma configuração psicológica. A relevância da figura paterna assenta na lei imposta ao sujeito-em-desejo (o filho) que se autonomiza através da proibição do seu desejo incestuoso pela mãe. A proibição funciona como o NÃO. Todavia, há um outro lado do contrato que tem origem em *Tótem e Tabu* de Freud – o desejo do SIM. Para que a função paterna se realize é necessário que o NÃO e o SIM coexistam. Neste quadro hetero-normativo e profundamente machista da conceção freudiana da proibição do incesto, a mensagem que o filho recebe do seu pai é: "Não podes possuir a tua mãe, mas podes ter qualquer outra mulher." De um ponto de vista mais lacaniano, a afirmação seria antes: "Não, filho, não podes continuar com a ilusão de uma união perfeita e sem interrupção entre tu e o Outro, mas, em termos simbólicos, já tens o teu lugar."

Num sentido lato, a definição de paternidade esvaziada contempla portanto a função paterna quando esta se torna refém de um SIM ou de um NÃO. Nos casos em que o NÃO prevalece – e, no contrato paternal, não há lugar para a afirmação, para a existência de um SIM – então, este sistema gera patriarcas que só promovem destruição e silêncio à sua volta, como acontece no romance em estudo, com o patriarca Silvestre, que aniquila liminarmente qualquer possibilidade de articulação de um futuro diferente do presente suspenso em que todos vivem. Por outras palavras, esta configuração de paternidade esvaziada aniquila qualquer possibilidade de negociação com o SIM. É opressivamente proibitivo. Tudo fica entregue ao silêncio, comprometendo-se assim, decisivamente, o cumprimento da possibilidade de um SIM.

No romance, o peso do silêncio é infligido ao filho por este pai esvaziado. Como o narrador Mwanito afirma: "Eu nasci para estar calado. Minha única vocação é o silêncio. Foi o meu pai que me explicou: tenho inclinação para não falar, um talento para apurar silêncios" (J: 16). Este silêncio está no coração de toda a narrativa, estruturando-a e revelando-se o mais potente aliado do patriarcado, prevenindo qualquer hipótese de nomeação alternativa da realidade ou de qualquer diferente interpretação do mundo. No entanto, Mwanito, mesmo antes de ter consciência da existência de múltiplos universos para além dos muros de Jesusalém, percebe: "não há um único silêncio. E todo o silêncio é música em estado de gravidez" (16). A sua aventura será no sentido de descobrir como articular os silêncios, erguendo sobre isto o seu próprio futuro, em vez de manter uma existência suspensa num tempo parado em que o seu pai evita lidar com o grande fantasma – o suicídio da sua esposa.

Assim, o patriarcado está imerso em culpa. Culpa, no caso sob análise, transferida de um pai culpado e para um filho em silêncio. Daí o nome do lugar onde o patriarca Silvestre vive exilado com a sua família: Jesusalém, uma corruptela do nome da real e imaginada terra prometida (Jerusalém), transformada em nome do filho que "pagou" as dívidas simbólicas de seu pai (Jesus). Este é também um lugar onde "as mulheres eram assunto interdito" (37), um grupo designado por Silvestre como "todas todas umas putas" [*sic*] (37).

Mesmo os escritos de Marta, a mulher portuguesa, mantêm a marca de "Eva", ou seja, a mancha do "pecado" (184). No entanto, para Mia Couto, as mulheres podem e devem assumir a sua agenda emancipatória a fim de terminar com a violência irracional do patriarcado. Em *Jesusalém*, a ação das mulheres está intimamente associada ao labor da escrita e, por isso, talvez não por acaso, as epígrafes no início de todos os capítulos do romance são de autoria feminina. No total dos dezasseis capítulos que compõem o livro, nove epígrafes são de Sophia de Mello Breyner Andresen, quatro de Adélia Prado, duas de Hilda Hilst e uma outra, citada a partir do espanhol, de Alejandra Pizarnik.

O próprio romance começa com uma epígrafe do escritor alemão Hermann Hesse, chamando a atenção para um dos desejos mais humanos, partilhado com a personagem central, Silvestre – "o desejo de esquecer" (J: 7). Uma das três partes do romance tem início com uma epígrafe de um dos maiores teóricos franceses do pós-modernismo, Jean Baudrillard, na qual "viver" é descrito como um longo processo de "morrer." As referidas epígrafes, ambas de autores masculinos, denunciam o que está errado em Jesusalém, onde há uma mórbida ausência de vida, visível na incapacidade de perseguir o futuro pela recusa de enfrentar o passado: um passado marcado pela violência contra as mulheres.

As epígrafes referidas são as únicas inscrições de autoridade escrita masculina presentes no romance que, de facto, é, epigraficamente, dominado pela autoridade da escrita feminina; estas epígrafes constituem assim a chave de entrada nos textos, conduzindo os leitores da denotação para a conotação, sugerindo portanto o que deve ser a abordagem inicial do texto.[1] Esta condição, própria do texto-fragmento que é a epígrafe, ao ser claramente sexualizada pela voz de mulheres, entra em colisão imediata com o ambiente de domínio patriarcal que estrutura a narrativa e, nessa medida, a presença quase militante destas "vozes femininas" sob a forma de epígrafe constitui um mecanismo subversivo que coloca, de imediato, sob suspeita o ambiente narrado ao insinuar (epigraficamente, quase "em silêncio") que outras visões do mundo são possíveis.

Sophia de Mello Breyner Andresen (1919-2004) foi, sem dúvida, uma das grandes vozes poéticas femininas portuguesas, a encantadora voz para centenas

---

[1] Esta descrição da função da epígrafe devo-a a Roberto Vecchi, no âmbito de uma reunião do projeto, "De S. Paulo de Luanda a Luuanda, de Lourenço Marques a Maputo: capitais coloniais em tempos pós-coloniais", financiado pela Fundação para a Ciência e a Tecnologia, de cuja equipa de investigação faço parte no Centro de Estudos Sociais, Universidade de Coimbra, Junho 2013.

de crianças portuguesas encantadas pelas suas histórias e contos. Politicamente, foi uma mulher católica progressista em forte oposição a Salazar, o "velho abutre," como o designou na sua poesia. Sophia foi também a primeira mulher portuguesa a receber o Prémio Camões e uma voz que influenciou, de forma indelével, muitos escritores de língua portuguesa, como é o caso de Mia Couto, cujas obras, pela dimensão onírica em que muitas vezes se estruturam e pela importância de elementos fundamentais como a água e o mar, parecem muitas vezes "re-textualizar" Sophia. Em *Um rio chamado tempo, uma casa chamada terra*, de 2002, é na poesia de Sophia que Mia Couto encontra as epígrafes e, arrisco dizer, quase o próprio título do romance. No romance agora em estudo, *Jesusalém*, Sophia funciona como uma senhora e poeta que, acutilantemente, criticava o patriarcado sob o qual se alicerçava o regime do Estado Novo.

As citações selecionadas por Mia Couto para iniciar os capítulos do seu livro revelam a dúvida essencial de Sophia em relação à entidade divina:

> "escuto mas não sei / Se o que oiço é silêncio/ Ou deus" (J: 13)

e a sua luta contra a ausência, o exílio, a perda:

> "Viúvo de ti próprio" (J: 33);
> "Há no ar espaços extintos / A forma gravada em vazio / Das vozes e dos gestos que outrora aqui estavam" (87);
> "Até a voz do mar se torna exílio" (185);
> "em nome da tua ausência" (215);
> "nem sequer me resta a tua ausência" (259).

As epígrafes de Sophia constituem um diagnóstico que denuncia a ausência perniciosa das vozes das mulheres e, sobretudo, os mecanismos que promovem esse silenciamento – uma estrutura patriarcal fundada sobre uma base teológica. Aliás, como o grande patriarca, Silvestre, admite: "a mulher foi ferida por Deus [...] foi golpeada quando Deus escolheu ser homem" (J: 60).

Como Sophia, a brasileira Adélia Prado (n. 1935) é uma poeta crente que se tornou uma forte presença feminina através de um feminismo em que a mulher é um ser completo por inteiro, ou seja, uma intelectual, uma mãe e uma mulher. Por isso, a sua poesia não se dedica à tentativa de usurpação do poder do patriarcado ou sequer à sua análise, mas centra-se antes na valorização das experiências femininas nas suas dimensões transcendentais e mundanas.

Ao escolher enquadrar os capítulos de *Jesusalém* com duas vozes poéticas femininas de inspiração cristã e não patriarcal, Mia Couto desafia a afirmação de Silvestre de que Deus "escolheu ser homem". Duas mulheres crentes que colocam poeticamente as suas dúvidas teológicas e cujas epígrafes, no contexto da obra, implodem a exclusão das mulheres da terra prometida de Jesusalém, como vaticina o patriarca Silvestre.

As restantes epígrafes têm origem em poetas mulheres que questionam a noção de sanidade, tal como Hilda Hist (1930-2004) – poeta, dramaturga e romancista brasileira –, que mergulha muitas vezes os seus escritos em ambientes de loucura e de sensualidade. Mia Couto cita o seu poema de lamentação – "aflição de ser eu e não ser outra" (J: 103) – e a sua representação de Deus como "mudo" (J: 213). Finalmente, a poeta judia argentina, que se suicidou, Alejandra Pizarnik (1936-1972), dá voz a uma outra epígrafe que evoca o seu corpo morto subindo em busca do que ela realmente é (J: 199).

Contrastando com o par de epígrafes de autoria masculina, as palavras das mulheres que iniciam os capítulos desta obra de Mia Couto anunciam a urgência do retorno do feminino como a única solução para a disfunção que reina em Jesusalém. De facto, foi precisamente a saída das mulheres e a sua condição de meros marcadores de ausência que causou o impasse patriarcal em que Silvestre mergulhou a sua família. Ao insistir na abertura do espaço narrativo às vozes femininas, como aliás já tinha feito em "Lenda de Namarói", Mia Couto sequestra a autoridade exclusivamente masculina sobre o meio escrito e resgata a "urgência do contar" (a expressão é da Ana Paula Ferreira, no livro das mulheres escritoras) no feminino.

Dentro da economia narrativa, são os escritos de Marta, a mulher portuguesa branca, que permitirão a Mwanito conceber uma realidade para além de Jesusalém. Uma realidade, onde o passado é presente, que permite a construção de um futuro e onde o filho-narrador não mais necessita de se manter em silêncio. Não é por acaso que Silvestre, o patriarca, tinha proibido todos os livros de Jesusalém: "não entrava livro, nem caderno, nem nada que fosse parente da escrita" (J: 45). A ameaça que o poder da escrita representa para Silvestre torna-se evidente para Mwanito quando este aprende a ler e descobre que "a escrita era uma ponte entre tempos passados e futuros" (J: 46). Mais uma vez e como em *Terra Sonâmbula*, Mia Couto associa escrita e fluidez que, tal como o topos água, dá acesso ao inconsciente, desencadeando assim a imaginação do leitor.

Refletindo sobre a sua capacidade de leitura adquirida clandestinamente, Mwanito declara: "Eu já aprendera a vislumbrar as líquidas luzes do rio, já sabia viajar por letrinhas como se cada uma fosse uma estrada infinita" (47). Como em

Terra Sonâmbula, a arte de escrever caracteriza-se como um processo que afasta a morte. Quando Ntunzi, o seu meio-irmão, agonizava, Mwanito diz:

> saí do quarto e munido de um varapau comecei a escrever na areia do terreiro, em redor da casa. E escrevi, escrevi freneticamente como se quisesse ocupar toda a paisagem com os meus rabiscos. O chão em volta se ia convertendo numa página onde semeava a espera de um milagre (J: 52-53).

A questão em *Jesusalém* é que a escrita é uma porta de abertura para universos criativos em que as alternativas ao violento silenciamento vivido podem ser imaginadas. A morte não é assim, e apenas, a morte física mas, como Mia Couto argumenta, trata-se da morte de aspirações e de ambições que nascem da possibilidade de imaginar. Como anteriormente já se referiu, escrever não é apenas uma forma de iludir a morte, uma vez que, através do pensamento criativo que o processo de escrita desencadeia, se dá origem ao texto escrito, que sobreviverá. Por esta razão Mia Couto conjuga escrita com fluidez e vida. E é também por isso que, no contexto sufocante do patriarcado que domina Jesusalém, Couto invoca as vozes femininas ligadas à escrita, através das quais o mundo se vai abrindo, tanto para o leitor como para o jovem Mwanito, que, ao descobrir o que virá a ser designado como "os papéis da mulher" (J: 135), afirma: "cada folha foi uma asa em que ganhei mais tontura que altura" (134).

O mundo de Mwanito vira-se de pernas para o ar devido à presença da mulher portuguesa que escreve e que declara: "sou mulher, sou Marta e só posso escrever... deixei de ter posse da minha própria voz" (135). O motivo do silêncio de Marta foi a perda do seu amante, Marcelo. Escrever tornou-se o modo de superar a sua ausência e, simultaneamente, a maneira de estabelecer uma relação com Mwanito, que se revela a si próprio, através dos escritos de Marta. Ao mesmo tempo que a escrita se torna o veículo da preservação do feminino em Jesusalém, o poder de nomear surge, pelo menos num primeiro momento, como a propriedade do patriarcado, a propriedade do masculino: a função do pai esvaziado. Silvestre renomeia todos, exceto Mwanito. Quando chegam pela primeira vez ao enclave sem mulheres, Silvestre, num esforço de expurgar a culpa do passado, estabelece uma nova ordem exclusivamente masculina em que tudo está suspenso no tempo. Os antigos nomes da sua família representavam o que Silvestre tinha feito a Dordalma, a sua esposa violada. Para Silvestre, mudar os nomes representa um novo início em que pode agir como se não existisse o trauma provocado pelos maus-tratos e pela violação da sua mulher nem a presença de mulheres em Jesusalém.

De fato, para o patriarca, os nomes encerram tudo: "tudo são nomes, dizia. Nomes e mais nada" (J: 78). Para ele, o poder de nomear contém e ordena o mundo. A não-nomeação ou o inominado designa quem pode e não pode falar, quem pode ser referido e quem não pode ser mencionado. Ouvindo os protestos de inocência do patriarca relativamente à acusação que sobre ele pende da morte de Dordalma, o narrador, Mwanito, vai refletindo sobre as desculpas do patriarca a argumentação relativamente ao suicídio da mãe: "ao fim e ao cabo, só existe um verdadeiro suicídio: deixar de ter nome, perder entendimento de si e dos outros. Ficar fora do alcance das palavras e das alheias memórias" (J: 219). Possuir um nome confere portanto uma identidade, pois tudo começa com o nome que, em si, confere identidade, ao mesmo tempo que transporta uma identidade alheia, herdada da família. Esse processo é que permite uma primeira identificação real e a partir da qual se estabelece uma comunicação com outros indivíduos. Esta é, de facto, a primeira identidade que nos diferencia, mas à qual somos, de início, totalmente alheios e, por isso, é culturalmente tão importante a forma como os nomes são escolhidos: quem os escolhe e, depois, quem os transporta e sobre eles constrói a sua identidade. Por isso, perder o nome – como acontece traumaticamente em vários processos impostos de despersonalização, por exemplo – corresponde a perder a identidade e a relação com os outros.

Segundo Lacan, nomear está associado a proibição, mas também a afirmação. A expressão o "nom du père" tem, em francês, pelas suas ressonâncias acústicas, uma função e dimensão performativas, que associam "não" e "nome," "non" e "nom." O ponto essencial desta conexão é que, simbolicamente, a função do pai é a de vedar ou controlar o acesso, aparentemente absoluto, do filho à mãe, ao mesmo tempo que visa garantir a identificação da criança com o universo intersubjetivo da ordem simbólica. Nomear é a nossa marca humana no simbólico. Se a rutura entre a criança e a sua mãe não ocorre e se a identificação com o universo simbólico não se estabelece, a psicose pode instalar-se (Lacan 1997).

Parte dessa rutura requer uma afirmação de que há laços afetivos que se podem estabelecer com os outros. Assim, a função paterna vai muito além da proibição: ela realiza-se através de um leque de opções que vai sendo oferecido à criança que, ao longo do seu amadurecimento, vai negociando. Este universo simbólico vai sendo, tanto quanto é possível, ordenado através dos nomes que vão sendo atribuídos. Quando isto não acontece, ou seja, quando a função paterna não é capaz de providenciar uma estrutura e uma rede escorreita de metáforas de descrição e de captação do mundo exterior, quando aquilo que carece de ser nomeado ocupa demasiado espaço na psique do sujeito, a violência manifesta-se. Em *Jesusalém,* se Silvestre fizesse vingar a sua forma de ver, metade do mundo (as mulheres) deveria permanecer anónima. É neste contexto que a presença de Marta se torna tão poderosa. O seu primeiro contato com Silvestre é elucidativo:

> – Chamo-me Marta.
> – Não chamo mulher pelo nome.
> – Como chama então?
> – Não terei tempo de lhe chamar nada. Porque a senhora vai-se já daqui embora.
> – O meu nome, Senhor Mateus Ventura, é como o seu: uma espécie de doença de nascença... (J: 156).

Marta, que no romance tinha já antes declarado "sou apenas um nome" (J: 137), entende tudo o que está em jogo exatamente num nome. Ao mesmo tempo que o nome confere autoridade, o nome assinala também a entrada num mundo que está longe de ser satisfatório. Segundo Lacan e de acordo com a ordem simbólica, ao longo da vida, nunca conseguimos preencher as deficiências e a necessidade de consolo, que ficará para sempre, da ruptura inicial com as nossas mães. Todos os nomes tentam compensar a perda que sentimos desde o nascimento. Neste sentido, os nomes são como uma "doença de nascença," simultaneamente necessária e inevitável, se quisermos sobreviver como sujeitos (intersubjetivos) individuais.

O que Marta também compreende é que não se pode escapar completamente ao nosso nome quando entramos numa ordem simbólica, que nos domina ao longo da vida, com tudo o que isso implica. Recusar nomear metade da humanidade ou "baptizá-los" de novo mudando os seus nomes, como fez Silvestre, ou melhor, Mateus Ventura, não resolve o problema da perda materna que estrutura a existência humana. Claramente, o problema de Silvestre agrava-se pelo sentimento de uma dupla perda materna – a efetiva perda da sua mãe biológica, e a falha da sua substituição afetiva por Dordalma. No caso de Dordalma, mãe afetiva, foram as suas ações – a aceitação da violência contra as mulheres – que o conduziram à perda e a um arrebatador sentimento de culpa, que Silvestre coloca, real e metaforicamente, sobre os ombros dos filhos, negando-lhes acesso a qualquer mulher.

Um dos seus filhos, Ntunzi, que na verdade não é seu filho biológico, compreende que a solução de renomear os homens e proibir todas as mulheres em Jesusalém não resolve o problema central. Na verdade, ele reclama o seu nome original, contando ao seu irmão que o nome com o qual se lhe dirige e que Silvestre lhe tinha imposto já não lhe serve: "Esquece esse Ntunzi. Agora sou o sargento Olindo Ventura" (J: 274). Ao recuperar o nome original, Ntunzi recusa o patriarca e, ao mesmo tempo, submete-se à Lei do Pai. Por outras palavras, Ntunzi exige que a função paterna se cumpra corretamente e rejeita a figura do pai esvaziado. Ironicamente, reavendo o nome de Ventura, Ntunzi aceita Silvestre como o seu pai simbólico (se não, biológico), porque Ventura é o sobrenome de Silvestre.

Ntunzi é também o agente que, em parte, permite a Silvestre começar a lidar com o trauma da perda de Dordalma. Ntunzi é a personagem que acolhe Marta como um objeto de desejo ao mesmo tempo que o seu irmão mais novo, Mwanito, o narrador, associa a chegada de Marta ao retorno de sua mãe: "cada vez mais, eu a tinha como mãe. Cada vez mais, Ntunzi a sonhava como mulher" (158). Quando Silvestre determina que Marta deve ser executada, Ntunzi voluntariza-se para a tarefa, mas na verdade ele mata "a jumenta Jezibela." Devido à incapacidade de Silvestre de se relacionar com mulheres, a burra tem sido o alvo para satisfazer os seus impulsos sexuais. Assim, a burra torna-se o alvo de expiação de Ntunzi, herdeiro inevitável da culpa que Silvestre carrega. Deste modo, a burra simboliza o erro existencial inerente ao patriarcado.

De facto, a burra é inarticulada, estúpida e teimosa. Antes de matar Jezibela, Ntunzi afirma repetidamente o desejo de matar Silvestre, alguém que Ntunzi considera ser "o avesso de um pai," porque "os pais dão os filhos à vida" e ele "sacrificou as nossas vidas à sua loucura" (166). A morte da burra às mãos de Ntunzi corporiza uma oferta simbólica que tenta acabar com a aniquiladora loucura da ordem paternal esvaziada de Silvestre. Ao sacrificar o animal-metáfora a essa loucura em vez de Marta – a mulher e a escritora –, Ntunzi liberta Jesusalém e permite que o seu progresso se faça fora do estado de asfixia a que Silvestre tinha condenado o lugar.

De facto, o próprio Silvestre parece começar a revelar sinais de arrependimento relativamente à estrutura que incorpora, que violou e que, no limite, matou a sua esposa. Tal como Mwanito descobre, o seu pai tinha interrompido uma reunião da "associação de mulheres que lutava contra a violência doméstica" e "deixara sobre a mesa uma caixa de dinheiro. Era a sua contribuição para a causa daquelas mulheres" (J: 268). Posteriormente, a associação foi fechada – "ameaças diversas semearam o medo entre as associadas" (268) –, mas a revelação do gesto de Silvestre assinala uma mudança na própria consciência do patriarca, uma consciência já antes caracterizada por Mwanito pela frase: "meu pai sempre teve uma ideia negativa sobre as mulheres" (268).

Silvestre, apesar das suas ações ou talvez mais corretamente por elas mesmas, carrega uma culpa não assumida pelo sistema que promove e que levou à morte de Dordalma. Do romance *Jesusalém* emerge uma mensagem muito clara, mensagem essa que vai reaparecer ou ter continuidade no romance de Mia Couto de 2012, *A Confissão da Leoa*, que analisarei em seguida. Em Moçambique, particularmente nas áreas rurais, a atividade das mulheres é fundamental para a reivindicação dos seus direitos humanos. Num sistema muito patriarcal e num clima social machista, os direitos das mulheres constituem uma constante e dura luta, que precisa de ser sucessivamente retomada sob diversas formas, pois esses direitos colocam em causa a "ordem natural das coisas": o patriarcado.

Em *Jesusalém*, Couto demonstra, de forma implícita, a possibilidade da assunção desses direitos: a necessidade e o direito à educação formal, manifesto no controle feminino do texto escrito, e a recusa dos filhos de repetir o exemplo da paternidade esvaziada. Nesta linha, há também uma crítica subjacente à noção romantizada e bucólica da alteridade rural como a essência da identidade moçambicana, pois, na verdade, ela é perpetuadora de situações de desigualdade e de falta de acesso à educação. Este é um aspeto recorrente na obra de Mia Couto, como já se viu nos romances analisados, *A Varanda do Frangipani* e *O Último Voo do Flamingo*. A ênfase nesta ideia já não é colocada apenas sobre o como e sobre o que é que os habitantes das zonas rurais podem ensinar a quem arrogantemente chega de fora julgando tudo saber, como no caso de personagens como Izidine Naíta e Massimo Risi. Pelo contrário, Mia Couto investe narrativamente no tratamento de mulheres limitadas à vida rural, onde, por pressão do mundo exterior, chegam noções de igualdade entre os sexos e de luta pelos direitos das mulheres, o que, em contato com o mundo feminino rural, vai permitir que estas mulheres tomem consciência política da sua situação, tornando-as capazes de elaborar as suas demandas por um tratamento mais justo e mais digno, e por um reconhecimento dos seus próprios desejos e aspirações. Trata-se portanto de uma capacitação das pessoas para elaborarem sobre os seus problemas e para encontrarem soluções para si próprias. Neste aspeto, é visível que o contato com o exterior foi determinante para a consciencialização do problema, o que não significa que tenha condicionado a condução do processo ou a elaboração das soluções.

Este tema encontrará continuidade e tornar-se-á dominante em *A Confissão da Leoa*, romance que agora vou abordar. Em *Jesusalém*, há o monstruoso tratamento de uma mulher, o que constitui o segredo sujo de todo o romance, sugerindo-se a necessidade de uma ação coletiva das mulheres como solução e como remédio para o abuso coletivo que sobre elas recai – e de que Dordalma é sinal e exemplo emblemático. Por seu turno, *A Confissão da Leoa* retrata várias instâncias do abuso sistémico das mulheres nas sociedades rurais moçambicanas e realça as ações de uma mulher que rejeita os parâmetros do patriarcado. Em ambos os romances, a mensagem de Mia Couto é sonoramente audível: não é aceitável tolerar a violência contra as mulheres encobrindo-a pelo manto do silêncio e da vergonha, causando assim uma dupla violência sobre as mulheres. A ordem anacrónica do pai esvaziado tem os seus dias contados, pois não é possível continuar a sustentar uma ordem que não confere espaço às mulheres nem contempla as suas aspirações.

A confissão da Leoa: Mulheres vítimas/Mulheres senhoras dos seus destinos

Em *A Confissão da Leoa*, Mia Couto coloca no centro da narrativa uma profunda crítica ao abuso das mulheres, desenvolvendo assim a tendência temática que a sua obra tem vindo a registar. Situando a narrativa no enclave rural de Kulumani, Couto desenvolve um tropo narrativo que lhe é familiar através de textos, intencionalmente escritos, em que se estabelece uma relação entre os acontecimentos alternando dois pontos de vista. Neste caso, os narradores são Mariamar, uma mulher da aldeia que foi violada, e Arcanjo Baleiro, um caçador da cidade contratado para eliminar os leões que foram atacando as mulheres da aldeia.

À medida que o romance avança, torna-se cada vez mais claro que qualquer noção de que a vida rural é *per si* idílica para aqueles, e sobretudo para aquelas, que a vivem seguindo tradições inventadas é uma fantasia urbana. Na realidade, esta "fantasia" traduz-se num bloqueio particularmente sentido pelas mulheres, a quem é negado o acesso à educação formal e que, na verdade, sofrem situações de exploração ora pela via do trabalho, ora pela via sexual. Neste contexto, a maior arma usada contra as mulheres é uma conspiração de silêncio pois, de facto, toda a gente sabe da prática de abuso continuado, mas ele não é denunciado como tal.

Como Eric Hobsbawn e Terence Ranger defendem, no seu célebre livro *The Invention of Tradition*, as tradições são muitas vezes inventadas pelas elites, que as impõem para seu benefício, e podem ser historicamente recentes. Como os autores afirmam na introdução ao seu volume, muitas tradições, que "parecem ou alegam ser muito antigas, são na realidade de origem bastante recente e por vezes inventadas" (Hobsbawn 1983: 1). Estas "tradições inventadas" são muitas vezes impostas, de forma externa, às populações no processo de formação dos

Estados-nação, portanto, no âmbito da criação das mitologias nacionais que legitimam a nação. De certa forma, o discurso da fundação do Moçambique independente, em 1975, apoiou-se num jogo duplo de combinação simultânea entre tradição e modernidade, particularmente no que dizia respeito ao papel das mulheres na nova nação. O Estado pretendia a criação de um homem novo, no sentido socialista da expressão, desencorajando fortemente o animismo e a superstição, que colidiam com os princípios de socialismo científico.

Mas, como enfatiza o título do trabalho pioneiro de Hilary Owen sobre escritoras moçambicanas –*Mother Africa, Father Marx* –, ao mesmo tempo que havia um "pai Marx", que colocava no horizonte um futuro de igualdade proletária, havia também uma "mãe África", que reservava para as mulheres o papel de úteros da nação futura. Assim, quando a FRELIMO tomou o poder e procurou implementar a revolução socialista num país rural, as aspirações e as preocupações das mulheres, projetadas no enquadramento revolucionário que se vivia, foram naturalmente desconsideradas, como na verdade sempre haviam sido.

Como Hilary Owen defende, o marxismo da FRELIMO seguiu o padrão já previamente estabelecido no crepúsculo do império português pelo lusotropicalismo, que, seguindo a orientação patriarcal que o estruturava, obscurecia as vozes das mulheres no espaço público. Só quando a FRELIMO abandonou a adesão ao marxismo-leninismo, abraçando a globalização, e entrou na via da democracia multipartidária, é que as vozes das mulheres se foram integrando na arena política, o que culminou com a nomeação de Luísa Diogo, a primeira mulher primeira-ministra de Moçambique, em 2004. Este movimento foi, naturalmente, muito importante para dar à comunidade internacional um duplo sinal: em primeiro lugar, tratava-se de uma economista com um percurso internacional como funcionária do Banco Mundial em Moçambique; e, em segundo lugar, a nomeação de uma mulher dissipava o estereótipo de que Moçambique era um país onde as mulheres estavam confinadas à esfera privada.

No entanto, como a obra de Mia Couto sugere, as oportunidades e os destinos das mulheres em áreas rurais de Moçambique são muito distintos daqueles que são oferecidos às elites urbanas femininas. No campo, tradições "inventadas" ainda predominam, atingindo e limitando com maior intensidade os direitos das mulheres. Acresce ainda que, muitas vezes, esta desigualdade de oportunidades entre o campo e a cidade é acompanhada por situações em que as mulheres estão sujeitas a violência doméstica, o que, em teoria, é socialmente punido, mas que, de facto, se traduz numa dupla violência. Uma das mensagens subtis subjacentes a *A Confissão da Leoa* é a convicção de que o acesso das mulheres à educação – consubstanciado, no romance, na capacidade de ler e de escrever – é determinante para prevenir o abuso continuado das mulheres nas zonas rurais de Moçambique.

A escrita, como Mia Couto afirma repetidamente ao longo de sua obra, abre horizontes, dando acesso a outros mundos. Simultaneamente, no seu universo textual, é também pela escrita que se tem acesso ao mundo rural moçambicano e ao que nele está acontecendo.

Como em *Jesusalém,* a escrita tem uma ligação direta com o universo feminino. Em *A Confissão da Leoa,* metade do romance é composto pela narração dos acontecimentos por Mariamar. A outra metade é constituído pelo "Diário do caçador", Arcanjo Baleiro, escrito sob a forma de uma longa carta destinada ao seu amor, a então mulher de seu irmão Rolando, a enfermeira Luzilia: "É por causa dela que escrevo este diário, na vã esperança de que, um dia, essa mulher leia os meus atabalhoados manuscritos" (CL: 40).

Intrinsecamente ligados aos escritos de Arcanjo, bem como aos de Mariamar, estão os conceitos de loucura, memória e inconsciente. Como o título da coletânea de ensaios de Lacan, *Écrits,* indica a escrita está intimamente ligada ao inconsciente. Na verdade, cada escrito oferece ao leitor a oportunidade de elaborar a pergunta psicanalítica fundamental: "quem é que fala?". A resposta de Arcanjo é uma "inventada ilusão" (CL: 40) em que "apenas há mentiras e miragens" (40).

Com o objetivo de construir uma pluralidade de verdades, mais uma vez, Mia Couto oferece múltiplas versões da realidade. Dentro destas múltiplas miragens, o que é convencionalmente definido como o espaço em que reina a loucura acaba por ser a única opção disponível. Só nesse aparente "mundo às avessas", próprio da loucura, é que as diferentes versões de verdade são possíveis (e plausíveis), num mundo que, racionalmente observado, preferiria uma só voz. Neste denso universo narrativo e dada a terrível natureza das verdades, só a loucura é possível.

A loucura e a recusa em fixar a verdade que prevaleça nos textos de Mariamar são o resultado do abuso de que ela foi vítima pela parte do seu pai. Da mesma forma, nos textos de Arcanjo, a loucura e a recusa têm origem no ato de parricídio do seu irmão Rolando e das razões que o levaram a cometer tal crime: a morte, por infeção fatal, da sua mãe Martina, provocada pela mutilação genital a que o seu pai, Henrique Baleiro, a conduziu. Numa carta ao seu irmão Arcanjo, Rolando confessa que matou Henrique, pai de ambos, para vingar os maus tratos a que a sua mãe tinha sido submetida e que vieram a culminar na sua trágica morte. Assim, Ronaldo é um assassino consciente e acaba por ser atirado (mas também por se atirar) para um asilo de loucos.

Num mundo insano que violenta as mulheres, mães, esposas e filhas, configura-se portanto o mundo do pai – o mundo de uma paternidade esvaziada – como um mundo em que só a loucura permite a sobrevivência e só através dela se pode elaborar a verdade. Como Rolando refere: "a loucura, primeiro, foi o meu álibi. Tornou-se, depois, a minha absolvição" (221). Ou, como Mariamar afirma: "só as pequenas loucuras nos podem salvar da grande loucura" (98). Em ambos os casos, e portanto a partir das duas vertentes que constroem a narrativa, a insanidade das personagens interpela o poder, dizendo as verdades, minando, de facto, a verdadeira loucura que é o patriarcado forjado contra as mulheres, essa sim, reconhecidamente como a "grande loucura".

Neste quadro de violência contra as mulheres, existe um segredo primordial que se constitui como oxímoro. É uma espécie de segredo aberto (daí o oxímoro) e superficial, e, muitas vezes, ligado a tradições inventadas, que determinam quem pode e quem não pode falar, e ao papel que nesse mundo é atribuído a cada sexo. Esse "segredo" constrói um terreno em que o trauma do abuso é esquecido ou ocultado. Na verdade, ele é naturalizado, na medida em que é do conhecimento geral e ninguém sanciona a situação que permite o abuso. Desta forma, este mundo permite o abuso e, pelo silêncio, todos são cúmplices e todos estão impunes, operacionalizando "pacificamente" a transferência da responsabilidade do abuso do perpetrador para as vítimas que, assim, são olhadas como culpadas do abuso que as vitimou.

O trauma sofrido por Mariamar – o abuso sexual pelo seu pai – é apenas mais um exemplo dos repetidos atos de violência contra as mulheres perpetrados por homens ao longo de todo o Kulumani. No caso de Mariamar, o seu pai leva-a a protagonizar cenas de grande violência durante a noite. Quando Mariana abordou Adjiru, o homem a quem chama seu avô, revelando-lhe as causas da sua doença, ele retorquiu que era "um segredo" (95). Esse "segredo" e sua doença mental eram a "única coisa que me protegia do meu passado" (95). Este imposto e fatal silêncio coletivo que a rodeia leva-a a um processo de amnésia e a uma incapacidade de encarar o que realmente lhe aconteceu e acontece.

Não por acaso, Adjiru não é, de facto, o seu avô, mas antes um tio materno, outro tropo familiar que Mia Couto utiliza e que, normalmente, contribui para uma certa confusão de papéis familiares tradicionais. Como Rolando, filho de Martina do Baleiro, Adjiru é um homem que rejeita o modelo de paternidade esvaziada e é claro quanto à causa da doença que atinge Mariamar. Adjuri diz à sua sobrinha-neta – que ele designa como "barco entre mar e amar" (136), ou seja, no universo ficcional de Mia Couto, entre o inconsciente e o desejo – que "o problema não está consigo, minha neta. O problema está nesta casa, nesta aldeia. Kulumani já não é um lugar, é uma doença" (95).

Kulumani configura-se assim como um lugar-símbolo do que está errado no Moçambique rural: a incapacidade de este espaço proteger ou, pelo menos, de não agredir, as mulheres, perpetuada pela recusa em assumir e, consequentemente, discutir a violência doméstica, ainda que todos tenham conhecimento e consciência dela. Não a encarando e não falando dela enquanto tal faz-se com que ela "não exista" e, deste modo, garante-se a sua continuidade.

Todavia, Mia Couto não afirma que o patriarcado (e os abusos a ele associados) está "naturalmente" ligado a uma tradição, antes afirmando que há uma tradição – ou dita ou apreendida como tal – que é assumida como tradição e que tem sido, de forma repetida, usada para benefício de quem exerce o poder. Adjiru representa parte de uma geração mais velha que se opõe à violência doméstica e que aponta e reflete sobre as causas do mal que atinge Kulumani rural: de facto, elas não estão em Mariamar, mas naqueles que abusam dela ou de Tandi, e de todas as mulheres da aldeia. Mas esse mal está também naqueles que, sabendo do abuso, não o denunciam, tornando-se assim seus cúmplices. Por outras palavras, *A Confissão da Leoa* analisa a relação distorcida entre as ações individuais dos patriarcas e a cumplicidade sistémica com o seu comportamento.

Em contraponto com Adjiru, Hanifa – mãe de Mariamar e irmã de Adjiru – revela-se mais ambivalente em relação ao abuso que a sua filha sofreu. Ela encarna a complexa relação entre a consciência do estatuto de vítima e a cumplicidade no abuso, na medida em que nega a ação àqueles que sofrem. Apesar de tudo, esta ambivalência, ainda que represente um passo relativamente à cumplicidade total, também contribui para perpetuar a situação de impunidade do abuso e, portanto, perpetuar para outras situações de abuso, como a que a sua filha sofreu. Hanifa caracteriza Kulumani como "um cemitério vivo" (50), em que "nós todas, mulheres, há muito que fomos enterradas. Seu pai me enterrou; sua avó, sua bisavó, todas foram sepultadas vivas" (49).

A descrição evidencia gerações de abuso repetido, em que as mulheres eram "excluídas, apartadas, apagadas" (49) por um sistema de auto-propagação do poder masculino. No entanto, como mais tarde se constata no romance, a posição de vítima que Hanifa atribui a gerações de mulheres acabou por permitir, de modo ativo, que o abuso continuasse. Esta posição de vítima-cúmplice revela-se mais gritante relativamente ao abuso da sua filha, Mariamar, pela mão do pai, Genito Mpepe. Como Mariamar vem lembrar:

> durante anos, meu pai Genito Mpepe, abusou das filhas. Primeiro aconteceu com Silência. Minha irmã sofreu calada, sem partilhar esse terrível segredo. Assim que me despontaram os seios, fui eu a vítima (200).

O sigilo e o silêncio são fundamentais para a permanência do abuso. Quando Mariamar era estuprada, de forma repetida, pelo seu pai, rapidamente mergulhava num "estranho processo", que "me fazia esquecer no momento seguinte, o que acabara de sofrer. Essa súbita amnésia tinha uma intenção: eu evitava ficar órfã" (200). Como a memória da violação de Mariamar é fortemente apagada pelo trauma de abuso que sofreu em criança, a sua "mãe sempre fez de conta que nada sabia" (200). A atitude de Hanifa, que sempre fingiu não ver o que estava a acontecer entre o seu marido e a sua filha, é assim tão traumatizante para a filha como o real e efetivo abuso que o pai cometia sobre ela. Na verdade, do ponto de vista de Mariamar, o processo de esquecimento é duplo: do abuso do pai e da inércia da mãe. Por outras palavras, Mariamar perderia ambos, pai e mãe, ficando absolutamente "orfã".

Quando a prova do abuso é demasiado grande para ser ignorada, a reação de Hanifa é mais perturbadora e constitui o maior exemplo de como o patriarcado funciona de forma absolutamente eficiente, o que é visível na cumplicidade assumida pelas suas próprias vítimas:

> Sem qualquer reação, fitei-a [sua mãe] saltando sobre mim, agredindo-me com socos e pontapés, insultando-me na sua língua materna. O que ela dizia entre babas e cuspos, era que a culpa era minha. Toda a culpa apenas minha. Bem que Silência já a tinha alertado: era eu que provocava o seu homem. Não se referia a Gentio como "o meu pai." Ele era, agora, "o seu homem" (200-201).

A situação, como lembrada por Mariamar, revela uma realidade terrível: a recusa da sua mãe em protegê-la do pai-violador. Este, mais do que qualquer outro, era o segredo – o pior segredo – que constituía o coração da trama narrativa. Mas esta situação, ao mesmo tempo que não isenta Gentio da culpa pelo que faz à sua filha, também não atribuiu completamente o estatuto de vítima a quem sofre a violação. De facto e como o romance sugere, é justamente através da ação de quem a sociedade pretende marcar como vítimas que a opressão é mais desafiada de modo mais eficaz.

No próximo capítulo, analisarei como os últimos escritos de Mia Couto voltam ao conceito de verdade e à sua validade ou manipulação na arena política, um espaço onde a participação das mulheres como "senhoras dos seus destinos" se torna vital para que o país possa progredir.

9.

ENTRE A POLÍTICA E A VERDADE

Num artigo perspicaz, inicialmente publicado no *New Yorker* em 1967, intitulado "Verdade e Política", Hannah Arendt delineia como as cumplicidades entre verdade e política foram evoluindo. Uma das observações mais interessantes que faz neste artigo prende-se com a maneira como a verdade se apropria e ensombra uma característica fundamental da política: a verdade, uma vez revelada, não permite a dissidência; é totalitária e coerciva por natureza. Tem um "caráter despótico" (Arendt, 2000: 555) – o sonho final e uma tendência crescente do que hoje se define como política. Esta política, ou o "capitalismo-parlamentar", para usar as palavras de Alain Badiou, é a mais apropriada descrição do apêndice medíocre do monetarismo da livre troca (Badiou, 2003: 7). A questão, "Sem verdade vale a pena a política?" vai apresentando diferentes declinações entre Arendt e Badiou, como se vê em publicações lançadas há três décadas, o que é talvez bastante relevante tendo em conta que nestas três décadas se inclui a importante rutura que foi o ano de 1968.

Arendt nota que "a veracidade nunca foi contabilizada como uma virtude política, porque pouco contribui para a efetiva mudança do mundo"(564). Pelo contrário, toda a filosofia política de Badiou se baseia em processos de verdade e de fidelidade individual a um "evento" que incorpora uma verdade. Reagindo contra a tentativa de apagamento do sujeito, característica da era pós-moderna – um apagamento que, logicamente, se traduz na diminuição da possibilidade de participação política –, os fundamentos do projeto de Badiou assentam numa profunda crença: a ideia de que o universal e as verdades existem, e que é dever ético de cada ser humano descobrir e agir de acordo com estas convicções para ser realmente um ser humano.

Tanto Arendt como Badiou se afastam do pós-modernismo, acreditando que existe, algo como, a verdade. Uma vez conhecida, aquela verdade domina o sujeito. A sua divergência situa-se, de facto, na apreciação do grau em que a verdade serve um esforço político, ou seja, até onde e como é que a verdade pode ser usada com uma intenção política. É através de um equilíbrio desta diferença – entre a verdade como algo intrínseco à política ou como um anátema para a política – que me proponho ler Mia Couto.

No entanto, classificar Mia Couto apenas como um escritor oculta muito de uma personalidade que se exprime através de outras facetas que o constroem como ser humano – do biólogo e ecologista ao jornalista e educador. Todavia, acrescentar algo ao termo escritor corre o risco, tão eloquentemente identificado por Arundhati Roy, referindo-se a si mesma, de se ser chamado "escritor-ativista", atenuando-se assim nesta classificação o poder da caneta e o da política. A autora de *O Deus das Pequenas Coisas* lamenta que hoje em dia seja apresentada "como uma espécie de aberração de mim. Aparentemente eu sou, como se designa no vocabulário da moda do século XXI, uma "escritora-ativista" (como um sofá-cama)" (Roy, 2001: 10). Arundhati Roy afirma que os escritores e ativistas devem ser envolvidos na política, mas não pelas suas profissões, pois quer uma quer outra são portadoras de uma grande responsabilidade para com a verdade (no sentido quase-teológico de Badiou). Ao contrário, o seu envolvimento surge pela dimensão humana, pelo que nos é comum.

Tanto Arunhdhati Roy como Mia Couto alcançaram grande destaque através dos seus livros de ficção, assumindo cada vez mais abertamente as suas posições políticas em declarações públicas e ensaios. Ambos partilham uma aversão pela ascensão do imperialismo dos Estados Unidos e consagram os seus talentos literários à procura de verdades universais contra a globalização, verdades que podem conduzir a mudanças concretas através de políticas concretas que propõem e a que aspiram. A coleção de ensaios *Pensatempos: Textos de Opinião*, publicada em abril de 2005, revela um cansaço absoluto com as formas em que a linguagem e as palavras têm vindo a ser desvalorizadas e violadas em nome da palavra mais desvalorizada da modernidade: "democracia".

Ecoando Arundhati Roy, Mia Couto pergunta: "qual é a responsabilidade do escritor para com a democracia e para com os direitos humanos?" (P: 59). O escritor avança para um paradoxo que não é mais do que a sua rejeição do empirismo. Enquanto filosofia, o empirismo não é mais do que uma hegemonia míope do discurso tecnológico que ignora outras formas de conhecimento e, como a Escola de Frankfurt demonstrou de forma repetida, ele é intrinsecamente irracional. É aí, na sua incapacidade de contemplar outras formas de conhecimento, que reside a explicação da sua violência. Um discurso que "sabe tudo" e tudo explica de forma simplista é, *a priori*, propenso a violências explosivas como forma de compensar as insuficiências inerentes a explicações pretensamente totalizantes. Contra a hegemonia do empirismo, a responsabilidade do escritor é "totalizante", ou seja, é total, mas de maneira diferente. Totaliza, sim, a responsabilidade, como pretende Arundhati Roy.

Não por acaso, entre os intelectuais progressistas tem havido um ressurgimento do interesse por Kant na tentativa de procurar novas formas de conhecimento e novas propostas, num mundo que parece condenado a formas de saber empiristas e que rejeita pensar além das fronteiras de um certo tipo de conhecimento. No projeto transcendental que constitui a *Crítica da Razão Pura*, Kant demonstra que há limites para o conhecimento humano, impostos sobretudo pela maneira como o mundo é apresentado (e o ser humano tem a possibilidade e a capacidade de o apreender), parecendo vir até nós fenomenologicamente. É claro que a questão de Kant estava longe de se cingir a um conceito de conhecimento que apenas fornecesse as bases que iriam reduzir o mundo a dados científicos e económicos, e de reduzir filosofia a elaborados jogos de linguagem, ou ainda, a ciência política, a um campo de jogos teóricos. Ao contrário, era precisamente para reservar um espaço para Deus, ou a alma, ou a humanidade, ou o universal, ou o absoluto, ou a liberdade, ou o que se quiser chamar a esse espaço sobre o qual se pode pensar mas nunca, de facto, conhecer na íntegra. Kant estimulou-nos a pensar além dos limites do nosso conhecimento, ao mesmo tempo que nos exigia a coerência intelectual de assumir que havia um limite. No entanto, tratava-se de um limite, não de uma prisão. Algo que nos deve atrair como uma singularidade matemática e não, restringir-nos à, visivelmente castradora (mas protetora) segurança de uma gaiola.

Através da mentira "verdadeira" que é a literatura, Mia Couto busca repetidamente pensar além do limite a partir do espaço do Outro como um meio de afirmar a experiência comum da condição humana. Mia Couto mostra-nos que, ao mesmo tempo que a linguagem nos pode colocar barreiras e impedir de algo, ela também não nos consegue conter, nem pode controlar a nossa humana insistência na procura de uma realidade diferente daquela que nos é oferecida como facto consumado e com a qual ninguém concorda.

A lição que se deve tirar de grande parte da produção literária de Mia Couto não é a do chamado atavismo romântico, mas antes a de uma possível orientação para tentar pensar a partir de espaços que não se podem conhecer. Seguindo Badiou, para ser fiel às epifanias (ou "eventos" nas palavras de Badiou), pensar além dos limites previamente traçados, proporciona pensamento, no sentido abstrato do termo. A política torna-se assim uma extensão natural deste processo, de modo que, em 2005, em *Pensatempos,* há um conjunto de ensaios portadores de uma maturidade de pensamento que deriva de um longo trabalho de base literária. Não se trata portanto, como uma leitura mais apressada pode fazer crer, de um simples livro de crónicas de opinião, mas da elaboração de um pensamento que foi sendo destilado ao longo de uma considerável obra literária. Literalmente, como o próprio título sugere, evoca-se um tempo para pensar. A complacência ociosa do paradigma ocidental, profundamente enraizado na cumplicidade de um passatempo da indústria cultural adorniana, torna-se, em Mia Couto, um "pensatempo": formas, processos, maneiras de pensar além dos limites.

Nos textos de *Pensatempos,* os Estados Unidos são selecionados como um dos alvos favoritos de Mia Couto, não só porque representam a mais recente encarnação de uma ordem imperial, mas também porque a imagem dada dos seus projetos – os de um "senhor presidente" para os de "um escritor de uma nação pobre" (P: 33) – representa a hipocrisia dos mais poderosos, que já nem sentem necessidade de esconder o seu duplo pensamento orwelliano. Ao contrário, o poder dos Estado Unidos concentra-se, precisamente, no domínio da sua indústria cultural de repercussão global, que constituiu uma fonte de alienação para a nova geração da elite de Moçambique, entregue a "uma cada vez maior distanciação [...] em relação ao seu próprio país" (P: 9).

Estas jovens elites urbanas moçambicanas falam inglês fluentemente e nem sequer reconhecem palavras de línguas indígenas de Moçambique. Ignoram "os códigos culturais" (9) e têm medo dos mesmos "fantasmas dos exploradores coloniais: as feras, as cobras, os monstros invisíveis" (9). Mais revelador ainda, "esses jovens estão mais à vontade diante de um vídeoclip de Michael Jackson do que no quintal de um camponês moçambicano" (9).

Pode-se logicamente argumentar: estarão estes jovens capazes de pensar além dos seus limites em ambientes que ainda não conhecem? É verdade que a indústria cultural global coloca o mundo na soleira das suas portas, abrindo os seus horizontes para além dos seus limites? Mais: certamente que o mesmo processo que dá Michael Jackson à juventude moçambicana dá ao mundo Mia Couto? De facto, sim e não, pois o que a indústria cultural faz, na sua forma mais extrema e como assinala Adorno, é reduzir o limite do que pode ser pensado e padronizá-lo. O que se vê é tudo o que pode ser conhecido. Não se sabe de "Outro" e não se pensa certamente além do limite, mesmo quando se mantém a impressão de que se está a fazê-lo.

A crítica tecida por Mia Couto a "esses jovens" reside na sua convicção de que, de facto, eles aspiram a um apagamento do que o autor designa como uma qualidade moçambicana de "sermos nós, sendo outros" (P: 10). O apagamento desta ontologia da alteridade traz consequências epistemológicas profundas. Combinada com a crescente incapacidade de pensar o Outro, este apagamento torna os moçambicanos "mais do que pobres, tornamo-nos inférteis" (11). Moçambique torna-se assim um país desprovido de ideias próprias, interiorizando o discurso escravo dos (seus) senhores coloniais, numa readaptação que lança o capital global como "o chefe".

A imagem dos Estados Unidos no exterior, dos seus projetos e da sua política externa, está intrinsecamente ligada ao capital global, com toda a violência que ele acarreta. Na tentativa de competir com Michael Jackson, os jovens moçambicanos mergulham literalmente numa cultura que funciona, ao mesmo tempo, como um pedido de desculpas e, como uma técnica, tanto em casa, como, sobretudo, no exterior, dissolvendo "o Outro" (42). A manifesta oposição de Mia Couto em relação à intervenção no Iraque aconteceu não apenas, como diz, porque "perdemos nós, africanos, que pagamos a fatura dos efeitos económicos colaterais" (43), mas sobretudo porque os EUA, com a sua incapacidade histórica para pensar o Outro, ampliam o seu quadro cultural e epistemológico caseiro à dimensão da sua política externa que, repetidamente, tem um único objetivo: "abolir o inimigo" (42). A apropriação política da linguagem de convicções absolutas – verdades que são reveladas às suas elites políticas – significa geralmente que

> os americanos sempre agiram em nome do 'bem' e da 'boa consciência'. Essa mesma consciência faz com que a defesa dos interesses americanos seja apresentada como a defesa de toda a humanidade. Essa mesma 'boa consciência' faz com que a maior parte dos americanos encare a bomba de Hiroxima sem nenhum sentimento de culpa. Um simples dano colateral, uma reação explicável pelo percalço de Pearl Harbour (43).

Este é o espaço em que ressurge o atrito entre Badiou e Arendt. Para Arendt, aqueles que, em política, afirmam estar do lado da verdade são incapazes de usar a mentira como um mecanismo político para evitar a violência. De facto, a verdade quase sempre implica violência com "boa consciência", razão pela qual deve ser mantida distante da política. Para Badiou, sem verdade, não há razão para realizar um processo político.

Kant, reescrito por Adorno e, na verdade, por Mia Couto, resgata o aparente impasse entre Arendt e Badiou, uma vez que Kant afirma que a questão é tão somente poder pensar além do conhecido. Para a vítima das formas empíricas de saber, é fácil vender a "boa consciência" da América, pois nela os atos mais desumanos de violência contra o Outro são como que embrulhados numa espécie de camuflagem que justifica cada ato de destruição do "inimigo". Assim, a amizade pessoal de Saddam Hussein com Osama Bin Laden e a participação do líder de Iraque nos acontecimentos de 11 de setembro eram do conhecimento da massa crítica norte-americana, mesmo que eles próprios não *pensassem* nisso e que todos os indícios indicassem o contrário.

Escrevendo na América do seu dia-a-dia, no momento em que a Guerra do Vietname começava a causar desconforto e a gerar oposição em muitos setores da sociedade americana, Arendt escrevia, de facto, contra a tirania daqueles que *conhecem* a verdade. Badiou, escrevendo hoje, recusa-se a entregar a verdade àqueles que não pensam. A mensagem política de Mia Couto – uma voz do sul criticando os sistemas de um império do Norte – é que a verdade surge do pensamento que se situa além do limite. Os Estados Unidos demonstram assim nunca ter interiorizado a mensagem de Kant de forma consistente devido à sua "incapacidade de entender os outros, com a arrogância de quem imagina o mundo como um quintal em redor da casa grande" (44).

Essa terminologia ecoa não só Gilberto Freyre, mas também a frase que, durante a Guerra Fria, desenhou a América Latina como um quintal de Washington. Nestas frases encontram-se os limites do pensamento, no caso dos Estados Unidos, visíveis na arrogância de reduzir tudo a algo conhecido a algo possível de compartimentar dentro dos limites compreensíveis da sua (pobre) experiência. Dentro destes limites, o que não pode ser conhecido ou o que não é entendido é passível de ser desenraizado, arrancado, incinerado, como se faz com uma erva daninha que não pertence ao jardim ou, no caso em análise, ao jardim do nosso (limitado) conhecimento.

Mia Couto afirma que "não podemos ter medo de não saber" (P: 47), pois esse é o momento fulcral em que pensamento e a criatividade entram em jogo. O conhecimento empírico totalitário expresso pela América-império baseia-se numa crença no discurso científico como potencialmente omnisciente, o que Couto crítica com (igual) vigor. Como afirmou, no "Encontro de Biólogos da Comunidade dos Países de Língua Portuguesa", uma reunião em Lisboa, em Setembro de 2004, há "sete pecados de uma ciência pura" (113).

Na verdade, é na biologia, no estudo da própria vida, que a ciência se vai deparando com os limites do conhecimento, algo de que Mia Couto está bem consciente na sua interpretação subjetiva da área em que foi treinado: "a biologia é para mim uma indisciplina científica, um modo de estar mais próximo das perguntas do que das respostas" (113).

Por outras palavras, Mia Couto reformula a biologia como um método de pensamento antes de ser, como é também, um sistema de conhecimento. Para aqueles que mantêm a crença de que atingirão a verdade científica, declara: "não mereço confiança porque me falta a crença, essa espécie de fé que deve ser o chão de um cientista" (113). Poderia esta sua equação entre a ciência e a religião ser um vestígio do seu mundo pós-moderno, um mundo de relatividade absoluta? Não obrigatoriamente. É mais um lance de ironia jogado nos rostos daqueles a quem a sua conferência se dirige, aqueles que deveriam promover a ciência como um sistema aberto de pensamento e não como um sistema fechado de conhecimento. Mia Couto acredita "na ciência mas apenas como um dos caminhos. Sei que há outros" (113).

Mais uma vez, será que "um caminho entre muitos" é apenas relatividade pós-moderna? E, mais uma vez, não necessariamente. Uma multiplicidade de caminhos não significa que não existe uma verdade no final do percurso. De facto, Badiou afirma uma ética de verdades, precisamente para dar conta da competição epistemológica e entre as epistemologias. O que Mia Couto deixa claro é a arrogância de uma ciência que nunca interioriza as implicações éticas do princípio da incerteza de Heisenberg. Não é que todos devam mergulhar na magia pré-iluminista ou retardar África, colocando em pé de igualdade todos os tipos de sistemas de conhecimento de acordo com uma agenda politicamente correta enraizada na culpa branca liberal. Mia Couto declara – "não advogo soluções tradicionalistas" (67). Deve-se ser claro: a formação de Mia Couto como biólogo é séria e marcante, e a sua compreensão da disciplina é tão rigorosa quanto a de qualquer outro biólogo do norte ou do sul global. Mas Mia Couto não aceita que a disciplina que o serve se possa converter numa ideologia que ele serve.

Nesse sentido, quando a ciência se torna ideologia, destaca as suas dúvidas:

> Aflige-me a facilidade das varinhas mágicas, soluções fantásticas a que se chega como se fosse por *download*. As descobertas técnicas e científicas são-nos apresentadas de forma messiânica nas páginas de revistas – o genoma é um novo Cristo que nos salva de todas as doenças. A clonagem é o passaporte para a eternidade (P: 67).

É aqui que reside a sua crítica de uma certa mentalidade científica que, por exemplo, não consegue ver por trás da palavra inglesa "web" (World Wide

Web), "uma rede, mas também uma teia" (67). Na verdade, para Couto, este chauvinismo científico não é, de todo, ciência:

> Em nome da ciência se esqueceram outras sabedorias, outras aproximações. A ciência se foi convertendo em algo muito pouco científico, uma acomodada certificação daquilo que se pensa ser a 'realidade'. Perdeu-se inquietação, arrojo e, sobretudo, perdeu-se a disponibilidade para experimentar outra[s] vias de conhecimento (P: 156).

Na sua crítica de um discurso científico que, na verdade, reforça o mundo como ele é – como "uma acomodada certificação daquilo que se pensa ser a 'realidade'" –, assinala-se um sinal do desconforto de Mia Couto com o império dos fundamentos do empirismo.

Ambas as ideologias, americana e científica, querem fazer-nos acreditar que o mundo não pode ser diferente do que é. Em oposição, Mia Couto postula "uma ciência plural que aceite outros caminhos para se chegar a algo que deve ser entendido sempre de modo relacional e contextual – a verdade" (157). O aspeto interessante a reter sobre esta posição não é tanto a sua relatividade mas, sim, a convição de que a verdade é algo a ser pensado, uma meta que se deve perseguir em nome do conhecimento, que pode nunca vir a ser alcançada ou conhecida. Contudo, este conhecimento não exclui ou nega a necessidade de pesquisa. Todavia, também não contempla, nem autoriza a reclamação do absoluto como algo conhecido e palpável, o que nos levaria de volta ao reino da pura ciência com os seus sete pecados capitais ou, ainda, às práticas de um império que não pode conhecer o Outro. Na verdade, aqui regressa o idealismo transcendental de Kant – que permite conceber as coisas para além do mundo dos fenómenos, mas que não permite conhecê-las. Para evitar sermos "convertidos nos sacerdotes de uma espécie de Igreja Universal do Reino da Ciência" (P: 116), devemos estar conscientes de que, em ciência, os "sete pecados capitais passaram a ser os sete pecados do capital" (114). Por outras palavras, e como a Escola de Frankfurt referia já há muitos anos, a lógica imoral e o fracasso, que sustentam o império e a ciência pura, revelam a sua insidiosa presença no sistema económico dominante.

É com a exportação deste sistema para Moçambique – a chamada história de sucesso neoliberal de África – e a sua receção acrítica que Mia Couto apreende a natureza desonesta desta lógica, com a sua imposição de um limite para a linguagem como meio de juntar palavras que escondem a intenção fraudulenta, mas que, na verdade, significam o seu contrário: a sua força fica dilacerada de forma inevitável, enfraquecendo a verdade que potencialmente contém.

Assim, uma nação cooptada por uma agenda de "desenvolvimentês" cheia de "especialistas em resolução de conflitos, facilitadores de conferências, workshopistas, *experts* em advocacia", todos prontos para "fazer uma apresentação em *power-point*" ou, pior, ainda em "ponta-poderosa" (17), é uma nação em que é muito fácil "reduzirmos os assuntos à sua dimensão linguística" (17) e "pensar o que já está pensado por outros" (17). Isso, é claro, não é o mesmo que pensar pelo Outro, mas é, isso sim, não pensar de todo, permitindo o uso de palavras que propositadamente resistem à tradução para as línguas do Moçambique rural, restringindo ideias em predeterminados e controlados parceiros de inação. Depois de ter utilizado o palavreado próprio da linguagem desenvolvimentista, pensamos ter realizado um ato, como se as palavras enunciadas por esta linguagem cumprissem performativamente o ato enunciado: "falamos e, tendo falado, pensamos ter agido" (17). Na sua forma mais brutal, a estratégia torna-se uma "dança de palavras" que não leva a mudança nenhuma:

> Muitas vezes a mesma palavra já dançou com variadíssimos parceiros. Tantos que já não há festa sem que certas expressões abram o baile. Uma dessas palavras é "pobreza". A pobreza já dançou com um par que se chamava "a década contra o subdesenvolvimento". Outro dançarino tinha por nome "luta absoluta contra a pobreza". Agora dança com alguém que se intitula "luta contra a pobreza absoluta" (17).

Um processo semelhante atingiu a palavra "proletariado", que "especializou-se sobretudo em danças de máscaras. E já se mascarou de 'massas populares'. Já foi 'massas trabalhadoras'. Depois, foi 'população'. Agora, dança com o rosto de 'comunidades locais'" (17). O grave problema que Mia Couto associa a este abuso de linguagem é o seu papel decisivo na criação de uma falsa realidade que se faz passar por conhecimento absoluto. Torna-se parte de uma "imagem que se foi criando para substituir a realidade" (18). Esta substituição da realidade dá aso a uma mentalidade impotente, ou que se sente impotente, para lidar com a realidade real, vendo no significado por trás da palavra "pobreza" a *verdade* da pobreza, aceitando que não pode ser diferente do que já é tido como conhecido. O empobrecimento da linguagem não é mais do que uma estratégia – como se vê no Ministério da Verdade, em *1984*, de Orwell – para sequestrar o pensamento e o seu potencial de ação. A convicção de Mia Couto, a sua verdade, é que "o mundo só pode ser salvo se for outro, se esse outro mundo nascer em nós e nos fizer nascer nele" (P: 120). O processo para atingir este mundo depende de sermos "cidadãos críticos, capazes de questionar os pressupostos que nos são entregues como sendo 'naturais'" (P: 120). "A verdade", afirma, é que "estamos hoje perante uma natureza muito pouco natural" (P: 120).

A verdade é que as verdades conhecidas não são, de todo, verdades. As principais barreiras que têm de ser derrubadas são todos os discursos insidiosos que as sustentam, sejam eles os do imperialismo contemporâneo ou os do empirismo científico, o ambíguo pensamento através do qual o capital neoliberal tem vindo a negociar a sua expansão. Esta luta pela linguagem é a ferramenta que a Escola de Frankfurt nos disponibilizou para ampliar o pensamento: "Somos pequenos mas temos a tal arma de construção massiva: a capacidade de pensar" (P: 125). Este pensamento crítico é o único instrumento que um dia pode conciliar verdade e política.

Em *Um Rio Chamado tempo, Uma Casa Chamada Terra* (2002), existe um comentário gritante sobre a desonestidade instalada no coração da política moçambicana contemporânea em que os ideais da revolução foram sucessivamente traídos e o futuro do país foi sendo hipotecado ao capital global. Neste romance, a crítica à distorcida relação entre a política e verdade é dirigida às estruturas políticas atuais de Moçambique. Neste romance, Mia Couto retoma a publicação de cartas de forma mais refinada do que em livros anteriores. As cartas são recebidas pelo narrador Mariano. Quem lhe envia as cartas é o seu pai, já falecido, homónimo do seu avô. Relembrando o destino de algumas cartas em contos breves de Mia Couto, também aqui algumas destas cartas acabam em chamas. Mariano regressa a Luar-do-chão, a ilha em que nasceu, para participar no funeral do seu avô. Aqui, conjugam-se as funções de narrador com as de alguém que vem de fora e que, por isso, terá a capacidade de revelar verdades, inclusive, o facto complexo de que o seu avô afinal não era seu avô mas, na verdade, seu pai, e a mulher que Mariano achava ser sua tia e pela qual se sentia sexualmente atraído, Admirança, era realmente a sua mãe. Como o seu tio Ultímio e os jovens criticados por Mia Couto em *Pensatempos*, o narrador de *Um Rio Chamado Tempo, Uma Casa Chamada Terra* imigrou para a cidade, não fala as línguas locais, nem entende os costumes locais.

Ao contrário de exemplos anteriores de personagens que partiam do campo para a cidade e da consequente desruralização ou urbanização das personagens, nesta obra, a partida (para a cidade) é vista como positiva. Tal como o velho Mariano percebe, "quem parte de um lugar tão pequeno, mesmo que volte, nunca retorna" (URCT: 45). E é dessa mudança – que garante ao narrador o estatuto de ser, simultaneamente, alguém de fora e alguém de dentro – que a ilha precisa: "um que viesse de fora mas fosse de dentro" (URCT: 173). Em *Um Rio Chamado Tempo, Uma Casa Chamada Terra,* Mia Couto argumenta que as influências externas podem ter um papel essencial na correção de tradições rurais que limitam ou violam a liberdade dos seres humanos. Esta capacidade de uma intervenção externa para ver e ajudar a corrigir o que é violento ou simplesmente errado nas "tradições inventadas" de Moçambique começa a tornar-se mais clara nas mais recentes obras de Mia Couto, em particular, em *Jesusalém* e em *A Confissão da Leoa.* Em *Um Rio Chamado Tempo, Uma Casa Chamada Terra,* Mariano acabará por descobrir que tudo o que considerava ser verdadeiro em relação à sua identidade era uma mera questão de perspetiva e que a revolução moçambicana tinha deixado no ar uma ladaínha de desilusão e cinismo dificilmente ultrapassável.

Um Rio Chamado Tempo, Uma Casa Chamada Terra foi publicado oito anos após as primeiras eleições multipartidárias em Moçambique, depois de a FRELIMO ter vencido duas eleições gerais e depois de Joaquim Chissano ter obtido o seu segundo mandato presidencial. Embora a RENAMO ameaçasse intermitentemente com um retorno ao conflito armado – uma tática que sobrevive até hoje –, o país, que constitui o pano de fundo deste romance, já não vivia sob as condições de uma guerra. Outro cenário se colocava: as disparidades económicas aumentavam, criava-se uma elite moçambicana capaz de negociar e de lucrar com o capital global em detrimento dos seus concidadãos. Isto tornou-se o sentimento e a preocupação mais evidentes para a população em geral, agora num país sujeito a uma multiplicidade de energias retóricas que vão desde o colonialismo lusotropical e a independência nacional à revolução marxista e à globalização do mercado livre. O período de toda esta transformação, não meramente linguística ou retórica, é apenas de quase quatro décadas.

O cerne deste romance constitui uma espécie de resposta às inconstantes "verdades" da realidade política moçambicana pós-revolução. Os três irmãos-personagens da narrativa – Abstinêncio, Fulano Mata e Ultímio – representam, cada um deles, diferentes fracassos da revolução. Abstinêncio, com a sua constante deferência e a crença de que "a vida ... requer constante licença" (URCT: 16), contrasta com o homem que, no início, o narrador acreditava ser o pai biológico, Fulano Mata, que "já fora guerrilheiro, revolucionário, oposto à injustiça colonial" (16). Ultímio, o irmão mais novo, representa a fase mais recente de Moçambique, uma época em que tudo está à venda, "tudo tem um valor" (63). Talvez o mais significativo gesto desta época seja praticado por Ultímio quando tenta cooptar o seu sobrinho, tornando-o "parte do empreendimento" (63). O "empreendimento" era dar um valor monetário à casa da família: uma casa cujo nome, Nyumba-Kaya, representa uma fusão do norte e do sul através das línguas de Moçambique.

Neste contexto, o que significa exatamente "valor"? Valor é aquilo que é sentido como uma lamentável perda por Arendt e, particularmente, por Badiou: algo de precioso transmitido pela educação, a herança que ultrapassava o valor individual e que agora é trocado – e, assim, reduzido – a um valor puramente monetário, desprovido de qualquer contexto ético. O slogan revolucionário "já sujo pelo tempo" que "a nossa terra será o túmulo do capitalismo" (URCT: 27) adquire assim um significado diferente na realidade pós-revolucionária, uma realidade globalizada, em que "nem os pobres, hoje, se juntam, solidários" (137).

Foi o próprio capitalismo que enterrou o país juntamente com tantos outros países, movimentos e revoltas e não o seu contrário. A terra, no entender de Ultímio, tornou-se apenas discretas parcelas transferíveis, que podem ser compradas e vendidas, "legalmente, na conformidade da lei" (153), apesar do aparente impedimento, sublinhado pelo seu sobrinho, de que "aqui há gente morando" (152). Na nova ordem, o povo e a terra já não estão na relação simbiótica presente em *A Varanda do Frangipani*. Agora, encontram-se num tempo de concorrência direta, um tempo em que "dinheiro compra uma vida" (182), o que é visível na maior preocupação do Ultimio: os ritos funerários tradicionais "desvaloriza[m] a propriedade" (151).

Moçambique tornou-se refém da côrte de capitalistas individualistas, amigos de Ultímio, consignando-lhes as riquezas do país. Ao mesmo tempo, os revolucionários, como o médico Amílcar Mascarenha, de origem goesa, só conseguem sobreviver envoltos numa névoa alcoólica para, nesse estado de latência, esquecerem a traição nacional aos ideais do passado. Ocasionalmente, fantasmas do passado assolam a memória do médico e ele evoca com orgulho a frase hoje tão dificilmente legível: "abaixo a exploração do homem pelo homem". Mas a sua melancolia regressa à medida que se vai afastando cada vez mais do slogan agora esquecido, mas não enterrado: "olhando para trás como que se despedisse de um tempo" (114).

O estranhamento de Mascarenha relativamente ao tempo presente liga-se aos ideais de uma geração de revolucionários envoltos na sua própria traição. Este complexo sentimento é sobretudo visível em Fulano Mata, o homem que o narrador pensava ser seu pai. Fulano Mata tinha abandonado a vida política por completo, cedendo-a aos esquemas do seu irmão mais novo. Enquanto revolucionário, Mata "se sentira estranho em sua terra. Acreditara que a razão desse sofrimento era uma única e exclusiva: o colonialismo" (74). No entanto, a independência realizou-se e "muito da sua despertença se manteve" (74). Fulano Mata representa a história de estranhamento contínuo de muitos moçambicanos na sua própria terra, motivada pela triste constatação de que a exploração continua, apenas tendo mudado os patrões e a cor. Como princípio a exploração continua de uma forma que a revolução não conseguiu inverter, nem modificar. De facto, e como hoje é possível ver, o legado da revolução parece até ter agravado a exploração, confundindo-se os administradores atuais, como Luar-do-chão, com os antepassados coloniais.

Na mesma linha que tinha desenvolvido em *Pensatempos*, Mia Couto aponta, por vezes com ironia triste, para o fracasso da classe política moçambicana na resposta aos desafios que o país enfrenta. Como o autor defende, "a política é uma arte de mentir tão mal que só pode ser desmentida por outros políticos" (28). O resultado não é uma concertação de mentiras úteis que, em conjunto, compõem uma multiplicidade de verdades, como em *A Varanda do Frangipani*; mas o resultado é, sim, um estado geral de desesperança em que a falta de crença ou de ideal deslegitima e diminui completamente o processo político e a política.

Na já longa obra de Mia Couto, a crítica às diversas situações políticas que o seu país vai atravessando tem estado sempre presente como uma espécie de contra-poder e, portanto, como uma voz ativa, na sociedade moçambicana e além fronteiras. Desde os extremos da adesão absoluta à retórica totalitária da revolução, no conto "A Carta", em que o narrador se viu obrigado a suavizar os excessos do filho de Mama Cacilde na sua adesão aos slogans da revolução, ao vazio da política contemporânea de Moçambique, satirizada em *Um Rio Chamado Tempo, Uma Casa Chamada Terra*, Mia Couto tem criticado repetidamente os extremos, do excesso de conteúdo da revolução à falta de conteúdo de hoje, através de personagens carismáticas que vão compondo estes cenários, acompanhando os seus trânsitos e as suas transições no, afinal tão curto, espaço de quarenta anos.

Então, para onde vai Moçambique? Quais as sugestões que os romances de Mia Couto lançam para uma reconciliação produtiva da verdade e da política? A resposta, em parte, é dada por Curozero Muando, o Coveiro, quando afirma que "na minha atual existência, eu já não tenho ideias. Só lembranças" (URCT: 158). Curozero Muando é uma personagem que se fez por si, longe das experiências dos outros, alguém que, de momento, "lembrava mais do que vivera" e que conclui que "o homem sábio é o que sabe que há coisas que nunca vai saber. Coisas maiores que o pensamento" (159). Nesta afirmação, Mia

Couto entra de novo em diálogo com Kant mas, desta vez, com uma inflexão. "A tal arma de construção maciça: a capacidade de pensar" (P: 125), pela qual luta em *Pensatempos*, torna-se algo maior do que o pensamento em si mesmo. Mia Couto está a afirmar que o próprio espaço (numenal) kantiano, codificado através do pensamento, é algo em que acredita – um espaço em que uma humanidade comum é recuperada – se a verdade e a política unidas servirem o povo de Moçambique.

CONCLUSÃO: UMA MATURIDADE PÓS-COLONIAL?

Num artigo publicado pela primeira vez em 1998, Laura Padilha coloca a questão da legitimidade em aplicar o conceito "pós-modernismo" à literatura africana, particularmente, à literatura africana de língua portuguesa. Laura Padilha, crítica literária que se identifica com a área dos estudos pós-coloniais, acaba, de forma subtil, por não responder diretamente à questão por si colocada. Em vez disso, Laura Padilha argumenta que o pós-colonialismo "nos traz respostas" e que o pós-modernismo "obriga-nos a indagações" (Padilha, 2002: 329). É certo que as duas vertentes teóricas têm-se inspirado mutuamente e, nos últimos, anos o debate sobre a incapacidade de distinção entre as duas escolas de pensamento tem sido intenso. Contudo, se a distinção proposta por Laura Padilha for aceitável, até que ponto será a obra de Mia Couto pós-moderna e não pós-colonial?

Os textos de Mia Couto refletem a condição "pós-colonial" na conceção de Alfred López. Na sua definição, o "pós-colonial" é um momento ontológico na evolução das nações que se sentem duplamente assombradas por fantasmas de um passado colonial e por uma memória-antecipada ou pós-memória, passe o paradoxo, desses mesmos fantasmas, ou seja, a maneira como os resquícios desses fantasmas assombram a geração seguinte, aquela que já não viveu o colonialismo, mas que o sente e o intui a partir da sociedade em que cresceu e que a educou. As palavras de Alfred López de que "o pós-colonial é simultaneamente um passado e um futuro habitados" (López, 2001: 67) ecoam em toda a obra de Mia Couto, na medida em que o autor fabrica uma identidade-em-construção para a sua nação recém-nascida, de modo constante, assombrada por um passado colonial e por um futuro sonhado. A utilização dos sonhos como um mecanismo para imaginar um futuro melhor e, simultaneamente, para conseguir lidar com os horrores do passado constitui uma estratégia alicerçada na fusão temporal entre o passado e o futuro que, segundo López, caracteriza o pós-colonial. Por exemplo, algumas personagens de Mia Couto, como Navaia Caetano, em *A Varanda do Frangipani*, ou Temporina, em *O Último Voo do Flamingo*, refletem o momento pós-colonial em que Moçambique se encontra imerso ao fundirem a infância com a velhice e, por conseguinte, o futuro com o passado. Na sua obra também as diversas variações epistemológicas que discuti em relação ao mar – um discurso frequentemente utilizado por Mia Couto – indiciam a condição pós-colonial. A primordialidade onírica do mar dialoga com os ecos coloniais marítimos e com as significações das navegações neocoloniais. Assim e simultaneamente, o mar torna-se símbolo de uma depuração da história e de um renascimento nacional. Finalmente, o mar e a água, em geral, – enquanto restauradores do fluxo entre os mundos do consciente e do inconsciente – também evidenciam a obsessão de Mia Couto com a dissolução de fronteiras, uma preocupação fundamental que identifiquei com o pós-modernismo.

Ao longo deste ensaio, fui realçando sempre a determinação de Mia Couto em ultrapassar fronteiras e subverter delimitações. O questionamento radical que faz à possibilidade de uma verdade única em paralelo com o desafio às diferenciações binárias enquanto estrutura definem o autor como um escritor pós-moderno, que desafia as dicotomias dogmáticas ocidentais que serviram de base ao colonialismo e, depois, ao socialismo científico que precedeu a chegada do capitalismo global a Moçambique. Além disso, a presença marcante do pós-modernismo nos textos de Mia Couto ajuda a conter o poder do fantasma do colonialismo português no processo de afirmação nacional de Moçambique. Porém, como Boaventura de Sousa Santos sublinha, Portugal viveu muito pouco a expansão tecnológica da época moderna e, praticamente, não experimentou qualquer contacto com o marxismo durante os quarenta e oito anos de *Estado Novo*. Assim, o recurso de Mia Couto ao pós-modernismo emerge, em parte, da resistência ao marxismo e à modernidade, e não se refere ou reage exclusivamente, nem mesmo de forma central, à ocupação de Moçambique por Portugal. Com efeito, o seu pós-modernismo critica a ingerência europeia em Moçambique e expande-se numa crítica ao modelo marxista eurocêntrico, que oprimiu a nação a partir de 1975, com Samora Machel. Este pormenor evidente é essencial para recuperar Mia Couto como um escritor nacionalista moçambicano, uma vez que o pós-modernismo na sua obra funciona como uma estratégia que, ao mesmo tempo que o distancia da herança cultural portuguesa, lhe dá a possibilidade de manipular essa mesma herança com grande mestria. O extenso *corpus* de crítica literária à obra de Mia Couto tende a centralizar a análise no papel desempenhado pelo escritor na renovação da língua portuguesa, associando-o à fórmula neo-colonial "a língua é a minha Pátria," potencialmente contida na frase do Pessoa ou, talvez melhor, na sua constante citação. Ao sublinhar o pós-modernismo em Mia Couto e subvalorizar os aspetos pós-coloniais e linguísticos dos seus textos, é minha intenção desafiar esta tendência crítica geral que insiste em ler o Moçambique de Mia Couto como uma mera reação à presença portuguesa em África.

É evidente que o fantasma de Portugal vagueia pela obra de Mia Couto. As alusões literárias a Camões em *O Último Voo do Flamingo,* bem como a abordagem direta aos dias moribundos do colonialismo em *Vinte e Zinco,* por exemplo, comprovam-no. Contudo, Moçambique não é uma criação exclusiva do colonialismo português. A sua cultura é sincrética, com referências a uma tal multiplicidade de origens que se torna obsoleto procurar reclamar qualquer origem. Pelo menos, essa é a mensagem transmitida por Mia Couto através das suas personagens mestiças ou através da sua assinalável renúncia a uma ortografia purista. Nos seus textos, não existe um regresso a uma qualquer tradição. De qualquer maneira, a reação em relação à violência sobre as mulheres, sobretudo nas zonas rurais de Moçambique, faz parte de um mecanismo de reinvenção que é retoricamente implantado por aqueles que detêm o poder. Existe, sim, uma reinterpretação constante das tradições paralela a uma ordem que conduz a um recontar da História e a uma recriação das biografias, como um modo de fertilizar a vida. A remodelação contínua da História levada a cabo pelo autor agride uma das premissas centrais da meta-narrativa de Hegel que define a História como sendo fixa. Como anteriormente referi, Mia Couto não só se distancia de Hegel, como também se distancia do seu pólo antagónico, Platão. Ao corromper as duas tendências ocidentais opostas, representadas por Platão e por Hegel, e ao re-apresentar, de forma incisiva, a escrita como uma fonte de vida sempre em movimento, Mia Couto conquista uma nova identidade que, por inerência, está sujeita a mutações constantes. Alicerçada na rejeição das delimitações privilegiadas pela cultura tradicional ocidental, essa identidade torna-se, paradoxalmente, uma identidade nacional, representada pela forma como Mia Couto é lido no mundo exterior ao país.

Tido como representante da cultura que escreve, Mia Couto é frequentemente lido como alguém que recupera as tradições orais da cultura moçambicana e, com isso, confere à sua nação uma identidade própria. Na verdade, e recorro às palavras de Laura Padilha, Mia Couto "recupera a tradição trazendo para a cena do texto a marca da alteridade" e é com ela que "atinge a um só tempo, a modernidade e a descolonização da fala literária," o que é substancialmente diferente do que tem sido lido (Padilha, 2002: 49). É assim que

Mia Couto promove efetivamente a abolição de fronteiras reais, históricas e fantasmáticas, e, desta forma, contribui para a justa elevação da herança cultural da sua nação, mosaico de fronteiras perdidas no tempo, nas gentes, na história, nos mapas.

Desta forma, pode entender-se como, na maior parte do trajeto literário de Mia Couto, a necessidade de uma fronteira para a nação dá lugar a uma cultura pós-moderna de fluidez. Neste fluxo pós-moderno, Moçambique é escrito não apenas como resposta a Portugal, mas também como resposta aos modelos políticos da Europa, em geral, e, nos seus trabalhos mais recentes, à comunidade internacional, que insiste em definir as prioridades do país que tenta manter dependente.

Ao longo da história de Moçambique têm sido impostos sistemas políticos exógenos à nação, não dando resposta geralmente aceitável às necessidades das pessoas. A emergência do "Império," enquanto última fase do neoliberalismo na conceção de Hardt e Negri, levou Mia Couto a uma crítica mais agressiva e mais explícita à forma como Moçambique tem sido definido reiteradamente a partir do exterior. Como argumentei antes, a sua mensagem modifica-se qualitativamente no quarto romance, *O Último Voo do Flamingo*. A partir de então, a mensagem gira em torno da ideia de que é inaceitável escrever a nação como resposta a influências externas, pois Moçambique tem que se definir a partir do seu interior. Esta é a primeira vez que Mia Couto delimita uma fronteira, entre o interno e o externo, mas é uma fronteira que coexiste com a fluidez, pois ela é, em primeira mão, imposta de fora e, portanto, artificial. Assim sendo, *O Último Voo do Flamingo* inicia um afastamento do pós-modernismo. Adicionalmente, e pela primeira vez, Mia Couto não se limita a levantar questões, antes se assumindo como um escritor que oferece respostas. Segundo Laura Padilha, este facto direciona Mia Couto para o pós-colonialismo e afasta-o do pós-modernismo. A sua evolução como escritor atingiu um momento em que não é suficiente problematizar – indagar, como dizia a crítica no passo inicialmente citado – sendo necessário, isso sim, construir respostas.

Na permanente e inquieta busca ao longo da sua obra, Mia Couto foi procurando respostas ou, talvez apenas, configurar alternativas a muitas das preocupações que foram moldando a sua vida – um desejo de justiça social, um compromisso sério com o meio ambiente e um profundo respeito pelas mulheres na sociedade moçambicana, entre outras. Aquilo a que chamo a "sua maturidade pós-colonial" tem levado este autor a compreender que as soluções para os males de Moçambique – desde o desrespeito pelos marginalizados até à opressão das mulheres – pode beneficiar de um diálogo da nação com o resto do mundo e da promoção de sinergias.

Quase quatro décadas após a independência, a identidade de Moçambique está suficientemente estabelecida e fora do alcance do risco natural de uma fertilização cruzada de ideias que o ambiente global vai oferecendo. Na verdade, os romances mais recentes de Mia Couto e, em particular, aqueles que tecem severas críticas ao patriarcado rural sugerem que a nação também precisa de perspetivas externas e que, por vezes, as melhores fronteiras a estabelecer – sejam elas nacionais, de género, ou entre a realidade e a possibilidade – devem ser o mais fluídas possível.

BIBLIOGRAFIA

Adorno, Theodor W. *The Culture Industry: Selected Essays on Mass Culture*, org. J.M. Bernstein. New York: Routledge, 2001.

Afolabi, Niyi. *The Golden Cage: Regeneration in Lusophone African Literature and Culture.* Trenton: Africa World Press, 2001.

"Africa em Português." *Colóquio Letras* 132-133 (1994): 286.

African European Institute. *1990 Constitution of Mozambique/Constituição de Moçambique.* Amsterdam: African European Institute, 1990.

Ager, Dennis. *"Francophonie" in the 1990s: Problems and Opportunities.* Clevedon: Multilingual Matters, 1996.

Agualusa, José Eduardo. "Literatura Moçambicana: Mia Couto, *Estórias Abensonhadas.*" *Colóquio Letras* 135/136 (1995): 279.

— "So many Africas!" Trad. Chris Whitehouse. *European Bookseller* 22 (1997): 68-72.

Albuquerque, Orlando de, e José Ferraz Motta, "Esboço de uma História da Literatura em Moçambique no Século Vinte." *Luso-Brazilian Review* 33.2 (Winter 1996): 27-36.

— *História da Literatura em Moçambique.* Braga: APPACDM, 1998.

Alden, Chris. *Mozambique and the Construction of the New African State.* New York: Palgrave, 2001.

Alencar, José de. *Iracema.* Org. M. Cavalcanti Proença. 31a ed. Rio: Ediouro, 1995.

Almeida Garrett. *Frei Luis de Sousa.* Porto: Livraria Civilização Editora, 1987.

— *Viagens na Minha Terra.* 2a ed. Lisboa: Editorial Estampa, 1992.

— *Um Auto de Gil Vicente.* Org. Francisco Lyon de Castro. 2a ed. Mem Martins: Publicações Europa-América, 1995.

Anderson, Benedict. *Imagined Communities: Reflections on the Origin and Spread of Nationalism.* London: Verso, 1991.

Andersson, Hilary. *Mozambique: A War against the People.* New York: St Martin's Press, 1972.

Andrade, Mário de. *Macunaíma: O Herói Sem Nenhum Caráter.* Org. Telê Porto Ancona Lopez. 30a ed. Rio: Villa Rica, 1997.

Angius, Fernanda, e Matteo Angius. *O Desanoitecer da Palavra: Estudo, Selecção de Textos Inéditos e Bibliografia Anotada de um Autor Moçambicano.* Praia Mindelo: Centro Cultural Português, 1998.

Appiah, Kwame Anthony. *In my Father's House: Africa in the Philosophy of Culture.* London: Methuen, 1992.

Arendt, Hannah. "Truth and Politics." In *The Portable Hannah Arendt*, org. Peter Baehr, 545–75. New York: Penguin, 2000 [1967].

Arnfred, Signe. "Ancestral Spirits, Land and Food: Gendered Power and Land Tenure in Ribáuè, Nampula Province." In *Strategic Women, Gainful Men: Gender, Land and Natural Resources in Different Rural Contexts in Mozambique*, orgs. Rachel Waterhouse e Cari Vijfhuizen, 153-78. Maputo: Universidade Eduardo Mondlane, 2001.

Ashcroft, Bill, Gareth Griffiths e Helen Tiffin. *The Empire Writes Back: Theory and Practice in Post-Colonial Literatures*. London: Routledge, 1989.

— *The Post-colonial Studies Reader.* New York: Routledge, 1995.

Auden, W.H. *The Enchafèd Flood or the Romantic Iconography of the Sea*. London: Faber e Faber, 1985.

Ba Ka Khosa, Ungulani. *Ualalapi*. Maputo: Associação dos Escritores Moçambicanos, 1987.

— *Orgia dos Loucos*. Maputo: Associação dos Escritores Moçambicanos, 1990.

Bachelard, Gaston. *Water and Dreams: An Essay on the Imagination of Matter.* Trad. Edith R. Farrell. Dallas: The Dallas Institute of Humanities and Culture, 1983.

Badiou, Alain. *Saint Paul: The Foundation of Universalism*. Trad. Ray Brassier. Stanford: Stanford University Press, 2003 [1997].

— *Ethics: An Essay in the Understanding of Evil*. Trad. Peter Hallward. London: Verso, 2001 [1998].

— *Being and Event*. Trad. Oliver Feltham. London: Continuum, 2005 [1988].

Bakhtin, M.M. *The Dialogic Imagination: Four Essays*. Trad. Caryl Emerson e Michael Holquist. Org. Michael Holquist. Austin: University of Texas Press, 1981.

Banks, Jared. "Mia Couto." In *Postcolonial African Writers: A Bio-bibliographical Critical Source Book*, org. Pushpa Naidu Parekh e Siga Fatima Jagne, 111-17. Westport: Greenwood Press, 1998.

Barnard, F.M. *Herder's Social and Political Thought: From Enlightenment to Nationalism*. Oxford: Clarendon Press, 1965.

Barthes, Roland. *Writing Degree Zero*. Trad. Annette Lavers e Colin Smith. New York: Hill e Wang, 1968.

Bell, David, e Gill Valentine. *Mapping Desire: Geographies of Sexualities*. London: Routledge, 1995.

Bender, Gerald. *Angola Under the Portuguese: The Myth and the Reality*. Berkeley: University of California Press, 1978.

Bery, Ashok e Patricia Murray. *Comparing Postcolonial Literatures*. New York: St Martin's Press, 2000.

Bhabha, Homi. "Signs Taken for Wonders: Questions of Ambivalence and Authority Under a Tress Outside Delhi, May 1817." *Critical Inquiry* 12 (1985): 144-165.

— *The Location of Culture*. London: Routledge, 1994.

Bidault, Marie-Françoise. "La Voie du Destin de Kindzu dans *Terra Sonâmbula* de Mia Couto." In *La Lusophonie: Voies/Voix Oceaniques*, orgs. Anne Quataert e Maria Fernanda Afonso, 245-250. Lisboa: Lidel, 2000.

Birmingham, David. *Frontline Nationalism in Angola and Mozambique*. London: James Currey, 1992.

Bornstein, Kate. *Gender Outlaw: On Men, Women and the Rest of Us*. London: Routledge, 1994.

Boxer, C.R. *A Great Luso-Brazilian Figure: Padre António Vieira, S.J., 1608-1697.* London: The Hispanic & Luso-Brazilian Councils, 1957.

— *Race Relations in the Portuguese Colonial Empire: 1415-1825*. Oxford: Clarendon, 1963.

Brookshaw, David. "Mia Couto: A New Voice from Mozambique." *Portuguese Studies* 5 (1989): 188-89.

— "Four Mozambican Writers." *Wasafiri* 10 (1989): 2-4.

— "Old Realisms and New Realities: African Literature in Portuguese since Independence and the Postmodernist Fiction of Germano Almeida." In *Portuguese at Leeds: A Selection of Essays from the Annual Semana Portuguesa*, org. Lisa Jesse, 115-33. Leeds: Trinity e All Saints College, 1995.

— "Mia Couto," In *African Writers*, org. C. Brian Cox, 2 Vols, I:185-197. New York: Charles Scribner, 1997.
— *Voices from Lusophone Borderlands: The Angolan Identities of António Agostinho Neto, Jorge Arrimar and José Eduardo Agualusa*. Maynooth: National University of Ireland, 2002.
— "Indiano e o Índico: o pós-colonialismo transoceânico e internacional em *O Outro Pé da Sereia*, de Mia Couto". In *Moçambique: das palavras escritas*. Org. Margarida Calafate Ribeiro e Maria Paula Meneses, 129-139. Porto: Afrontamento, 2008.
Burns, E. Bradford. *Nationalism in Brazil: A Historical Survey*. New York: Praeger, 1968.
Butler, Judith. *Gender Trouble: Feminism and the Subversion of Identity*. New York: Routledge, 1990.
Cabral, Amílcar. *Análise de Alguns Tipos de Resistência*. 2a ed. Lisboa: Seara Nova, 1975.
Cabral, Filomena. "Xipalapala: Cada Homem É uma Raça." *Notícias* (July 6 1992): 7.
Cabrito, João M. *Mozambique: A Tortuous Road to Democracy*. Basingstoke: Palgrave, 2000.
Caetano, Marcello. *Progresso em Paz*. Lisboa: Verbo, 1972.
Camões, Luís de. *Os Lusíadas*. Org. A.J. da Costa Pimpão. Lisboa: Instituto de Alta Cultura, 1972.
Cann, John P. *Counterinsurgency in Africa: The Portuguese Way of War, 1961-1974*. Westport: Greenwood Press, 1997.
Cannon Lorgen, Christy. "Villagisation in Ethiopia, Mozambique, and Tanzania." *Social Dynamics* 26.2 (2000): 171-198.
Carlisle, David Brez. *Human Sex Change and Sex Reversal: Transvestism and Transsexualism*. Lewiston: Edwin Mellen Press, 1998.
Carneiro, Roberto. "A Língua É um Dom Gratuito." *Jornal de Letras, Artes e Ideias* (January 7 1992): 18.
Carver, Terrell. *Gender Is Not a Synonym for Women*. London: Rienner, 1996.
Cavacas, Fernanda. *Mia Couto, Brincriação Vocabular*. Lisboa: Mar Além, 1999.
Certeau, Michel de. *The Practice of Everyday Life*. Trad. Steven Rendall. Berkeley: University of California Press, 1984.
Chabal, Patrick. *Vozes Moçambicanas: Literatura e Nacionalidade*. Lisboa: Vega, 1994.
Chabal, Patrick et al. *The Postcolonial Literature of Lusophone Africa*. Evanston: Northwestern University Press, 1996.
Chabal, Patrick et al. *A History of Postcolonial Lusophone Africa*. Bloomington: Indiana University Press, 2002.
Chabal, Patrick e Jean-Pascal Daloz. *Africa Works: Disorder as Political Instrument*. Bloomington: Indiana University Press, 1999.
Chagas, Pinheiro. "Literatura Brasileira: José de Alencar." In José de Alencar. *Iracema, Lenda do Ceará, e Cartas sobre "A Confederação dos Tamaios,"* 137-143. Coimbra: Livraria Almedina, 1994.
Chan, Stephen, e Moisés Venâncio (orgs). *War and Peace in Mozambique*. New York: St Martin's Press, 1998.
Chilcote, Ronald H. *Emerging Nationalism in Portuguese Africa: Documents*. Stanford: Hoover Institution Press, 1972.
Chingono, Mark F. *The State, Violence and Development: The Political Economy of War in Mozambique, 1975-1992*. Aldershot: Avebury, 1996.
Christie, Frances, e Joseph Hanlon. *Mozambique and the Great Flood of 2000*. Bloomington: Indiana University Press, 2001.
Cidade, Hernâni. *Padre António Vieira*. Lisboa: Arcádia, [n.d.].
Ciscato, Elia. "A Dimensão Cosmológico do Político." In *Autoridade e Poder Tradicional*, orgs. I.B. Lundlin e F.J. Machava, Vol 1. Maputo: Ministério de Administração Estatal, 1995.

Cohen, Thomas M. *The Fire of Tongues: António Vieira and the Missionary Church in Brazil and Portugal.* Stanford: Stanford University Press, 1998.

Coleman, Vernon. *Crossdressing: The Path to Male Emancipation.* Devon: European Medical Journal, 1996.

Commonwealth Secretariat. *Capacity-Building in Mozambique: The Commonwealth Contribution.* London: Commonwealth Fund for Technical Co-operation, 1991.

Cooper, Brenda. "Book Reviews: *Voices Made Night.*" *Social Dynamics* 16.2 (1990): 91-95.

Corbin, Alain. *The Lure of the Sea: The Discovery of the Seaside in the Western World, 1750-1840.* Trad. Jocelyn Phelps. Cambridge: Polity Press, 1994.

Coutinho, Maria João, Valerij Lebedev e Simion Doru Cristea. *Navegando no Mar que nos Navega.* Lisboa: GEDO, 2005.

Couto, Mia. *Raiz de Orvalho.* Maputo: Cadernos Tempo, 1983.

— "Poema da Minha Alienação." In *No Reino de Caliban: Antologia Panorâmica da Poesia Africana de Expressão Portuguesa,* org. Manuel Ferreira, 3 vols, III:471. Lisboa: Plátano Editora, 1985.

— *Vozes Anoitecidas.* Maputo: AEMO, 1986.

— *Vozes Anoitecidas: Contos.* Lisboa: Caminho, 1987.

— *Cronicando.* Maputo: Notícias, 1988.

— *Cada Homem É uma Raça: Estórias.* Lisboa: Caminho, 1990.

— *Cronicando.* Lisboa: Caminho, 1991.

— *Terra Sonâmbula.* Lisboa: Caminho, 1992.

— "Escrevoar." In Eduardo White, *Poemas da Ciência de Voar e da Engenharia de Ser Ave,* 9-10. Lisboa: Caminho, 1992.

— "O Perigo Existe." *Jornal de Letras, Artes e Ideias* (July 27 1993): 5.

— *Estórias Abensonhadas: Contos.* Lisboa: Caminho, 1994.

— "Gerar Futuro e Não Gerir Saudade." *Jornal de Letras, Artes e Ideias* (June 22 1994): xxiv.

— "Um Escritor-Escola." *Jornal de Letras, Artes e Ideias* (July 19 1995): 15.

— *A Varanda do Frangipani.* Lisboa: Caminho, 1996.

— *Contos do Nascer da Terra.* Lisboa: Caminho, 1997.

— "Auto-Retratos: O Gato e o Novelo." *Jornal de Letras, Artes e Ideias* (8 October 8 1997[a]): 59.

— *Mar Me Quer.* Lisboa: Expo 98, 1998.

— *Vinte e Zinco.* Lisboa: Caminho, 1999.

— *Raiz de Orvalho e Outros Poemas.* Lisboa: Caminho, 1999.

— *Mar Me Quer.* Lisboa: Caminho, 2000.

— *O Último Voo do Flamingo.* Lisboa: Caminho, 2000.

— *Na Berma de Nenhuma Estrada e Outros Contos.* Lisboa: Caminho, 2001.

— *O Gato e O Escuro.* Lisboa: Caminho, 2001.

— *Um Rio Chamado Tempo, Uma Casa Chamada Terra.* Lisboa: Caminho, 2002.

— *O Fio das Missangas.* Lisboa: Caminho, 2004.

— *A Chuva Pasmada.* Lisboa: Caminho, 2004.

— *Pensatempos: Textos de Opinião.* Lisbon: Caminho, 2005.

— *O Outro Pé da Sereia.* Lisboa: Caminho, 2006.

— *Idades cidades divindades.* Lisboa: Caminho, 2007.

— *Venenos de Deus, Remédios do Diabo.* Lisboa: Caminho, 2008.

— *O Beijo da Palavrinha.* Lisboa: Caminho, 2008.

— *Jesusalém.* Lisboa: Caminho, 2009.

— *E se Obama Fosse Africano? E Outros Interinvenções.* Lisboa: Caminho, 2009.

— *Palavras em Asas.* Maputo: África Imagens Moçambique, 2009.

— *Pensageiro Frequente*. Lisboa: Caminho, 2010.
— *Tradutor de Chuvas*. Lisboa: Caminho, 2011.
— *A Confissão da Leoa*. Lisboa: Caminho, 2012.
Cranshaw, Steve. "Nigeria in the Dock: Welcome to 53rd Member of the Club." *Independent* (November 13 1995): 10.
Craveirinha, José. "O Português Pode Ser Substituído numa Geração." *Jornal de Letras, Artes e Ideias* (July 27 1993): 5.
Cream, Julia. "Re-Solving Riddles: The Sexed Body." In *Mapping Desire: Geographies of Sexualities*, orgs David Bell e Gill Valentine, 31-40. London: Routledge, 1995.
Cristóvão, Fernando. *Notícias e Problemas da Pátria da Língua*. 2a ed. Lisboa: Instituto de Cultura e Língua Portuguesa, 1987.
Croutier, Alev Lytle. *Taking the Waters: Spirit, Art, Sensuality*. New York: Abbeville Press, 1992.
Crowley, Tony. "Bakhtin and the History of Language." In *Bakhtin and Cultural Theory*, orgs Ken Hirschkop e David Shepherd, 68-90. Manchester: Manchester University Press, 1989.
Cruz e Silva, Teresa. *Igrejas Protestantes e Consciência Política no Sul de Moçambique: O Caso da Missão Suiça (1930-1974)*. Maputo, Promédia, 2001.
Daniel, Mary L. "Mia Couto: Guimarães Rosa's Newest Literary Heir in Africa." *Luso- Brazilian Review* 32.1 (Summer 1995): 1-16.
Deandrea, Pietro. "History Never Walks Here, It Runs in Any Direction: Carnival and Magic in the Fiction of Kojo Laing and Mia Couto." In *Coterminous Worlds: Magical Realism and Contemporary Post-Colonial Literature in English*, orgs Elsa Linguanti, Francesco Casotti e Carmen Concilio, 209-25. Amsterdam: Rodopi, 1999.
Deleuze, Gilles. *Nietzsche et la Philosophie*. Paris: Presses Universitaires de France, 1962.
Derrida, Jacques. *Of Grammatology*. Trad. Gayatri Chakravorty Spivak. Baltimore: The John Hopkins University Press, 1974.
— *Dissemination*. Trad. Barbara Johnson. London: The Athlone Press, 1981.
— *Margins of Philosophy*. Trad. Alan Bass. Brighton: The Harvester Press, 1982.
— *The Ear of the Other: Otobiography, Transference, Translation: Texts and Discussions with Jacques Derrida*. Trad. Peggy Kamuf. Org. Christie McDonald. Lincoln: University of Nebraska Press, 1988.
D'Haen, Theo L. "Magical Realism and Postmodernism: Decentering Privileged Centers." In *Magical Realism: Theory, History, Community*, org. Lois Parkinson Zamora e Wendy B. Faris, 191-208. Durham: Duke University Press, 1995.
Diop, Cheikh Anta. *The African Origin of Civilization: Myth or Reality*. Trad. e org. Mercer Cook. Chicago: Lawrence Hill Books, 1974.
Diringer, David. *The Story of Aleph Beth*. London: Thomas Yoseloff, 1960.
— *Writing*. London: Thames e Hudson, 1962.
— *The Alphabet: A Key to the History of Mankind*. 3a ed. 2 vols. London: Hutchinson, 1968.
Duffy, James. *Portuguese Africa*. Cambridge MA: Harvard University Press, 1959.
— *Portugal in Africa*. Harmondsworth: Penguin Books, 1962.
Eça de Queirós. "O Francesismo." In *Obras de Eça de Queiroz*. 3 vols. Porto: Lello e Irmão, 1966: II, 813-27.
— *The Sin of Father Amaro*. Trad. Nan Flanagan. Manchester: Carcanet, 1994.
— *O Crime do Padre Amaro*. Lisboa: Livros do Brasil, [n.d.].
— *Primo Bazilio*. Lisboa: Livros do Brasil, [n.d.].
Epstein, Julia, e Kristina Straub (orgs). *Body Guards: The Cultural Politics of Gender Ambiguity*. London: Routledge, 1991.

Fanon, Frantz. *Black Skin, White Masks.* Trad. Charles Lam Markmann. London: Pluto Press, 1986.

— *Studies in a Dying Colonialism.* Trad. Haakon Chevalier. London: Earthscan Publications, 1989.

Faris, Wendy B. "Scheherazade's Children: Magical Realism and Postmodern Fiction." In *Magical Realism: Theory, History, Community,* orgs Lois Parkinson Zamora e Wendy B. Faris, 163-90. Durham: Duke University Press, 1995.

Ferenczi, Sandor. *Thalassa: A Theory of Genitality.* Trad. Henry Alden Bunker. London: Karnac Books, 1989.

Ferreira, Ana Paula. *A Urgência de Contar.* Lisboa: Caminho, 2002.

Ferreira, António. *Poemas Lusitanos.* Org. Marques Braga. 2 vols. Lisboa: Livraria Sá da Costa, 1940.

Ferreira, Eduardo de Sousa. *Portuguese Colonialism in Africa: The End of an Era.* Paris: UNESCO, 1974.

Ferreira, Manuel. *Que Futuro para a Língua Portuguesa em África: Uma Perspectiva Sociocultural.* Linda-a-Velha: ALAC, 1988.

— "Ficção: Mia Couto, *Vozes Anoitecidas.*" *Colóquio Letras* 101 (1988): 132 33.

Ferreira, Manuel (ed). *No Reino de Caliban: Antologia Panorâmica da Poesia Africana de Expressão Portuguesa.* 3 vols. Lisboa: Plátano Editora, 1985.

Ferro, António. *Salazar: Portugal and Her Leader.* Trad. H. de Barros Gomes e John Gibbons. London: Faber e Faber, 1938.

Fiddian, Robin. *Postcolonial Perspectives on the Cultures of Latin America and Lusophone Africa.* Liverpool: Liverpool University Press, 2000.

Filho, Luís Viana. *A Vida de José de Alencar.* Rio: Livraria José Olympio, 1979.

Ford, Clyde W. *The Hero with an African Face: Mythic Wisdom of Traditional Africa.* New York: Bantam, 1999.

Fordham, Frieda. *An Introduction to Jung's Psychology.* London: Penguin Books, 1990.

Foucault, Michel, *The Order of Things: An Archaeology of the Human Sciences.* London: Tavistock, 1970.

Freud, Sigmund. *Introductory Lectures on Psychoanalysis.* Trad. James Strachey. Orgs. James Strachey e Angela Richards. Harmondsworth: Penguin Books, 1987.

— *The Interpretation of Dreams.* Trad. James Strachey. Org. Angela Richards. London: Penguin Books, 1991.

— *Totum and Taboo.* Trans A.A. Brill. New York: Moffat, Yard & Co, 1918.

Freyre, Gilberto. *O Mundo que o Português Criou.* Rio: José Olympio, 1940.

— *O Luso e o Trópico: Sugestões em Torno dos Métodos Portugueses de Integração de Povos Autóctones e de Culturas Diferentes da Europeia num Complexo Novo de Civilização, o Luso-Tropical.* Lisboa: Comissão Executiva das Comemorações do V Centenário da Morte do Infante D. Henrique, 1961.

— *Casa-grande e Senzala: Formação da Família Brasileira sob o Regime da Economia Patriarcal,* 20.ª ed. Rio de Janeiro: Livraria J. Olympio, 1980 [1933].

Fry, Peter. *Cultures of Difference, Colonial Legacies in Zimbabwe and Mozambique: First Smuts Lecture to Mark the Entry of Mozambique into the Commonwealth.* Cambridge: African Studies Centre, 1998.

Fryer, Peter e Patricia McGowan Pinheiro. *Oldest Ally: A Portrait of Salazar's Portugal.* London: Dennis Dobson, 1961.

Gantz, Timothy. *Early Greek Myth: A Guide to Literary and Artistic Sources.* Baltimore: The John Hopkins University Press, 1993.

Garber, Marjorie. *Vested Interests: Cross-Dressing and Cultural Anxiety*. London: Routledge, 1992.
Gates, Jr, Henry Louis. "Writing 'Race' and the Difference It Makes." In *"Race," Writing and Difference*, org. Henry Louis Gates, Jr, 1-20. Chicago: University of Chicago Press, 1986.
Gersony, Robert. *Summary of Mozambican Refugee Accounts of Principally Conflict-Related Experience in Mozambique*. Washington DC: Department of State, April 1988.
Gonçalves, Fionna. "Narrative Strategies in Mia Couto's *Terra Sonâmbula*." *Current Writing: Text and Reception in Southern Africa* 7.1 (1995): 60-69.
Gonçalves, Perpétua. "Situação Linguística em Moçambique: Opções de Escrita." *Colóquio Letras* 110-11 (1989): 88-93.
— *Português de Moçambique: Uma Variedade em Formação*. Maputo: Universidade Eduardo Mondlane, 1996.
— "Linguagem Literária e Linguagem Corrente no Português de Moçambique." *Estudos Portugueses e Africanos* 33-34 (1999): 113-21.
Gouveia, Jorge Bacelar. "Moçambique Sem Português?" *Expresso* (May 7 1994): 24.
Hahn, Walter F., e Alvin J. Cottrell. *Soviet Shadow over Africa*. Miami: University of Miami, 1976.
Hamilton, Russell. *Voices from an Empire: A History of Afro-Portuguese Literature*. Minneapolis: University of Minnesota Press, 1975.
— *Literatura Africana, Literatura Necessária*. 2 vols. Lisboa: Edições 70, 1981/1984.
— "Language and Literature in Portuguese-Writing Africa." *Portuguese Studies* 2 (1986): 196-207.
Hall, Margaret, e Tom Young. *Confronting Leviathan: Mozambique since Independence*. Athens: Ohio University Press, 1997.
Hanlon, Joseph. *Mozambique: The Revolution Under Fire*. London: Zed Books, 1984.
Hardt, Michael e Antonio Negri. *Empire*. Cambridge: Harvard University Press, 2000.
Harries, Patrick. "Discovering Languages: The Historical Origins of Standard Tsonga in Southern Africa." In *Language and Social History: Studies in South African Sociolinguistics*, org. Rajend Mesthrie, 154-75. Johannesburg: David Philip, 1995.
Harris, Anne Singer. *Living with Paradox: An Introduction to Jungian Psychology*. Pacific Grove: Cole Publishing, 1996.
Harvey, David. *The Condition of Postmodernity: An Inquiry into the Origins of Cultural Change*. Oxford: Blackwell, 1989.
Hegel, G.W.F. *The Phenomenology of Mind*. Trad J.B. Baillie. 2 vols. London: Swan Sonnenschein, 1910.
— *The Philosophy of History*. Trad J. Sibree. Org. C.J. Friedrich. New York: Dover Publications, 1956.
— *Hegel's Philosophy of Nature Being Part Two of the Encyclopaedia of the Philosophical Sciences (1830) Translated from Nicolin and Pöggeler's Edition (1959) and from the Zusätze in Michelet's Text (1847)*. Trad. A.V. Miller. Oxford: Clarendon Press, 1970.
Henriksen, Thomas H. *Mozambique: A History*. London: Rex Collings, 1978.
Herculano, Alexandre *Eurico, O Presbítero*. 5a ed. Mem Martins: Publicações Europa América, 1994.
Herder, I.G. von. *Treatise upon the Origin of Language, Translated from the German of I.G. von Herder*. London: Messrs Longman, Rees, Orme, Brown e Green, 1827.
Herrick, Alison Butler et al. *An Area Handbook for Mozambique*. Washington DC: American University, 1969.
Heywood ,Vernon H. (org.). *Popular Encyclopedia of Plants*. Cambridge: Cambridge University Press, 1982.

Hirschkop, Ken. "Introduction: Bakhtin and Cultural Theory." In *Bakhtin and Cultural Theory*, orgs Ken Hirschkop e David Shepherd, 1-38. Manchester: Manchester University Press, 1989.

Hobsbawn, Eric & Terrence Ranger (org.). *The Invention of Tradition*. Cambridge: Cambridge University Press, 1983.

Hume, Cameron. *Ending Mozambique's War: The Role of Mediation and Good Offices*. Washington DC: United States Institute of Peace Press, 1994.

Isaacman, Allen. *Mozambique, the Africanization of a European Institution: The Zambesi Prazos, 1750-1902*. Madison: University of Winsconsin Press, 1972.

— *A Luta Continua: Creating a New Society in Mozambique*. Binghamton: SUNY, 1978.

— *Cotton Is the Mother of Poverty: Peasants, Work, and Rural Struggle in Colonial Mozambique, 1938-1961*. London: James Currey, 1996.

Isaacman, Allen e Barbara Isaacman. *The Tradition of Resistance in Mozambique: The Zambesi Valley, 1850-1921*. Berkeley: University of California Press, 1976.

— *Mozambique: From Colonialism to Revolution, 1900-1982*. Boulder: Westview Press, 1983.

Ishemo, Shubi Lugemalila. *The Lower Zambezi Basin in Mozambique: A Study in Economy and Society, 1850-1920*. Aldershot: Avebury, 1995.

Jamba, Sousa. "Out of Lusophone Africa: The Situation of Writers in Angola and Mozambique." *Times Literary Supplement* (October 17 1997): 29.

Jobim, José Luís e Roberto Acízelo de Souza. *Iniciação à Literatura Brasileira*. Rio: AO Livro Técnico, 1987.

Jouanneau, Daniel. *Le Mozambique*. Paris: Éditions Karthala, 1995.

Jung, C.G. *The Basic Writings of C.G. Jung*. Trad. R.F.C. Hull. Org. Violet S. De Laszlo. Princeton: Princeton University Press, 1990.

— *Dream Analysis: Part I, Notes of the Seminar Given in 1928-1930 by C.G. Jung*. Org. William McGuire. London: Routledge, 1995.

Kant, Immanuel. *Critique of Pure Reason*. Trad. e orgs. Paul Guyer e Allen W. Wood. Cambridge: Cambridge University Press, 1998 [1781].

Kay, Hugh. *Salazar and Modern Portugal*. London: Eyre e Spottiswoode, 1970.

King, Bruce. *New National and Post-Colonial Literatures: An Introduction*. Oxford: Clarendon Press, 1996.

Knopfli, Rui. *A Ilha de Próspero: Roteiro Poético da Ilha de Moçambique*. 2.ª ed. Lisboa: Edições 70, 1989.

Laban, Michel. *Moçambique: Encontro com Escritores*. 3 vols. Porto: Fundação Eng. António de Almeida, 1998.

Lacan, Jacques. *Écrits: A Selection*. Trad. Alan Sheridon. New York: Norton, 1977.

— *The Four Fundamental Concepts of Psycho-Analysis*. Trad. Alan Sheridan. Org. Jacques-Alain Miller. London: Penguin Books, 1994.

— *The Seminar of Jacques Lacan: The Psychoses (Vol. Book III)*. Trad. Russell Grigg. New York: Norton, 1997.

— *Écrits*. Trad. Bruce Fink. New York: Norton, 2007.

Laclos, Choderlos de. *Les Liaisons Dangereuses*. Paris: Garnier, 1858.

Lapa, Rodrigues (org.). *Quadros da História Trágico-marítima*. 3a ed. Lisboa: Bertrand, 1956.

Laranjeira, Pires. "Mia Couto: Sonhador de Lembranças, Inventor de Verdades." *Letras e Letras* 100 (1993): 43-45.

— *Literaturas Africanas de Expressão Portuguesa*. Lisboa: Universidade Aberta, 1995.

Leiste, Doris. "Aspekte der lexikalischen Entwicklung des Portugiesischen in Mosambik." In *Studien zum Portugiesischen in Afrika und Asien*, orgs Matthias Perl e Axel Schönberger, 39-48. Frankfurt: TFM, 1991.

Leite, Ana Mafalda. *Oralidades e Escritas nas Literaturas Africanas.* Lisboa: Edições Colibri, 1998.
— "Os Temas do Mar em Algumas Narrativas Africanas de Língua Portuguesa: Insularidade e Viagem." In *La Lusophonie: Voies/Voix Oceaniques,* orgs Anne Quataert e Maria Fernanda Afonso, 251-56. Lisboa: Lidel, 2000.
Lemaire, Ria. "Re-reading *Iracema:* The Problem of the Representation of Women in the Construction of a National Brazilian Identity." *Luso-Brazilian Review* 26.2 (Winter 1989): 59-73.
Lemos, Virgílio de. *Eroticus Moçambicanus.* Rio de Janeiro: Nova Fronteira, 1999.
Leonardo, Micaela di (org.). *Gender at the Crossroads of Knowledge: Feminist Anthropology in the Postmodern Era.* Berkeley: University of California Press, 1991.
Lepecki, Maria Lúcia. "Mia Couto, *Vozes Anoitecidas,* O Acordar." In her *Sobreimpressões: Estudos de Literatura Portuguesa e Africana.* Lisboa: Caminho, 1988: 175-178.
Lévi-Strauss, Claude. *Tristes Tropiques.* Paris: Plon, 1955.
— *A World on the Wane.* Trad. John Russell. London: Hutchinson, 1961.
Linguanti, Elsa, Francesco Casotti e Carmen Concilio (orgs). *Coterminous Worlds: Magical Realism and Contemporary Post-Colonial Literature in English.* Amsterdam: Rodopi, 1999.
Lisboa, Eugénio. "Carta de Moçambique." *Colóquio Letras* 6 (1972): 67-70.
— "Inquérito." *Colóquio Letras* 21 (1974): 9-10.
Lisboa, Maria Manuel. "Colonial Crosswords: (In)voicing the Gap in Mia Couto." In *Postcolonial Perspectives on the Cultures of Latin America and Lusophone Africa,* org. Robin Fiddian, 190-212. Liverpool: Liverpool University Press, 2000.
Long-Innes, Chesca. "The Psychopathology of Post-colonial Mozambique: Mia Couto's *Voices Made Night." American Imago* 55.1 (1998): 155-184.
López, Alfred J. *Posts and Pasts: A Theory of Postcolonialism.* Albany: State University of New York Press, 2001.
Loraux, Nicole. *The Experiences of Tiresias: The Feminine and the Greek Man.* Trad. Paula Wissing. Princeton: Princeton University Press, 1995.
Lorber, Judith. *Paradoxes of Gender.* New Haven: Yale University Press, 1994.
Louro, João. "Mia Couto: O Mito e a Realidade." *Jornal de Letras, Artes e Ideias* (February 11 1992): 6.
Luandino Vieira, José. *Nós, Os do Makulusu.* 3a ed. Luanda: União dos Escritores Angolanos, 1989.
Lyotard, Jean-François. *The Postmodern Condition: A Report on Knowledge.* Trad. Geoff Bennington e Brian Massumi. Minneapolis: University of Minnesota Press, 1984.
— *Postmodern Fables.* Trad. Georges Van Den Abbeele. Minneapolis: University of Minnesota Press, 1997.
Machel, Samora Moisés. *A Nossa Luta.* 2a ed. Maputo: Imprensa Nacional de Moçambique, 1975.
Madureira, Luís. *Imaginary Geographies in Portuguese and Lusophone-African Literature: Narratives of Discovery and Empire.* Lewiston: Edwin Mellen, 2007.
— "Nation, Identity and Loss of Footing: Mia Couto's *O Outro Pé da Sereia* and the Question of Lusophone Postcolonialism". In *Novel.* (Spring/Summer 2008): 200-228.
Maja-Pearce, Adewale. "Mia Couto: Lack of Access Makes the Press More Bureaucratic." *Index on Censorship* 19.5 (May 1990): 28.
Martinho, Fernando J.B. "A América na Poesia de Rui Knopfli." In *Literaturas Africanas de Língua Portuguesa: Compilação das Comunicações Apresentadas durante o Colóquio sobre Literaturas dos Países Africanos de Língua Portuguesa Realizado na Sala Polivalente do Centro de Arte Moderno em Julho de 1985,* org. Manuel Ferreira, 119-37. Lisboa: Fundação Calouste Gulbenkian, 1987.

Martins, Celina. *O Entrelaçar das Vozes Mestiças: Análise das Poéticas da Alteridade na Ficção de Édouard Glissant e Mia Couto.* Estoril: Princípia Editora, 2006.
Matusse, Gilberto. *A Construção da Imagem de Moçambicanidade em José Craveirinha, Mia Couto e Ungulani Ba Ka Khosa.* Maputo: Universidade Eduardo Mondlane, 1998.
Maxwell, Kenneth. *Pombal: Paradox of the Enlightenment.* Cambridge: Cambridge University Press, 1995.
Melo, João de. "Ualalapi e a Literatura Moçambicana." *Jornal de Letras, Artes e Ideias* (July 2 1991): 13.
Mendonça, Fátima. *Literatura Moçambicana: A História e as Escritas.* Maputo: Universidade Eduardo Mondlane, 1988.
Mestre, David. *Lusografias Crioulas.* Évora: Pendor, 1997.
Minter, William. *Portuguese Africa and the West.* Harmondsworth: Penguin Books, 1972.
Momplé, Lília. *Ninguém Matou Suhura.* Maputo, Associação dos Escritores Moçambicanos, 1988.
— *Os Olhos da Cobra Verde.* Maputo, Associação dos Escritores Moçambicanos, 1997.
Mondlane, Eduardo. *The Struggle for Mozambique.* London: Zed Books, 1983.
Morozzo della Rocca, Roberto. *Moçambique da Guerra à Paz: História de uma Mediação Insólita.* Trad. Brazão Mazula. Maputo: Universidade Eduardo Mondlane, 1998.
Moser, Gerald. *Essays in Portuguese-African Literature.* University Park: Pennsylvania State University Press, 1969.
— "A Daring Initiative: Starting a Periodical in Wartime Mozambique." *Luso-Brazilian Review* 34.2 (Winter 1997): 123-26.
Moser, Gerald, e Manuel Ferreira. *A New Bibliography of the Lusophone Literatures of Africa.* London: Hans Zell, 1993.
Mourão, Fernando. *Contistas Angolanos.* Lisboa: Casa dos Estudantes do Império, 1960.
Munslow, Barry. *Mozambique: The Revolution and Its Origins.* New York: Longman, 1983.
Neto, Agostinho. "Nausea." In *Contistas Angolanos,* org. Fernando Mourão, 56-59. Lisboa: Casa dos Estudantes do Império, 1960.
Newitt, Malyn. *Portugal in Africa: The Last Hundred Years.* Harlow: Longman, 1981.
— *A History of Mozambique.* London: Hurst, 1995.
— "Mozambique." In *A History of Postcolonial Lusophone Africa,* org. Patrick Chabal, 185-235. Bloomington: Indiana University Press, 2002.
Ngugi wa Thiong'o. *Devil on the Cross, Translated from the Gikuyu by the Author.* London: Heinemann, 1982.
— *Decolonising the Mind: The Politics of Language in African Literature.* London: James Currey, 1986.
Nietzsche, Friedrich. *Thus Spoke Zarathustra: A Book for Everyone and No One.* Trad. R.J. Hollingdale. Harmondsworth: Penguin, 1961.
— *Basic Writings of Nietzsche.* Trad. e Org. Walter Kaufmann. New York: Modern Library, 1966.
— *Philosophy and Truth: Selections from Nietzsche's Notebooks of the Early 1870's.* Trad. e Org. Daniel Breazeale. Sussex: Harvester Press, 1979.
Noa, Francisco. *A Escrita Infinita.* Maputo: Universidade Eduardo Mondlane, 1998.
Nunes, Maria Luisa. *Becoming True to Ourselves: Cultural Decolonization and National Identity in the Literature of the Portuguese-Speaking World.* New York: Greenwood Press, 1987.
Ochshorn, Judith. "Sumer: Gender, Gender Roles, Gender Role Reversals." In *Gender Reversals and Gender Cultures: Anthropological and Historical Perspectives,* org. Sabrina Petra Ramet, 52-65. London: Routledge, 1996.
Oliveira, Teresa Roza. "Mia Couto Entrevistado." *Letras e Letras* 90 (1993): 6.

Oliveira Martins. *Portugal nos Mares.* 2 vols. Lisboa: Guimarães & Ca Editores, 1954.
Ong, Walter J. *The Presence of the Word: Some Prolegomena for Cultural and Religious History.* New Haven: Yale University Press, 1967.
— *Orality and Literacy: The Technologizing of the Word.* London: Methuen, 1982.
Onyewuenyi, Innocent Chịlaka. *The African Origin of Greek Philosophy: An Exercise in Afrocentrism.* Nsukka: University of Nigeria Press, 1993.
Ornelas, José N. "Mia Couto no Contexto da Literatura Pós-colonial de Moçambique." *Luso--Brazilian Review* 33.2 (Winter 1996): 37-52.
Orwell, George. *1984.* NY: Harcourt, 1949.
Owen, Hilary. *Mother Africa, Father Marx: Women's Writing of Mozambique, 1948-2002.* Lewisburg: Bucknell University Press, 2007.
Padilha, Laura Cavalcante. *Novos Pactos, Outras Ficções: Ensaios Sobre Literaturas Afro-luso--brasileiras.* Porto Alegre: EDIPUCRS, 2002.
Parekh, Pushpa Naidu, e Siga Fatima Jagne (orgs). *Postcolonial African Writers: A Bio-bibliographical Critical Source Book.* Westport: Greenwood Press, 1998.
Parker, Andrew, e Eve Kosofsky Sedgwick (orgs). *Performativity and Performance.* New York: Routledge, 1995.
Payne, Stanley G. *A History of Spain and Portugal.* 2 vols. Madison: University of Winsconsin Press, 1973.
Pechey, Graham. "On the Borders of Bakhtin: Dialogisation, Decolonisation." In *Bakhtin and Cultural Theory,* orgs Ken Hirschkop e David Shepherd, 39-67. Manchester: Manchester University Press, 1989.
Pélessier, René. *Le Naufrage des Caravelles: Études sur la Fin de l'Empire Portugais (1961-1975).* Montamets: Editions Pelissier, 1979.
Pepetela. *Mayombe.* 3a ed. Lisboa: Edições 70, 1988.
— *A Geração da Utopia.* Lisboa: Dom Quixote, 1992.
Peres, Phyllis. *Transculturation and Resistance in Lusophone African Narrative* Gainesville: University of Florida Press, 1997.
Pessoa, Fernando. *Mensagem e Outros Poemas Afins.* Org. António Quadros. 2.ª ed. Mem Martins: Publicações Europa-América, [s.d.].
— *Sobre Portugal: Introdução ao Problema Nacional.* Org. Joel Serrão. Lisboa: Ática, 1978.
— *Livro do Desassossego por Bernardo Soares.* Org. Jacinto do Prado Coelho. 2 vols. Lisboa, Ática, 1982.
— *Portugal, Sebastianismo e Quinto Império.* Org. António Quadros. Mem Martins: Publicações Europa-América, 1986.
— "O Marinheiro: Drama Estático em um Quadro." In *Orpheu: Edição Facsimilada.* Lisboa: Contexto, 1989: 27-39.
— *Antologia Poética.* Org. Isabel Pascoal. Lisboa: Ulisseia, 1992.
Plato. *Timaeus.* Trad. e Org. John Warrington. London: Dent, 1965.
— *Phaedrus.* Trad. e Org. C.J. Rowe. Warminster: Aris & Phillips, 1986.
Poe, Edgar Allan. "The Purloined Letter." In his *Selected Prose, Poetry, and Eureka,* Org. W.H. Auden, 95-115. New York: Holt, Reinhart e Winston, 1950.
Pratas, Fernanda. "Ler o Mundo de Muito Perto." *Público* (June 2 2001): XIS 27.
Quadros António [Frei Ioannes Garabatus]. *As Quybyrycas.* Porto: Afrontamento, 1991.
Quan, Julian. *Mozambique: A Cry for Peace.* Oxford: Oxfam, 1987.
Quataert, Anne, e Maria Fernanda Afonso (orgs). *La Lusophonie: Voies/Voix Oceaniques.* Lisboa: Lidel, 2000.

Ramet, Sabrina Petra. "Gender Reversals and Gender Cultures: An Introduction." In *Gender Reversals and Gender Cultures: Anthropological and Historical Perspectives,* org. Sabrina Petra Ramet, 1-21. London: Routledge, 1996.
Ramos, Ricardo (org.). *Contos Moçambicanos.* São Paulo: Global, 1990.
Rank, Otto, *The Myth of the Birth of the Hero: A Psychological Interpretation of Mythology.* Trad. F. Robbins e Smith Ely Jelliffe. New York: The Journal of Nervous and Mental Diseases Publishing Company, 1914.
Ribeiro, Anabela Mota. "Entrevista: Mia Couto." *Diário de Notícias* [Suplemento] (May 15 1999): 10-15.
Ribeiro, Luis Filipe. *Mulheres de Papel: Um Estudo do Imaginário em José de Alencar e Machado de Assis.* Niterói: EDUFF, 1996.
Rocha, Ilídio. "Cronicando." *Jornal de Letras, Artes e Ideias* (August 22 1989): 12.
Rodolfo, Francisco. "Guitonga, Alfabetização e Números." *Savana* (October 13 1995): 9.
Rosário, Lourenço. "A Oralidade através da Escrita na Voz Africana." In *Literaturas Africanas de Língua Portuguesa: Compilação das Comunicações Apresentadas durante o Colóquio sobre Literaturas dos Países Africanos de Língua Portuguesa Realizado na Sala Polivalente do Centro de Arte Moderno em Julho de 1985,* org. Manuel Ferreira, 181-89. Lisboa: Fundação Calouste Gulbenkian, 1987.
Rose, Gillian. *Dialectic of Nihilism: Post-Structuralism and Law.* Oxford: Blackwell, 1984.
Rothwell, Phillip. *A Canon of Empty Fathers: Paternity in Portuguese Narrative.* Lewisburg: Bucknell University Press, 2007.
Rothblatt, Martine. *The Apartheid of Sex: A Manifesto for the Freedom of Gender.* London: Harper Collins, 1995.
Roy, Arundhati. *The God of Small Things.* New York: Random House, 1997.
— *Power Politics.* Cambridge MA: South End Press, 2001.
Rui, Manuel. *Memória de Mar.* Lisboa: Edições 70, 1980.
— *Quem Me Dera Ser Onda.* 5a ed. Lisboa: Cotovia, 1991.
Rushdie, Salmon. "The Empire Writes Back With a Vengeance." *The Times* (July 3 1982): 8.
Sachs, Albie. "Introduction." In *Short Stories from Mozambique,* org. Richard Bartlett, 9-17. Johannesburg: Cosaw Publishing, 1995.
Sadler, Ted. *Nietzsche: Truth and Redemption, Critique of the Postmodernist Nietzsche.* London: Athlone, 1995.
Saraiva, José Hermano. *História de Portugal.* 3a ed. Mem Martins: Publicações Europa América, 1993.
Sarney, José. "Carta de Amor à Língua Portuguesa." *Jornal de Letras, Artes e Ideias* (April 7 1999): 10.
Sarup, Madan. *An Introductory Guide to Post-Structuralism and Postmodernism.* 2a ed. Athens: University of Georgia Press, 1993.
Saussure, Ferdinand de. *Course in General Linguistics.* Trad. Wade Baskin. Org. Charles Bally, Albert Sechehaye e Albert Reidlinger. London: Peter Owen, 1960.
Saúte, Nelson. "O Escritor Moçambicano e a Língua Portuguesa." *Jornal de Letras, Artes e Ideias* (January 9 1990): 16-17.
— "A Nova Geração de Escritores Moçambicanos." *Jornal de Letras, Artes e Ideias* (March 6 1990): 25.
— "A Fatalidade da Ficção Moçambicana." *Jornal de Letras, Artes e Ideias* (August 14 1990): 8.
— "Carta de Moçambique." *Colóquio Letras* 119 (1991): 209-211.
— "Moçambique: Prémios Nacionais de Poesia e Ficção." *Jornal de Letras, Artes e Ideias* (February 5 1991): 5.

— "Mia Couto: 'Escrevo por Mãos de Outros.'" *Jornal de Letras, Artes e Ideias* (August 13 1991): 10-11.
— "Mia Couto: Disparar contra o Tempo." *Jornal de Letras, Artes e Ideias* (January 12 1993[a]): 9-10.
— "Intelectuais Moçambicanos Preocupados: Língua Portuguesa em Perigo." *Jornal de Letras, Artes e Ideias* (July 27 1993[b]): 4-5.
— "A Reinvenção da Língua Portuguesa." *Vértice* 55 (1993[c]): 75-76.
Saúte, Nelson (org). *As Mãos dos Pretos: Antologia do Conto Moçambicano.* Lisboa: Dom Quixote, 2000.
Scott, Joan Wallach. *Gender and the Politics of History.* New York: Columbia University Press, 1999.
Secco, Carmen L.T. "O Mar e Os Marulhos da Memória na Ficção do Angolano Manuel Rui." *Estudos Portugueses e Africanos* 2:1 (1993): 59-65.
— "De Mares, Exílios, Fronteiras." In *La Lusophonie: Voies/Voix Oceaniques,* orgs Anne Quataert e Maria Fernanda Afonso, 288-294. Lisboa: Lidel, 2000.
Sedgwick, Eve Kosofsky. *Epistemology of the Closet.* Berkeley: University of California Press, 1990.
Seixo, Maria Alzira. "Mia Couto: Olhares sobre o Mundo." *Jornal de Letras, Artes e Ideias* (June 19 1996): 22-23.
Sena, Jorge de. *The Poetry of Jorge de Sena: A Bilingual Selection.* Org. Frederick G. Williams. Santa Barbara: Mudborn Press, 1980.
Shapiro, Judith. "Transsexualism: Reflections on the Persistence of Gender and the Mutability of Sex." In *Body Guards: The Cultural Politics of Gender Ambiguity,* orgs Julia Epstein e Kristina Straub, 248-79. London: Routledge, 1991.
Shore, Herbert. "Resistance and Revolution in the Life of Eduardo Mondlane." In Eduardo Mondlane, *The Struggle for Mozambique,* xiii-xxxi. London: Zed Books, 1983.
Silva, Rodrigues da. "Mia Couto: Um Escritor Abensonhado." *Jornal de Letras, Artes e Ideias* (August 17 1994): 14-16.
— "Entrevista, Mia Couto: Antes de Tudo, a Vida." *Jornal de Letras, Artes e Ideias* (March 10 1999): 7-9.
Smyth, Gerry. "The Politics of Hybridity: Some Problems with Crossing the Border." In *Comparing Postcolonial Literatures,* orgs Ashok Bery e Patricia Murray, 43-55. New York: St Martin's Press, 2000.
Soares, Mário. "Português, Língua de Afecto e de Liberdade." *Jornal de Letras, Artes e Ideias* (March 6 1990): 28-29.
Soler, Isabel. "Narrativa Portuguesa." *Cuadernos Hispanoamericanos* (October 1998): 123-25.
Sousa Santos, Boaventura de. *Pela Mão de Alice: O Social e o Político na Pós- modernidade.* Porto: Afrontamento, 1994.
— "Entre Prospero e Caliban: Colonialismo, Pós-colonialismo e Inter-identidade." In *Entre Ser e Estar: Raízes, Percursos e Discursos da Identidade,* orgs Maria Irene Ramalho e António Sousa Ribeiro, 23-85. Porto: Afrontamento, 2001.
Southern African Development Community. *Mozambique in the Commonwealth.* Maputo: Southern African Research and Documentation Centre, 1997.
Stoler, Ann Laura. "Carnal Knowledge and Imperial Power: Gender, Race, and Morality in Colonial Asia." In *Gender at the Crossroads of Knowledge: Feminist Anthropology in the Postmodern Era,* org. Micaela di Leonardo, 51 -101. Berkeley: University of California Press, 1991.
Stoller, Robert J. *Sex and Gender: On the Development of Masculinity and Femininity.* London: Hogarth Press, 1968.

— *Presentations of Gender.* New Haven: Yale University Press, 1985.
Subrahmanyam, Sanjay. *The Career and Legend of Vasco da Gama.* Cambridge: Cambridge University Press, 1997.
Sudmeyer, Alecia. *Deep Fiction: A Postcolonial and Ecocritical Reading of Works by Mia Couto and T.C. Boyle.* Mestrado em Estudos Comparatistas. Universidade de Lisboa, 2013.
Synge, Richard. *Mozambique: UN Peacekeeping in Action, 1992-1994.* Washington D.C.: United States Institute of Peace Press, 1997.
Todorov, Tzvetan, *Mikhail Bakhtin: The Dialogic Principle.* Trad. Wlad Godzich. Manchester: Manchester University Press, 1984.
Unamuno, Miguel de. *Por Tierras de Portugal y de España.* Madrid: Biblioteca Renacimiento, 1911.
— *Escritos de Unamuno sobre Portugal.* Org. Angel Marcos de Dios. Paris: Fundação Calouste Gulbenkian, 1985.
Unicef Mozambique. *The Situation of Children and Women in Mozambique.* Maputo: Unicef, 1993.
Utéza, Francis. "Mia Couto: 'A Princesa Russa' ou au Nom de la Mère." *Quadrant* 11 (1994): 129-148.
Vail, Leroy, e Landeg White. *Capitalism and Colonialism in Mozambique: A Study of Quelimane District.* Minneapolis: University of Minnesota Press, 1980.
Venâncio, José Carlos. *Literatura e Poder na África Lusofona.* Lisboa: Imprensa Nacional, 1992.
Venâncio, Moisés. "Can Peace-keeping Be Said to Have Worked in Mozambique? Bye Bye Onumoz." In *War and Peace in Mozambique,* orgs Stephen Chan e Moisés Venâncio, 98-116. New York: St Martin's Press, 1998.
Vieira, António. *História do Futuro.* Org. Maria Leonor Carvalhão Buescu. Lisboa: INCM, 1982.
Vines, Alex. *Renamo: Terrorism in Mozambique.* London: James Currey, 1991.
Waterhouse, Rachel, e Cari Vijfhuizen (orgs). *Strategic Women, Gainful Men: Gender, Land and Natural Resources in Different Rural Contexts in Mozambique.* Maputo: Universidade Eduardo Mondlane, 2001.
White, Eduardo. *Poemas da Ciência de Voar e da Engenharia de Ser Ave.* Lisboa: Caminho, 1992.
Wield, David. "Mine Labour and Peasant Production in Southern Mozambique." In *Mozambique: Proceedings of a Seminar Held in the Centre of African Studies, University of Edinburgh, 1-2 December 1978,* 78-85. Edinburgh: University of Edinburgh, 1978.
Zabus, Chantal. *The African Palimpsest: Indigenization of Language in the West African Europhone Novel.* Atlanta: Rodopi, 1991.
— "Language, Orality, and Literature." In *New National and Post-Colonial Literatures: An Introduction,* org. Bruce King, 29-44. Oxford: Clarendon Press, 1996.
Zamora, Lois Parkinson, e Wendy B. Faris. *Magical Realism: Theory, History, Community.* Durham: Duke University Press, 1995.
Zand, Nicole. "D'Autre Mondes." *Le Monde* (December 9 1994): II.
Zurara, Gomes Eanes de. *Crónica da Tomada de Ceuta.* Mem Martins: Publicações Europa--América, 1992.